국운풍수

國運風水

나라의 운명을 풍수로 바꾼다

김두규 지음

해냄

인간사 흥망성쇠에는 다섯 가지가 순서대로 영향을 끼친다.

첫째는 명(命)이다. 인간이 태어날 때부터 빈부(貧富)·귀천(貴賤)·수요(壽夭)·현우(賢愚)가 다른 것은 타고난 명 때문이다. 둘째는 운(運)이다. 같은 명으로 태어났어도 때를 만나고 못 만나느냐에 따라 삶의 결과는 달라진다. 노력으로도 어찌할 수 없고 억지로도 어찌할 수 없는 것이 명과 운이다. 셋째, 풍수(風水)이다. 어느 곳에 터를 잡느냐에 따라 한 사람의 성공과 실패가 좌우된다. 부자가 되려거든 돈이 많은 곳으로 가야 하고, 정치인으로 성공하고자 하거든 큰 정치인에게 가야 한다. 인간의 자유의지를 극대화하여 운명을 바꿀 수 있는 것이 바로 풍수이다. 넷째는 음덕 쌓기[積陰德]이다. 인맥 쌓기의 다른 말이다. 중국인들이 말하는 '관시[關係·인맥]가 돈을 만들고, 돈이 관시를 만든다'는 다른 표현이다. 다섯째가 공부이다. 공부를 잘하면 인생 초반은 잘

풀린다. 하지만 어느 정도 나이가 들면 그것이 그리 큰 역할을 하지 못한다. 많은 사람들이 경험적으로 인정할 것이다.

기업과 국가에도 흥망성쇠가 있다. 여기에는 명과 운 그리고 풍수가 작용하는 바가 크다. 어디에 사옥의 터를 잡고 어떤 모양의 건물을 짓느냐도 중요하다. 어디에 도읍지를 정하고 어떻게 지정학적 관계를 활용하느냐에 따라 국가가 흥하기도 하고 망하기도 한다. 이 책은 작게는 한 개인에서 크게는 국가의 흥망성쇠에 풍수가 어떻게 영향을 끼치는가를 고찰하고자 한 노력의 산물이다. 인테리어·산수화·묘지·전원주택·집무실·신도시 입지선정·도읍지 등등과 관련하여 필자가 여러 공공기관에 자문하였던 구체적 경험을 바탕으로 한 글들이다. 또한 남북한·중국·일본의 풍수 수용과 변용 그리고 각국 지도자들의 풍수관을 통해 그 국가의 운명을 엿보고자 하였다.

이 책은 2011년부터 2015년까지 4년이 넘는 기간 동안 《조선일보》 주말판 'WHY'에 격주로 연재한 칼럼 「김두규의 국운풍수」를 정리한 것이다. 당시 조선일보 주말팀 이한우 부장이 "조선의 풍수를 국가의 운명(국운)을 논하는 차원에서 한번 변명해보시라"는 취지로 귀한 지면을 할애해주었다. 대지 위에 터를 잡고[卜之], 건물을 짓고[營之], 그곳에 거주하기[居之]까지의 일련의 과정에 참여하고 마지막으로 그렇게 했을 때의 길흉을 점치는 행위[占之]가 풍수이다. 각국의 대지관과 국토관의 바탕은 풍수였다. 국토관에 따라 국가의 운명이 달라질 수 있으며, 대지관에 따라 한 개인의 삶이 달라질 수 있다는 전제에서 《조선일보》에 칼럼을 연재하였다. 취재를 위해 전국을 돌아다녔으며, 중국과 일본의 여러 곳을 몇 번씩 다녀왔다.

6

소중한 기회를 준 《조선일보》에 진심으로 감사드린다. 매번 초고가 완성될 때마다 큰아들 민채가 가장 먼저 읽고 의견을 주었다. 대학입시를 준비하는 힘든 때에도, 그리고 대학에서 역사학을 전공하는 지금도 민채는 늘 나의 첫 번째 독자이자 비판자이다. 늘 고맙게 생각한다.

산촌에서 취미로 벌을 키운 지 오래다. 한때 토종 벌을 많게는 10통까지 키웠다. 그러나 수년 전 돌림병으로 다 죽었다. 벌통을 기어 나와 힘없이 죽어가는 벌들을 속절없이 바라보았던 기억은 지금도 가슴이 저리다. 지금은 양봉 두어 통을 친다. 벌들과 모란[牧丹]이 산촌의 유일한 벗이다.

나를 지켜주는 젊은 날의 두 동자신(童子神), 40대 시절의 깡패귀신 둘, 그리고 지금의 신장(神將) 두 분께 감사드린다. 동자신·깡패귀신·신장은 동일한 존재의 다른 화신(化神)들이다. 이분들은 전생(前生)에 지은 업이자 후생(後生)에 갚아야 할 빚이다.

2016년 2월 순창 산골 심재(心齋)에서
김두규

서문 5

1장 풍수는 철학이다

리더는 땅을 꿰뚫어본다 15

백두산은 주산이 될 수 없다 28

풍수의 안목으로 사람을 얻는다 38

한반도를 지배하는 자의 미래 45

형국론에서 시대를 읽는다 56

2장 땅과 물의 흐름으로 운명을 바꾼다

훌륭한 인재가 성장하는 땅이 되려면 63

작은 땅을 극복하는 풍수 70

비보풍수의 핵심 77

풍수싸움과 진압풍수 86

산수화 속 네 마리 새가 상징하는 것 93

3장 재물의 이동은 형세로 나타난다

명당 주인의 요건 109

비우면 더 좋은 것이 들어온다 118

동서양의 문화가 다른 것처럼 풍수도 다르다 131

개발되지 않은 영토는 나의 영토가 아니다 138

통합을 위한 풍수적 대안 144

세계적인 갑부의 절묘한 풍수 149

4장 권력은 언제나 풍수를 이용한다

좋은 땅도 피할 수 없는 운명 161

용호상박의 한양론은 봉건사회의 관념일 뿐이다 171

바다를 지배하는 자가 세계를 지배한다 177

좋은 바위 하나는 산 하나의 가치가 있다 184

5장 풍수로 땅을 치료한다

'쇠말뚝 단맥설'의 진실 193

바람을 갈무리하고 물을 얻는다 199

복을 부르는 건물이 있다 207

6장 리더의 통찰력이 국운을 좌우한다

가까이서 세 번, 멀리서 일곱 번 보라 223

북한, 땅이 아무리 좋아도 사람만 못하다 241

풍수로 보는 아베 총리의 정치철학 근원 257

7장 국가 흥망의 핵심적 요인

산을 택한 조선, 물을 택한 일본의 운명 267

중국이 풍수를 되살리는 이유 273

지명에 숨겨진 땅의 내력 284

굴 속의 늙은 용이 물을 만났을 때 290

지나침과 부족함을 고쳐서 중(中)을 이뤄야 한다 298

8장 풍수를 꿰뚫어 세상을 가진 자들

풍수를 틀어쥔 아들, 뱀을 핑계 댄 아버지 307

이성계와 정도전의 풍수 논쟁 317

잡학의 효용을 간파한 세조 324

역풍수로 왕위에 오른 세조 331

9장 발전과 쇠퇴의 풍수 논쟁

광해군은 풍수로 망했다 341

조부모의 묘마저 떼어놓을 수밖에 없는 사정 349

당파싸움과 묏자리의 상관성 354

참고문헌 366

찾아보기 367

1장

풍수는
철학이다

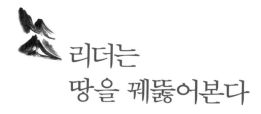

리더는
땅을 꿰뚫어본다

풍수(風水)란 무엇인가? '장풍득수(藏風得水)'의 줄임말이다. '바람을 갈무리[藏風]하고 물을 얻는 것[得水]'이라고 풀이한다. 중국 동진의 곽박(郭璞)이 지은 것으로 알려진 풍수 고전 『금낭경(金囊經)』('장서(葬書)'라고도 함)은 "풍수의 법술은 물을 얻는 것이 으뜸이고 바람을 갈무리하는 것은 그다음"이라고 하여 물을 더 중시하였다. 왜 물을 얻는 것을 중시했을까?

조선 사대부들이 집터를 고를 때 지침서로 활용한 『택리지(擇里志)』에 다음과 같은 말이 있다.

물은 재록(財祿)을 맡은 것이므로 큰 물가에 부유한 집과 유명한 마을이 많다. 비록 산중이라도 시내와 계곡물이 모이는 곳이라야 여러 대를 이어가며 오랫동안 살 수 있는 터가 된다.

왜 물이 재물을 가져다주는 것일까? 물자를 옮기는 데는 말이 수레보다 못하고, 수레는 배보다 못하다. 물자를 옮기는 방법이 없으면 재물이 생길 수 없기 때문이다.

바람을 갈무리하는 산과 재물의 통로가 되는 물을 두고 한반도와 일본이 서로 다른 풍수관(국토관)을 수용하였다. 큰 길과 강을 중시한 일본과 달리 우리나라는 사방의 산이 에워싸는 분지를 선호했다. 심지어 길조차 외적의 통로가 된다 하여 '길이 없으면 나라가 안전하다[無道則安全]'는 논리까지 폈던 조선이었다.

대지에 발을 딛고 사는 인간 개개인에게 산이 중요한가 물이 중요한가는 각자의 인생관에 따른 선택의 문제다. 공자도 "지혜로운 사람은 물을 좋아하고, 어진 사람은 산을 좋아한다[智者樂水, 仁者樂山]"고 하여 사람마다의 차이로 돌렸다. 그러나 한 국가의 흥망성쇠와 관련지을 때 그것은 선택의 문제가 아니다. 부국강병의 나라여야 굶주리지 않고 생명을 지킬 수 있기 때문이다. 이 점에서 조선의 지배계층은 일본에 비하여 시대정신(Zeitgeist)을 정확하게 읽어내지는 못했다고 할 수 있다.

일본이 한반도로부터 풍수를 수용했음은 그들의 역사서 『일본서기(日本書紀)』에 나타날 뿐만 아니라 작금의 일본 학자들도 인정하는 바다. 그렇지만 일본은 언제부터인가 우리와 다른 풍수관을 발전시켜나간다. 그들은 물길을 중심으로 하는 풍수관에 만족하지 않고 도읍지를 아예 산간 분지(아스카·나라·교토)에서 바닷가로 옮기려 했다. 무인정권의 최고 실력자이던 도요토미 히데요시[豊臣秀吉]의 근거지인 오사카도 그렇고 도쿠가와 이에야스[德川家康]가 근거지로 삼았던 에도[江戶](지금의 도쿄)도 바닷가에 위치한다. 특히 도쿠가와 이에야스는

도쿠가와 이에야스가 근거지를 에도로 옮기면서 가장 먼저 건설한 다마가와 상수도

자신의 근거지를 에도로 옮기면서 가장 먼저 상수도를 건설했다. 그 대
표적인 것이 다마가와[玉川] 상수로서 전체 길이가 40킬로미터가 넘는
다. 이 덕분에 17세기 이후 에도는 세계적인 도시로 발전할 수 있었다.
'풍수는 물을 얻는 것을 으뜸으로 한다'는 의미를 정확하게 이해하고
수용한 대표적 사례이다.

땅까지 꿰뚫어보는 카리스마

독일의 철학자 헤겔(G.W.F. Hegel)은 『역사철학(Geschichtsphilosophie)』
에서 "대지의 아들로서 특정 민족의 유형과 성격은 그 지리적 위치의

자연유형(Naturtypus)에 따라 규정된다"고 했다. 자연유형은 3가지로 분류되는데, 고원(초원)·평야·해안 지대가 그것이다. 이 가운데 해안지 대만이 무역을 발달하게 하며 사람들에게 무한한 정복욕, 모험심, 용기, 지혜 등을 심어주어 궁극적으로 인간(시민)의 자유를 자각하게 해 준다고 했다. 국가의 주요 활동무대를 어디로 하느냐에 따라 국가의 흥망성쇠와 그 국민의 자유의식이 달라질 수 있다는 이야기다.

대지에 대해 깊은 성찰을 한 철학자로 한 명이 더 있는데, 바로 하이데거(M. Heidegger)이다. 그는 '땅을 구원하는 사람만이 참으로 그 땅 위에 살 수 있다'고 했다. "땅을 구원한다는 것은 그 땅을 파괴나 폭력적 개발의 위험으로부터 구해내는 것이 아니라, 그 땅의 고유한 본질에 자유롭게 존재케 하는 것"이라고 했다. 땅 자신의 재능과 본질을 드러내 그로 하여금 자신의 역량을 자유롭게 발휘케 하는 것이다. 진정한 지도자는 사람뿐만 아니라 땅도 직관할 수 있는 '카리스마'가 있어야 한다. 탁한 연못 속에 이미 고고한 연꽃의 싹이 숨어 있음을 직관하는 자이다.

도쿠가와 이에야스 vs. 박태준

도쿠가와 이에야스는 땅에 대한 카리스마적 혜안을 가진 인물이었다. 일인자 도요토미 히데요시의 견제로 동쪽 끝으로 밀려나야 했던 그가 근거지로 잡은 곳은 에도라는 황량한 어촌이었다. 갈대가 우거진 습지로 가신들조차 이곳에 성을 쌓는 것을 반대했다. 그러나 도쿠가와

일본 닛코 산에 자리한 도쿠가와 이에야스의 묘(위)와 그 묘가 있는 동조궁(아래)

이에야스는 그 땅을 발판으로 천하를 얻을 수 있다고 확신한다. 그가 이곳을 근거지로 삼은 지 20여 년 만에 에도는 인구 15만 명의 도시가 됐다. 그로부터 100년이 지난 18세기 초 에도의 인구는 110만 명이 되어 세계 최대 도시가 된다. 도쿠가와 이에야스의 땅에 대한 혜안은 죽어서도 계속된다. 1616년 죽음을 맞이한 그는 유언을 남긴다. '죽으면 바로 당일 구노[久能]산에 매장할 것. 1년 후에 닛코[日光]산으로 이장할 것.' 죽어서라도 자기 영토를 위협하는 서쪽[關西]의 세력을 막아주는 신(神)이 되고자 했기 때문이다. 덕분에 그의 후손은 260여 년을 집권할 수 있었다.

땅에 관한 한 2011년 작고한 박태준 전 포스코 회장도 '땅을 구원'하는 '카리스마'를 가졌다.

첫째, 박태준 회장은 '국토녹화사업'을 통해 우리 국토를 살렸다. 1960년대 전국의 산들은 모두 민둥산이었다. 당시 박정희 대통령은 박태준에게 이를 해결하라고 지시한다. 그는 무연탄을 개발하여 땔감을 교체했다. 더 이상 나무하러 산에 갈 필요가 없어졌다. 전국의 산에 숲이 우거지고, 국토는 윤택해지고 비옥해졌다.

둘째, 땅에 대한 혜안은 제철소 입지 결정에서 보여줬다. 당시 종합제철소 건설이 실행단계에 접어들면서 삼천포, 울산, 군산, 보성 등 많은 후보지가 떠올랐다. 그런데 이때 제철소를 자기 지역으로 유치하려는 정치인과 관료 들에게 포항은 관심 밖이었다. 그들에게 그곳은 궁벽한 바닷가에다 사초(莎草)가 만연한 작은 어촌이자 과거 왜구가 내왕하던 곳일 뿐이었다. 그러나 제철소의 성패가 입지 선정에 달렸음을 확신한 박태준은 영일만을 끼고 있는 포항을 직관한다. 보통 해[日]를 맞이한다[迎]는 의미로 '영일'을 해석하지만, 해는 불[火]을 상징하기도 하고 일본[日]을 상징하기도 한다. 아주 옛날 이곳에 살던 연오랑·세오녀 부부가 일본으로 건너가 그곳 임금이 되면서 이곳에는 해가 없어지기도 했다.

끊임없이 한반도에 관심을 가졌던 이들은 일본의 서쪽 세력이었다. 이른바 한반도에서 일본으로 건너간 도래인(渡來人) 세력이다. 이들은 한반도에 쳐들어오기도 하고 교역을 하기도 하였다. 박태준 회장은 불과 일본을 받아들임과 동시에 제압할 수 있는, 바로 그곳에 포항종합제철(현 포스코)을 세운 것이다. 호랑이 꼬리[虎尾] 힘줄 위다. 절묘한 진압(鎭壓) 풍수이다.

박태준 회장은 '철(鐵)을 자신의 신'으로 여겼지만, 그 자신이 '철의 신'이 되기에 충분하다. 재산 한 푼 남기지 않고 죽은 그가 국립현충원에 안장된 것은 당연한 일이다. 그러나 아쉬운 점도 있다. 2001년 뉴욕의 한 대학병원에서 수술을 받기 전 그는 "죽으면 화장하여 뼛가루를 포항제철이 보이는 곳에 묻어달라"는 말을 남겼다고 한다. 그의 바람대로 포스코와 동해가 보이는 포항의 어느 산자락에 안장되어 일본을 제어하고 이 나라를 지켜주는 국토의 신이 되었더라면 하는 아쉬움이다. 마치 도쿠가와 이에야스가 죽어서도 신이 되어 자신의 나라를 지켜주고자 하였듯이 말이다.

서울·베이징·도쿄의 '물 얻는 법'

전북 순창과 삼례 사이에 임실의 옥정호가 있다. 옥정호는 매일 아침 피어오르는 물안개의 절경뿐 아니라 사계절 내내 아름다운 풍경을 제공한다. 봄날의 벚꽃, 여름 아침의 물안개, 가을의 구절초, 겨울의 설경(雪景)……. 호수 가득한 물만 바라보아도 기분이 좋아진다. 그런데 요즈음 옥정호는 밑바닥을 드러내고 있다. 필자가 이 길을 오간 지 20년 만에 처음 보는 일이다. 가뭄 탓이다.

풍수는 바람과 물을 다루는 술(術)이다. 그 가운데 물을 더 높이 쳐

일본 에도 상수도를 완성한 쇼에이몬과 세이에이몬 형제의 공적을 기리는 동상

"풍수법은 물 얻은 것이 으뜸이다[風水之法 得水爲上]"라고 규정한다. 한 나라를 세운 지도자의 '물 얻는 법[得水法]'을 보면 그 국가의 미래를 가늠할 수 있다. 한·중·일 삼국의 수도 한양(서울)·베이징·에도(지금의 도쿄)의 초기 '득수법'이 그 예가 될 것이다.

이인자 도쿠가와 이에야스가 일인자 도요토미 히데요시의 명으로 일본의 동쪽 변방으로 밀려나갔던 1590년의 일이다. 에도에 터를 잡은 그가 가장 먼저 했던 일이 식수 확보였다. 샘을 파는 것이 아니라 아예 상수도를 만들었다. 이후 도쿠가와 막부는 지속적으로 상수도를 확장했다. 대표적인 것이 다마가와 상수도인데 400년이 지난 지금까지 도쿄의 상수 일부로 활용되고 있다. 상수도 건설은 에도가 18세기 초에 인구 100만이 넘는 세계 도시가 될 수 있었던 이유 가운데 하나였다.

원나라 때 베이징의 물 문제를 해결한 곽수경을 기리는 동상

　지금의 베이징이 도읍지로 본격 등장한 것은 우리 민족과 혈연관계가 있는 금나라 때의 일이다. 금나라의 시조인 김함보(金函普)가 고려 출신임은 『금사(金史)』가 밝히고 있다. 베이징에 도읍을 정한 금나라는 베이징 서북쪽 옥천산(玉泉山) 물을 끌어들여 식수로 활용하였다. 이후 원나라가 들어선 뒤 이곳을 도읍지로 정한 세조 쿠빌라이가 가장 먼저 한 일이 식용수 문제 해결이었다. 그는 천문·지리·수리에 능한 곽수경(郭守敬)을 발탁하여 전권을 맡겼다. 곽수경은 기존의 옥천산 물만으로 새 수도를 경영할 수 없다고 보고 창평현의 신선천(神仙泉) 물을 끌어들이는 대규모 공사를 완성한다. 이를 통해 식수뿐만 아니라 조운까지 가능하게 하였다. 곽수경의 업적은 지금까지도 잊히지 않아 베이징 스차하이[什刹海]에 그의 동상과 기념관이 세워져 있다.

조선 초 한양에 도읍을 정할 때의 일이다. 일부 풍수 관리들이 한양의 물 부족을 근거로 도읍 불가론을 주장하였다. 유한우(劉旱雨)는 풍수서를 인용하여 "물 흐름이 길지 않으면 반드시 사람이 끊긴다"는 극단적인 발언까지 하였지만, 태조와 태종은 새겨듣지 않는다. 오히려 파놓은 샘까지 메우게 할 정도였다. 1414년(태종 14년) 태종이 양근(양평의 옛 지명)을 지나다가 새로 지은 집 3채가 집마다 샘을 판 것을 보고는 그곳 지방관을 파직시키고 하나의 우물만을 쓰게 한 일이 있었다. 지도자의 물 인심이 참으로 고약하였다. 조선의 운명을 암시하는 대목이었다.

일본의 다마가와와 중국의 옥천산 및 신선천의 물은 모두 최고로 좋은 물, 즉 상수(上水)였다. 건국자의 물에 대한 철학(득수법)은 그 나라 백성의 삶뿐 아니라 국가의 흥망성쇠에 영향을 끼쳤다. 물을 제대로 얻은 두 도시(베이징과 도쿄)는 제국의 수도로서의 지위를 누렸지만, 샘조차 함부로 파지 못하게 한 도시(한양)는 번국(蕃國)의 수도로 근근이 연명하였다.

'좋은 물'을 얻는 것은 날로 자연 파괴가 심해지는 지금 더욱 절실한 문제가 되었다. 하수(下水)인 4대강을 활용하는 것은 미봉책이다. 민족과 국가의 번영을 위하여 더 많은 상수원을 확보하고 보전함이 중요하다. 상수원은 강이 아니라 산이다. 산이 물을 낳기 때문이다.

살 만한 땅을 얻는 법

도연명의 「귀거래사(歸去來辭)」를 읊조리지 않더라도 누구나 한번쯤 전원생활을 꿈꿔본다. 귀농과 귀촌은 우리 시대의 솔깃한 관심사다. 700만 명으로 추산되는 베이비붐 세대 인구 가운데 10퍼센트만 도시에서 빠져나가도 농촌 살리기와 도시 주택난, 청년 실업 문제 해결에 숨통이 트일 수 있다.

귀농·귀촌·주말 전원생활에는 상당한 차이가 있다. 귀농은 기존의 직업을 버리고 농사를 짓는 것이며, 귀촌은 농촌으로 내려가 사는 것을 말한다. 주말 전원생활이란 도시에 집을 두고 가끔씩 내려가 취미 삼아 텃밭 정도 가꾸는 '반농반도(半農半都)'의 생활을 말한다. 그런데 귀농·귀촌·주말 전원생활 모두에는 공통적으로 필요한 것이 있다.

첫째, 기존의 삶과 전혀 다른 삶을 시작한다는 각오가 필요하다. 도연명은 「귀거래사」에서 이를 '각금시이작비(覺今是而昨非)'로 표현했다. "지금(시골생활)이 옳고 어제(도시생활)가 틀렸음을 깨닫는 것"을 전제한다는 것이다. 농촌생활은 도시생활보다 훨씬 어렵다. 많은 사람이 '산 너머에 행복이 있다'고 믿어 농촌으로 가지만 실망과 원망만 안고 도시로 회귀하는 경우가 적지 않다.

둘째, 터를 잡는 문제다. "똑똑한 새는 좋은 나무를 골라 깃든다"고 했다. 한번 터를 잘못 잡으면 말년을 망친다. 터에는 크게 4가지가 있다. 『임천고치(林泉高致)』에 의하면, "지나가 볼 만한 곳[可行者], 멀리서 바라볼 만한 곳[可望者], 놀 만한 곳[可遊者], 살 만한 곳[可居者]"이 그것이다. 특히 이중 '놀 만한 곳'은 주변에 정자를 짓고 전원생활을 즐

필자가 살고 있는 전북 순창의 시골 집 바깥쪽 풍경(위), 안쪽 풍경(아래)

길 만하고, '살 만한 곳'은 귀농이 가능한 곳이다. 그런데 이런 곳이 생각보다 그리 많지 않다.

풍수적으로 터를 보는 방법은 많지만 가장 확실한 것은 이미 검증된 터를 활용하는 것이다. 농촌의 빈집(빈터)을 구하는 것이 대표적이다. 새로 땅을 사서 인허가를 얻어 집을 지으려면 시간과 비용이 많이든다. 빈집을 구하거나 빈터에 농막(農幕)이나 컨테이너 등을 놓고 살다가 터에 대한 확신이 들 때 리모델링 혹은 신축을 하면 된다. 그렇다고 빈집(빈터)이 모두 안전한 것은 아니다. 터마다 나름의 무늬(터무늬)가 있고 그 위에 살다간 사람들의 내력이 있다. 이전에 살았던 주인들의 행불행(幸不幸)을 알아보는 것이 중요하다. 이때 고압선·축사·대규모 비닐하우스 등이 있는 곳을 피함은 당연한 일이다. 터가 좋으면 이웃과의 관계도 편안해진다.

어느 곳에 터를 잡느냐는 개개인마다 다르다. 강가, 호숫가, 사방이 산으로 둘러싸인 산촌, 주변에 암반이 보이는 터, 탁 트인 들판이 펼쳐지는 평야 등 사람마다 선호하는 땅이 다르다. 한동네라고 할지라도 동네 한가운데를 선호하는 사람이 있는가 하면 동네 맨 뒷집을 선호하는 사람이 있다. 남들에게 좋은 터가 나에게도 좋은 것은 아니다. 땅은 한 번에 자신을 드러내지 않는다. 동일한 곳이라도 여러 번 살펴야 한다. 계절별로 달리 보이고 아침과 저녁에도 다른 모습을 드러낸다. 관조(觀照)하는 마음으로 오랫동안 한자리에 서 있어보면 땅은 자신을 드러낸다. 중요한 것은 사람의 뜻[意]과 터의 정(情)이 부합해야 한다는 것이다.

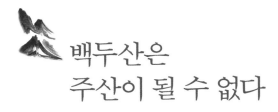

백두산은
주산이 될 수 없다

1908년의 일이다. 나라가 위태로운 시절이었다. 육당(六堂) 최남선(崔南善)은 자신이 발간하는 잡지 《소년》에 "조선의 형국이 맹호(猛虎)가 발을 들고 동아시아 대륙을 향해 뛰는 형상이기에 조선은 앞으로 진취적이며 팽창적으로 무한히 발전할 것"이라며 독자들에게 무한한 자긍심과 자신감을 심어주었다. 이 '조선 맹호론'을 접한 《황성신문》은 얼마 뒤에 「지도의 관념」이라는 칼럼을 실어 이를 극찬한다. 동시에 조선 사람들이 조선 형국을 비하하고 있는 당시 습속에 대해 혹독한 비판을 가한다.

우리나라 지형을 평함에 있어서 이중환은 『택리지』에서 우리나라 지세가 노인 모습과 같아 중국에 절을 하는 형상이라고 하였으며, 심지

《소년》에 소개된 최남선의 맹호 형국의 조선(왼쪽)과 일본인 지질학자 고토 분지로의 토끼 형국의 조선(오른쪽)

어 어떤 무식한 이는 개와 같은 형상이라고도 하였다. 박학다식한 이중환이 그러할진대 그 밖의 다른 사람들은 말해 무엇 하리오. 이것은 비록 근거 없는 속된 말이기는 하지만 국민의 자주독립 정신을 심하게 훼손하는 말이다.

여기서 《황성신문》이 이중환을 거명한 것은 그를 포함한 조선 후기 일부 실학자들의 국토관에 대한 불만 때문이었다. 여기에는 지금도 많은 학자들이 무비판적으로 즐겨 인용하는 『성호사설(星湖僿說)』의 저자 이익(李瀷)도 포함된다. 옥돌도 잡석으로 무시해버리면 보물이 되지 못하고, 오동나무도 땔감으로 써버리면 가야금으로 만들 수 없듯, 금수강산의 조선을 무시하여 스스로를 초라하게 만든 것은 이중환과 같은 썩은 선비나 속물들의 죄라는 것이다.

그렇다면 맹호로 표현되는 조선은 어떤 나라여야 할까? 동북아시아를 호령했던 고구려와 같은 세계 대국이 되는 것이며, 을지문덕 같은 영웅이 출현하여 조선을 세계 강국으로 만드는 것이었다.

'조선 토끼론'에 맞선 '조선 맹호론'

그런데 왜 최남선은 갑자기 조선의 형국을 맹호로 비유했을까? 조선조 '썩은 선비'들의 형국론에 대한 반발이었을까? 그렇지 않다. 일본인 지질학자 고토 분지로[小藤文次郎]의 토끼 형국론에 대한 반론이었다. 고토 분지로는 "조선은 그 모습이 토끼가 발을 모으고 일어서서 중국 대륙을 향하여 뛰어가는 형국"이라고 하였다. 그렇기 때문에 조선은 늘 남의 속국이 되어왔으며, 앞으로도 그렇게 될 운명이라는 것이다.

조선을 토끼 형국으로 보았던 일본인은 자기 나라를 어떻게 보았을까? 그들은 자신들의 나라를 용이 하늘로 날아오르는 비룡상천형(飛龍上天形)으로 보았다. 일본의 탈아입구론(脫亞入歐論)과 맞물리는 이야기이다. "미개한 아시아(여기에는 조선도 포함된다)를 버리고 선진국인 유럽 세계로 진입하자"는 일본의 사상가 후쿠자와 유키치[福澤諭吉]의 주장을 비룡상천형이라는 형국론으로 호응한 것이다.

형국론(形局論)이란 무엇인가? 지형지세를 사물의 모양에 빗대어 설명하는 풍수의 한 방법론이다. 땅 모양이 특정 사물과 비슷하면 그 사물과 비슷한 성정을 드러낸다는 유비론적(類比論的) 관념이다. 특정한 형국의 이름을 갖는 땅은 그 모습이 실제로 그와 비슷해서 그 이름을 갖기도 하지만, 동시에 앞으로 그렇게 될 것이라는 예언적 힘을 담고 있다는 것이다.

조선의 형국을 노인으로, 토끼로, 맹호로 보았던 것도 그 땅이 그와 같은 모습과 성정을 지녔기 때문이다. 중요한 것은 자신의 땅을 어떤 형국으로 상념(想念)하고 그렇게 되도록 기원하고 노력하느냐의 여부이다.

풍수란 문자 그대로 바람과 물이다. 흐르는 물과 바람으로 인해 변화하는 땅과 그 땅 위에 살아가는 사람들을 이야기하는 것이 풍수이다. 당연히 그 땅 위에 사는 사람들의 의식이나 세계관도 변하기 마련이다. 더불어 형국론도 변할 수밖에 없다. 그러한 까닭에 수없이 많은 조선(한반도) 형국론이 생겨났다가 사라졌다. 형국론은 시대문제에 대한 대응논리이기도 하였기 때문이다. 최남선의 '조선 맹호론'도 일본이 조선을 토끼로 얕잡아본 것에 대한 대응논리였다. 세상의 변화에 대처하는 방법론이자 이데올로기였던 것이다.

시대마다 나라마다 새로운 형국론이 필요하다. 왜냐하면 그것을 통해 새로운 세상에 대한 방향을 제시할 수 있기 때문이다.

공존을 이루는 형국론, 오수부동격

최근 영국 일간지 《파이낸셜타임스(Financial Times)》가 '고래 싸움(미국과 중국)에 등 터지는 새우(한국)론'을 보도했다. 사드(THAAD·고고도 미사일 방어 체계)와 아시아인프라투자은행(AIIB)을 둘러싸고 외교적인 어려움에 처한 한국의 상황을 지정학·지경학적 관점에서 설명한 것이다. 풍수 형국론으로 말하자면 '경전하사격(鯨戰蝦死格·고래 싸움에 새우가 죽는다는 뜻)'이다.

'오선위기혈(五仙圍碁穴)'이란 형국론이 있었다. 일본의 조선 침략이 마무리될 즈음인 1900년을 전후하여 동학의 후예 강증산(이름은 강일순(姜一淳), 증산(甑山)은 그의 호이다)이 흉흉한 시절의 처세관으로 내세운 형국론이다. 핵심은 선배 전봉준과 같은 투쟁론이나 손병희의 운동 방식을 버리고 '상제인 자기를 믿어 도를 닦고 기다리라'는 것인데, 그 논리가 오선위기혈이었다.

강증산은 천하대세를 다섯 신선[五仙]이 바둑판[碁]을 둘러싸고[圍] 있는 형국으로 보았다. 두 신선은 바둑을 두고, 다른 두 신선은 훈수를 두고, 나머지 한 신선은 접대하는 주인이다. 주인은 누구 편도 되지 않고 손님 접대만 하면 된다. 판이 다하면 네 신선이 떠날 것이고 바둑판은 주인 것이 된다. 강증산이 포교하던 그 시절은 조선을 두고 러시아와 일본이 다투던 때로 러일전쟁(1904년) 직전이었다. 이때 일본은 영국과 동맹을 맺었고, 러시아는 프랑스와 동맹을 맺었다. 바둑판(조선)을 두고 두 신선(러시아와 일본)이 겨루는데, 나머지 두 신선(영국과 프랑스)은 곁에서 훈수를 한다. 판이 끝나면 어차피 돌아갈 사람들이다. 굳이 저항하거나 투쟁할 필요가 없다. 조선 말엽의 한반도 형국을 오선위기혈로 인식한 것은 그럴듯하다. 이러한 인식은 이중환의 한반도 노인 형국론과 같이 비굴하지는 않지만 문제가 없는 것은 아니다. 우선 오선위기 형국론은 세계를 주인과 손님으로 명확하게 나누고 주인

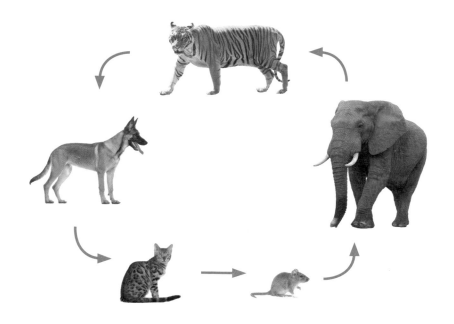

다섯 짐승이 서로 견제 속에 균형을 이루어 평화를 유지하는 지세를 말하는 오수부동격

은 손님 일에 간섭하지 말라고 한다. 그러나 수수방관만 하다가는 자 칫 안방까지 뺏길 수가 있다.

오선위기 형국론 말고 '오수부동격(五獸不動格)'이라는 형국론이 있 다. 다섯 짐승(호랑이 → 개 → 고양이 → 쥐 → 코끼리 → 호랑이)이 서로 견제 속에 균형을 이루어 평화를 유지하는 지세를 말한다. 고양이가 쥐를 잡으려 하지만 뒤에 있는 개가 무서워 어쩌지 못한다. 호랑이는 개를 잡고자 하나 그 뒤에 있는 코끼리가 무서워 동작을 취할 수 없다. 가장 힘이 센 코끼리는 적이 없을 것 같으나 쥐가 귀찮다. 덩치는 크고 동작이 느린 코끼리에게 쥐가 달라붙어 이리저리 물어뜯으면 괴로울 수밖에 없다. 용이 지렁이를 못 이기는 법이다.

오수부동격에서는 영원한 강자도 패자도 없다. 공존만이 살길이다. 오수부동격이 성사되려면 각각의 짐승이 저마다 역량을 갖추어야 한다. 만약 어느 하나가 자기 역량을 갖추지 못하면 균형이 깨지고 불행이 생긴다. 다섯 가운데 어느 짐승이 되느냐는 국력에 따라 달라질 것이지만, 중요한 것은 일단은 오수부동격의 하나로 자리 잡을 수 있어야 한다는 것이다. 새우가 아닌 쥐만 되어도 평화롭게 살아남을 수 있다.

지금 우리는 오수부동격의 한 축이 되기 위해 무엇을 갖추고 있고, 또 무엇을 갖추려 노력하는가 돌이켜봐야 할 때다.

새로운 한반도 주산이 필요한 때

한 나라의 주산(主山·main mountain)은 그 나라의 국격을 표상한다. 우리는 백두산이 우리나라의 주산이라고 배워왔다. '동해물과 백두산이'로 시작되는 애국가를 통해서다. 그러나 논쟁을 각오하고서 묻지 않을 수 없다. 과연 백두산은 우리 민족의 진정한 주산인가?

모름지기 주산은 그 민족을 정신적으로 통합시켜주고 한껏 고양시켜주는 부드러운 카리스마를 가진 영토여야 한다. 또 주산은 시대와 사회에 따라 달라질 수밖에 없다. 백두산이 우리 민족의 주산으로 인식되기 시작한 것은 고려 말 유학자들에 의해서다. 조선 초의 영토에는 백두산이 포함되지도 않았다. 세종 때 4군6진(四郡六鎭)이 개척되면서 백두산에 접근하게 된다. 15세기와 16세기에 작성된 조선 지도들은 백

백두산을 조선 땅으로 뚜렷하게 그린 19세기 조선전도
(파리국립도서관 소장)

두산을 포함하고 있지 않으나, 19세기의 「조선전도」와 「대동여지도」에
는 백두산이 조선 땅으로 뚜렷하게 그려져 있다.

　지도상의 변화는 조선 후기 실학자들의 글에서도 확인된다. 실학자
이익은 조선 땅을 유기체로 파악한 대표적인 학자인데, 그는 조선 산줄
기들의 근원이 백두산이라고 하였다. 그의 재종손(再從孫) 이중환 역

시 『택리지』에서 백두산을 조선 산맥의 머리, 즉 조선의 주산으로 보았다. 『산경표(山經表)』의 저자 신경준(申景濬)이나 실학의 집대성자인 다산(茶山) 정약용(丁若鏞)도 같은 견해였다. 이 점에서 본다면 조선의 국경과 영토의식을 백두산까지 확장시킨 것은 조선의 유학자(특히 실학자)와 조정의 공로였다.

그러나 이와 더불어 압록강과 토문강 넘어 요동벌판과 간도가 고조선, 고구려 그리고 발해의 땅이었다는 영토의식은 사라진다. 이를 아쉬워한 이가 실학자 유득공(柳得恭)이었다. 그는 『발해고(渤海考)』에서 남쪽에는 통일신라, 북쪽에는 발해의 두 나라가 남북국시대를 이루었다고 보았다. 고려왕조가 발해사를 우리 국사로 편찬하지 않아 발해에 관한 기록이 없어졌으며, 이로 인해 그 넓은 땅이 여진족과 거란족으로 넘어갔다는 것이다. 유득공은 좀 더 큰 틀 속에서 민족과 영토 개념을 제시하고자 하였다.

백두산을 우리의 주산으로 인식하려는 노력 자체가 무의미하다는 것은 아니다. 문제는 백두산이 풍수적으로 주산이 될 만한 서기 어린 땅인가 하는 점이다.

백두산은 지나치게 차가우면서도 뜨겁다. 너무 강하면서도 날카롭다. 그것의 형상은 높게 솟았으면서도 주변을 감싸지 않는다. 그래서인지 연변의 어느 조선족 학자는 백두산은 '볼 멋'이지 '놀 멋'이 아니라고 하였다.

역사적으로 백두산을 주산으로 하여 크게 성했던 나라가 발해이다. 그러한 해동성국의 발해가 어느 날 갑자기 멸망하였다. 멸망의 원인 가운데 하나가 백두산 화산 폭발설이다. 최근 전문가들은 백두산이 폭발할 가능성이 크다고 우려한다. 백두산을 주산으로 청나라를 세웠던 여진족은 이후 봉금정책(封禁政策)을 펴 아예 백두산을 비워버리고 못 들어가게 하였다. 하지만 그 후 청나라를 잃고 여진족은 다른 동이족과 함께 일본의 도움을 받아 백두산을 주산으로 만주국을 세웠지만 성공하지 못하였다. 백두산을 주산으로 한 조선의 경우는 백두산을 넘어가지 못했다. 몽고족이나 여진족과 달리 세계 강국을 세워보려는 의지조차 가져보지 못한 것이다.

백두산을 실질적 주산으로 삼아 가장 잘 활용하고 있는 나라는 북한이다. '장백산(백두산) 줄기줄기 피어린 자국'으로 시작되는 〈김일성 장군〉의 노래도 그렇고, 백두산에서 태어나 백두산 정기를 받았다고 선전했던 김정일 위원장도 그 단적인 예다. '민족의 위대한 수령'이 그렇게 백두산을 성지로 숭앙하는데 북한 인민이 백두산을 바라보는 느낌이야 말할 나위가 있을까? 그러나 그러한 주산을 가진 북한의 지금 운명을 보라!

백두산 주산론은 고조선과 고구려 이래의 북방 영토가 빠져나가면서 고착된 폐쇄적 주산론이다. 폐쇄적 주산론은 결국 폐쇄적 고립주의를 가져온다. 백두산 주산론은 깨져야 하는 것이다.

우리는 지금 영토는 작으나 경제적(세계 경제 순위 10위권)으로, 문화적(한류 현상)으로도 이미 세계 강국으로 가는 과정에 있다. 작지만 강한, 이른바 '강소국(强小國)'이다. 이를 더욱더 끌어올릴 우리 민족의 주산은 어떤 모습이어야 하며 어디가 되어야 할지에 대한 진지한 고민이 필요하다.

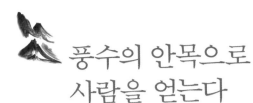

풍수의 안목으로
사람을 얻는다

"땅에도 팔자[命]가 있다."

고금을 막론하고 각계 지도자들이 한결같이 하는 말이다. 우리 시대의 시인 김지하도 가끔 이 말을 하곤 한다. 그런데 땅의 팔자는 변하지 않는다. '동작릉(중종의 후궁 창빈 무덤)'이 '동작동 국립묘지'로 바뀐 것이나 '효창원(문효세자의 무덤)'이 순국열사의 묘가 된 것도 땅의 팔자가 그러하기 때문이다. 땅의 팔자는 변하지 않지만 그 땅의 주인이 바뀌거나 때에 따라 영욕이 달라지는 것은 운이 변하기 때문이다. 국가의 흥망성쇠에 따라 운이 바뀐 대표적인 예가 효창원이다.

효창원은 원래 문효세자(文孝世子)의 무덤이었다. 서른다섯 정조의 당시 유일한 혈육인 문효세자가 다섯 살 때 갑자기 죽었다. 정조는 선대 왕릉 부근에서 세자의 묘 자리를 찾지 않고 새로운 곳을 찾는다. 왕

창빈 안씨의 묘소인 동작릉

이 기존 능 부근이 아니라 새로운 땅을 찾는다는 것은 새로운 세계를 열어가겠다는 의지의 천명이다. 기득권을 고집하려는 신하들에게 '새로운 조선' 혹은 '정조의 조선'을 만들어가겠다고 천명하는 것이다. 이후 문효세자의 무덤 근처에 문효세자의 생모인 의빈 성씨 등의 무덤이 추가로 조성되고, 이곳은 수십만 그루의 소나무와 묘역 사이로 흐르는 맑은 시냇물로 한양 최고의 경승지가 된다.

그러나 조선이 몰락할 즈음 이곳에 일본 군대가 주둔을 하고, 부근에 일본인들이 거주를 하면서 점차 파괴되기 시작한다. 지속적으로 이곳을 잠식하던 일제는 1920년대에 이르면 조선 최초의 골프장 건설을 허가한다. 무덤 위로 골프공이 날아다니게 된 것이다. 새로운 왕조가 들어서더라도 전 왕조의 왕릉은 보존해주는 것이 동양사의 불문율이었다. 그런데 "1930년대 이곳은 당시 40만 경성부민의 행락지로 전락하였다. 일본 국화인 벚꽃도 당연히 심어졌다"(김해경 박사·조경학)고 한다. 창경궁이 동물원으로 전락한 것이나 마찬가지였다. 그것도 모자라 1940년대에 일제는 이곳에 영면하던 조선 왕족들을 서삼릉 쪽으로 옮겨버린다. 이때는 이미 일본인 학자 무라야마 지준[村山智順]이 쓴 『조선의 풍수』가 발간된 지 한참 뒤였다. 무라야마 지준은 "한국 문화의 이면적·근본적 현상 가운데 하나가 풍수"라고 결론지었다. 그것을 알고도 일제가 효창원을 없앤 것은 '조선의 르네상스'를 꿈꾸었던 정조를 지우고, 더 나아가 조선의 정신을 지우고자 함이었다.

백범 김구, 풍수와 관상을 배우다

한동안 주인을 잃은 이 터가 다시 주인을 찾은 것은 해방 이후의 일이다. 이 터를 가장 먼저 알아본 이는 백범(白凡) 김구(金九)였다. 백범은 어떻게 이 땅의 성격을 알았을까. 여기에는 사연이 있다.

1892년 소년 백범은 황해도 해주에서 시행된 과거에 응시하였으나 낙방한다. 실망한 그에게 아버지가 입신양명책으로 풍수와 관상 공부를 권한다.

> 너 그러면 풍수 공부나 관상 공부를 하여보아라. 풍수를 잘 배우면 명당을 얻어서 조상님네 산수(산소)를 잘 써서 자손이 복록을 누릴 것이요, 관상에 능하면 사람을 잘 알아보아서 성인군자를 만날 수 있을 것이다.
> ─『백범일지』 중에서

1946년 7월 계초의 후원으로 만든 순국열사 묘역에 안장된 백범 김구

그는 아버지 말씀에 따라 관상서인 『마의상서(麻衣相書)』를 공부하지만 실망하고 만다. 자신의 관상을 보니 "천격(賤格), 빈격(貧格), 흉격(凶格)뿐이어서 짐승 모양으로 그저 살다가 죽을" 상이었기 때문이다. 그나마 그가 이 책에서 희망을 얻은 것은 "얼굴 좋음이 몸 좋음만 못하고 몸 좋음이 마음 좋음만 못하다[相好不如身好, 身好不如心好]"라는 문장이었다. 그러나 이 책은 어떻게 하면 마음 좋은 사람이 될 수 있는

지에 대해서는 말해주지 않았다. 답답하여 관상 공부를 그만두고 풍수 공부와 병법 공부로 넘어간다. 백범이 열일곱 살 때의 일이다.

백범이 독립운동을 하던 시절, 그리고 귀국 후에 사람과 땅을 직관함에 있어서 젊은 나이에 접했던 관상과 풍수는 원초적 체험으로 작동한다. 그렇다면 효창원은 어떻게 순국열사의 묘역이 되었을까? 계초(啓礎) 방응모(方應謨)와의 만남을 통해서다.

생맥, 사맥, 미친 맥

웬만한 집 거실이나 CEO(기업의 최고 경영자) 집무실 벽에는 산수화 한 점 정도는 걸려 있다. 왜 산수화를 걸어두는가? 풍수적 관점에서는 그 이유가 분명하다. "산은 인물을 주관하고 물은 재물을 주관한다[山主人, 水主財]"고 보기 때문이다. 좋은 산은 좋은 인물을 배출하고, 계곡에 흐르는 물은 재물이 집 안으로 들어오는 것을 상징한다. 효창원도 삼각산과 한강을 산과 물로 하여 생겨난 한 폭의 산수화였다. 훌륭한 인물과 풍부한 재물이 넘치는 부강한 조선을 꿈꾸었던 정조의 소원이 아들 문효세자의 무덤(효창원)을 통해 드러난 것이다. 정기호 교수(성균관대 조경학과)는 "정조 임금이 이곳에서 한강 너머 남쪽을 바라보았고 훗날 실현될 사도세자 무덤의 수원 이장, 화성과 새로운 도로(시흥대로) 건설을 선견하였다. 새로운 길을 내고, 새로운 성을 쌓고, 새로운 조선을 만들고자 한 것이다. 정조는 아들(문효세자)과 아버지(사도세자)의 무덤을 도성 남쪽에 잡았다. 우연이 아니다"라고 한다.

그렇다면 삼각산과 한강 사이에 있는 곳이라면 모두 길지라는 말인가? 그렇지 않다. 지맥(地脈)이 있어야 하고, 그 지맥을 따라 지기가 흘러야 한다. 그런데 그 지맥은 한두 가지가 아니다. 사람을 살리는 생맥(生脈)이 있는가 하면, 사람을 죽이는 사맥(死脈)이 있고, 그 중간에서 사람을 반쯤 죽이고 반쯤 살리는 반생반사(半生半死)의 미친 맥이 있다. 미친 맥에도 다시 교회나 절터가 되기에 적당한 귀맥(鬼脈)이 있고, 유원지나 러브 호텔이 들어서기에 좋은 유맥(遊脈)이 있다. 따라서 지맥의 성격을 파악하는 일이란 쉽지 않다. 지맥 잡기, 즉 착맥(捉脈)이 매우 어려웠던 까닭에 이에 대한 풍수서『착맥부(捉脈賦)』가 나올 정도였다. 이 책을 지은 도간(陶侃)은 중국 진나라 때의 유명한 정승이었다. 시인 도연명의 증조부이기도 한 그는 어머니를 길지에 모시려고 풍수 공부를 하던 끝에 그 경험을 책으로 남긴다. 이 책은 조선 왕조에서 지관(地官) 선발 고시 과목으로 채택되어 500년 내내 조선의 국토관에 영향을 끼쳤다.

그렇다면 착맥은 누가 잘하는가? 지사(地師)인가 아니면 직관이 뛰어난 지도자인가? 결론적으로 말하자면 도간이나 정조와 같은 직관이 뛰어난 자들이 잘한다. 정조가 만들었던 효창원을 일제가 없애버렸고 다시 그 터를 알아본 사람이 백범과 계초였다. 1946년 7월 계초의 후원으로 백범이 이곳에 순국열사 묘역을 만들었는데, 백범이 1945년 11월 말에 중국에서 귀국하였으니 그가 얼마나 이 일을 중시하였으며 서둘렀는지를 알 수 있는 대목이다.

백범과 계초가 만난 것은 두 가지 인연 때문이다. 첫째, 해방 직후 남한에 귀국한 두 지도자인 우남(이승만)과 백범 가운데 계초는 백범을 체질적으로 선호했다. "계초는 이승만보다 민중을 대변하는 평범한 김구를 생리적으로 좋아하고 편하게 대했다"(방우영·조선일보 명예회장)고 한다.

또 하나의 인연은 계초의 땅 보는 안목 덕분이다. 계초는 원래 평안북도 정주에서 동아일보 지국을 경영하다가, 1920년 초에는 평안북도 삭주의 어느 산골로 들어가 금맥을 찾기 시작한다. 금맥도 다른 지맥과 마찬가지여서 선처럼 가느다란 금맥 한 줄기가 바위 속에 흐르기에 오랜 시행착오를 바탕으로 하는 직관 없이는 찾는 것이 불가능하다. 계초의 땅 보는 안목은 수년간의 금맥 찾기에서 형성된 것이다. 땅 보는 안목(풍수)은 결국 사람 보는 안목(관상)으로 이어지게 된다. 백범은 십대 후반에 관상과 풍수를 공부하였다. 해방 직후 백범과 계초가 서로 만나게 된 것도, 그리고 백범과 계초가 효창원에 대해 쉽게 동의할 수 있었던 것도 이와 같은 원초적 경험의 공통 집합이 있었기 때문이다. 정조가 효창원을 통해서 '조선의 르네상스'를 꿈꾸었다면, 백범은 이 땅을 통해서 대한민국의 어떤 미래를 꿈꾸었을까?

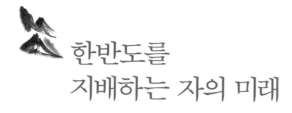

한반도를
지배하는 자의 미래

우리나라 사람들은 설날과 추석을 전후하여 조상의 무덤을 찾는다. 우리에게 조상의 무덤이란 무슨 의미가 있을까?

장사를 지내는 것은 죽은 사람의 뼈를 묻는 것이 아니라 살아 있는 사람의 마음을 묻는 것이며, 신령스러운 것은 산천이 아니라 사람의 마음 자체가 신령스러운 것이다.

『금낭경』 주석(註釋)의 한 대목이다. 1945년 말 귀국한 백범이 서두른 일은 해외에서 순국한 열사들의 유골을 봉환하는 것이었다. 이듬해인 1946년 5월 세 의사(이봉창·윤봉길·백정기)의 유골이 일본에서 부산항에 도착한다. 백범은 서울에서 특별열차를 타고 부산까지 가서 이

백범이 터를 잡은 효창원 내 삼의사 묘(윤봉길, 이봉창, 백정기)

들을 영접한다. 당시 선우진·정인보·방응모·안낙생·안우생 등이 동행
했다. 두 달 뒤인 7월 효창원에 세 의사의 유골을 안장했다. 맨 첫자리
는 이토 히로부미를 사살한 안중근 의사의 유해를 안장하려고 비워두
었다(60여 년이 흐른 지금까지 안 의사의 유골을 찾지 못해 지금도 빈 무
덤으로 남아 있다).

　백범에게 효창원은 어떤 의미였을까. 해방 후 남과 북에서 순국선열

을 위한 묘역 조성에 대한 관심은 백범이 가장 빨랐다. 이어서 1955년 이승만 대통령에 의해 동작동 국군묘지(지금의 현충원)가 만들어진다. 북한의 김일성 주석은 1975년에서야 비로소 혁명열사릉(평양 대성산)을 만든다. 백범이 이곳 효창원에 순국열사의 무덤을 조성하면서 희망했던 대한민국의 미래는 무엇이었을까? 그것은 군사강국도 경제부국도 아닌 문화대국이었다. 백범은 자신의 정치적 이념을 밝힌 논문 「나의 소원」에서 이렇게 주장한다.

우리의 부(富)는 우리의 생활을 풍족히 할 만하고, 우리의 힘은 남의 침략을 막을 만하면 족하다. 오직 한없이 가지고 싶은 것은 높은 문화의 힘이다. 문화의 힘은 우리 자신을 행복하게 하고, 나아가서 남에게도 행복을 주기 때문이다.

과연 효창원은 그러한 땅으로 적절할까?

땅값보다 중요한 것은 직관

효창원에서 남쪽으로 한강을 바라다본다. 이어서 북쪽으로 걸음을 옮긴다. 효창원 바로 뒤쪽에 있는 '용산노인전문요양원→효창로즈아파트→배문중·고등학교→만리재→환일고등학교→아현'으로 이어지는 지맥을 밟아본다. 그리고 인왕산과 한강으로 이어지는 지맥 위에 자리한 효창원 터의 형국을 정리한다.

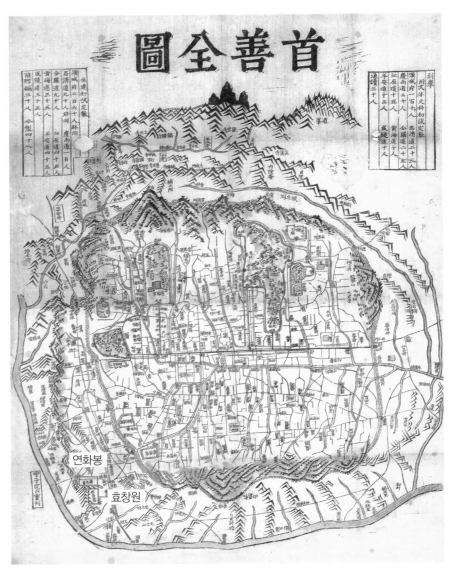

효창원의 뒷산을 연화봉으로 표기한 고산자 김정호가 그린 〈수선전도〉
(고려대학교 박물관 소장)

풍수의 형국론은 독일 철학자 후설(E. Husserl)의 현상학적 방법론과 비슷하다. 후설은 서구의 자연과학적 방법론을 비판한다. 그런 방법으로 땅을 보면 기껏해야 '땅값이 얼마인가'밖에 볼 수 없다. 그 땅이 갖는 '참된 삶의 세계(Lebenswelt)'를 놓쳐버릴 수 있다. 개개인의 삶의 세계도 객관적으로 인식하거나 측정할 수 없듯이 땅도 그러하다. '직관으로 사물을 관조함으로써 파악할 수 있다'는 것이 후설의 주장이다. 풍수 또한 그러한 직관을 강조한다.

효창원은 무슨 형국일까? 연화도수(蓮花倒水)! 연꽃(효창원)이 물(한강)을 보고 고개를 숙인 형국이다. 이때 꽃대는 인왕산에서 효창원으로 이어지는 지맥이다. 지나치게 주관적인 평가는 아닐까? 이러한 직관을 고산자(古山子) 김정호(金正浩)가 그린 「수선전도(首善全圖)」(1850년대)가 뒷받침한다. 「수선전도」는 효창원의 뒷산(현재 효창원로 93-95길 일대)을 '연화봉(蓮花峯)'으로 표기하고 있다. 고산자 혹은 그 당시 사람들이 이곳을 연꽃으로 인식하고 있었던 것이다. 연화도수와 백범의 문화 대국론은 무슨 관계가 있는가?

한반도를 지배하는 자가 세계를 지배하리라

'형세(形勢)'라는 말이 있다. 흔히 쓰이는 말이지만 풍수 전문용어이기도 하다. 『금낭경』은 "천척(千尺)이 세(勢)가 되고, 백척(百尺)이 형(形)이 된다"라고 형세를 정의한다. 여기서 숫자 천과 백은 절대적 수치가 아니라 상대적이다. 우리나라 형국에 적용할 때, 세는 곤륜산에서 백두산에 이르기까지 지맥의 기세를 말하고, 형은 한반도 모양을 말한다. 지정학적으로 말하자면 우리나라[形]와 이를 둘러싼 주변국들과의 힘의 관계[勢]를 말한다.

육당 최남선은 일찍이 우리나라 형세를 대륙으로 진출하는 용맹스러운 호랑이, 즉 맹호와 화물을 가득 싣고 해외로 항해하는 배, 곧 행주형(行舟形)으로 보았다. 맹호는 지정학적으로 군사 강국이 될 수 있음을, 행주형은 지경학적(地經學的)으로 무역을 통해 경제 대국이 될 수 있음을 말한다. 이렇게 맹호와 행주로 우리나라의 형세를 표현함이 객관적인가에 대해서는 비판이 있을 수 있다. 그것은 풍수가 주관(主觀) 지리학이자 심상(心象) 지리학적 성격을 갖기에 피할 수 없는 비판이다. 그렇다면 외국인은 우리나라 형세를 어떻게 보았을까?

1900년대 초 미국인 학자 앨런 아이랜드(Alleyne Irland)는 조선의 형세에 대해 다음과 같이 말했다.

> 동북아시아에서의 그 위치적 관계는 근동 지역의 터키와도 같으며, 영국의 식민지인 이집트와 같으며, 미국의 파나마 운하처럼 정치·경제상 발전 가능성이 크다.
> ─도요카와 젠요, 『경성천도(京城遷都)』에서 재인용

1930년대 일본 제국주의학자 도요카와 젠요[豊川善曄]도 조선의 형세에 대해 다음과 같이 말한다.

> 조선을 지배하는 자는 전 극동을 지배하고, 전 극동을 지배하는 자

는 전 태평양을 지배한다. ······ 만일 태평양 저기압의 중심을 극동이
라고 한다면, 극동 저기압의 중심은 바로 조선이다. 그러나 이 저기압
이 일단 고기압으로 바뀌면 제왕의 자리에 올라 사방을 지배할 수 있
는 힘을 휘두를 수 있게 된다. 이러한 의미에서 조선반도는 극동의 최
대 요지라고 하겠다.

—『경성천도』

아이랜드나 도요카와는 조선에 호의적인 학자들이 아니었다. 그러
나 그들은 분명 조선의 형세가 세계 대국이 될 수 있음을 인정한 것이
다. 축복의 형세다. 그러나 그들은 조선을 축복하고자 한 것이 아니었
다. '일본이 조선을 지배하지 못하면 결코 제국주의 꿈을 이룰 수 없다'
는 결론에서 나온 말이다. 특히 도요카와는 "조선인은 4천 년 동안 조
선 반도에 거주하였을 뿐, 지금까지 이곳을 지배한 적이 없다"는 말을
서슴없이 뱉으며 우리 자존심을 긁어서 기를 죽이고 있다.

한반도의 풍수상 형세가 그와 같음은 그때나 지금이나 별로 달라진
것이 없다. 강국이 될 형세이기에 끊임없이 이를 저지하려는 세력이 있
는 것이다. 그렇다면 어떻게 풍수적으로 부국강병을 이룰 수 있을까?
최남선의 맹호형국론과 행주형국론에 이미 답이 나와 있다.

그 가운데 후자인 행주형국론은 최남선이 처음 고안한 것이 아니라
일찍이 신라 말의 도선 국사가 말한 것이다. 1990년대 이후 윤명철 교
수(동국대 역사학)가 주창하는 '동아지중해론(東亞地中海論)'과 일맥상
통한다. 한반도는 '동아지중해'의 중심 국가로서 대륙과 해양으로 동시
에 진출할 수 있는 최상의 지정학적 위치에 있다는 것이다. 해양 강국
을 통해 동아시아 맹주가 될 수 있다는 것이 윤 교수의 지론이다.

박근혜 정부에서 초대 해양수산부 장관으로 지명된 윤진숙 당시 후보는 국회청문회에서 의원들의 질문에 엉뚱한 답변을 잇달아 내놓아 비웃음을 산 적이 있다. 당시 윤 후보는 해양국가로서의 우리나라의 지정학적 의의를 이해하지 못하고 있었다. 윤 후보가 이에 대해 조금이나마 이해가 있었더라면 국민에게 희망과 믿음을 주었을 것이다. 그러나 그녀는 한반도 '형세'를 모르고 있었다. 결국 그녀는 장관직에 임명되었으나 제대로 업무수행을 하지 못하고 얼마 되지 않아 하차하고 만다.

금서에 담긴 한반도 형세의 비밀

1931년 6월 10일 단재(丹齋) 신채호(申采浩) 선생은 《조선일보》 학예란에 '조선사' 연재를 시작한다. "역사란 무엇이뇨? 인류 사회의 아

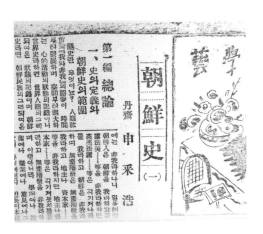

(我)와 비아(非我)와의 투쟁……"이라는 명문장으로 시작하는 이 글은 이해 10월까지 총 103회가 연재되는 동안 독자들로부터 열렬한 찬사를 받았다. 이 글은 훗날 책으로 간행되는데 그것이 바로 저 유명한 『조선상고사(朝鮮上古史)』이다.

1931년 6월 10일 단재 신채호 선생이 《조선일보》 학예란에 기고를 시작한 '조선사'

단재는 여기서 우리 민

족 최초의 정사(正史)를 『신지비사(神誌秘詞)』라고 소개한다. 단군조선 때 신지라는 사관이 쓴 비사로, 단재는 이 책이 우주창조·단군조선의 건국·산천지리 등을 노래한 것으로 훗날 고려 때의 『해동비록(海東秘錄)』에 일부 내용이 요약 정리돼 포함되었다고 말한다. 『해동비록』은 1106년(고려 예종 원년) 예종의 명에 의하여 당시 풍수서들을 집대성한 책이다. 『신지비사』는 역사서이자 풍수서이기도 한 셈인데, 아쉽게도 지금은 전해지지 않는다.

『신지비사』에서 단재가 주목한 것은 삼경설(三京說)이다. 저울대·저울추·저울판 이 세 개가 갖춰져야 저울이 제 기능을 다하듯, 나라도 세 개의 수도(삼경)가 있어야 번성하여 주변 70개국이 조공을 바칠 거라는 논리였다. 저울대·저울추·저울판으로 비유한 이와 같은 삼경설은 중국의 그 어떤 풍수서에도 등장하지 않는 우리 민족 고유의 풍수설이다. 그 흔적은 고구려와 고려의 삼경제(三京制) 등에서 드러난다.

『신지비사』가 말하는 삼경이 어디인가에 대해서 고려의 풍수관리 김위제(金謂磾)는 평양·개성·한양을 꼽았다. 그러나 이에 대해 단재는 하얼빈·안시성·평양이라고 반박하였다. 아울러 단재는 고대 우리 민족이 활동했던 드넓은 영토를 망각하고 후세인들이 '도깨비도 뜨지 못하는 땅 뜨는 재주를 부려 만주 땅에 있던 지명들을 한반도로 옮겨 스스로 우리 영토를 압록강 이하로 축소시켰음'을 비판하였다.

『신지비사』는 그 후 어떻게 되었을까? 고려왕조까지 은밀히 전해지다가 조선왕조에 들어와서는 공식적으로 금서가 된다. 조선전기의 태종·세조·성종은 고려의 수많은 풍수서, 음양서, 비기(秘記) 들을 금서로 지정하여 소각하거나 비장시킨다. 그 가운데에서도 『신지비사』는 금

단재 신채호 묘소와 안내판

서의 첫 번째 대상이었다. 예컨대 태종은 1412년(태종 12년) 8월 충주 사고에 비장된 비결(秘訣)들을 가져오게 하였는데, 『신지비사』만큼은 그 누구도 보지 말고 밀봉한 채 가져오게 할 정도였다. 태종은 『신지비 사』를 직접 펼쳐본 뒤 "이 책에 실린 것은 모두 괴상하고 헛되며 근거 없는 주장들"이라고 하면서 불태우게 한다. 『신지비사』가 공식적으로 역사에서 사라진 시점이다(단재는 이보다 뒤인 임진왜란 때 소실된 것으 로 보았다).

왜 조선왕조는 그토록 『신지비사』를 없애고자 하였을까? 『신지비사』

는 우리 민족의 주요 활동 무대를 만주로 보았으나 조선은 우리 영토를 압록강 이남으로 한정시켰다. 최영(崔瑩) 장군의 요동정벌론을 부정하고 세워진 나라가 조선이다. 『신지비사』는 우리 민족이 70개국의 조공을 받는 동아시아 최강국을 표방했으나 조선은 스스로 명나라에 조공을 바치는 나라가 되었다. 조선의 입장에서는 『신지비사』가 불편했을 뿐만 아니라 명나라가 이 책의 내용을 알까 두려웠다.

이후 『신지비사』는 영원히 사라진 것으로 알려졌다. 그런데 뜻밖에도 일제강점기에 역사학계의 태두인 이병도(李丙燾) 박사가 소장하고 있다는 주장이 나왔다. 이병도 박사가 1934년 창간된 《진단학보》 창간사에서 신지가 썼다는 비사를 갖고 있다고 한 것이다.

훗날 박성수 교수(한국학중앙연구원 명예교수·역사학)가 이 박사와의 언론사 인터뷰에서 『신지비사』의 소유 여부를 물었는데, 그때 그는 묘한 표정으로 답변을 회피하였다고 한다. 그 표정이 무엇을 의미하는지 알 수 없으나 문헌 고증을 중시하였던 이병도 박사이고 보면 어디엔가 비장하고 있지 않았을까. 언젠가 『신지비사』가 다시 세상에 나온다면 드넓은 만주 땅에서 활동하였던 우리 민족의 역사가 다시 쓰일 것이다.

형국론에서
시대를 읽는다

　　"날랜 풍수, 빠른 지관은 격랑 절벽에서도 혈처를 보는 법"
이라고 시인 김지하는 말한다. 땅을 사나운 호랑이가 숲을 뛰쳐나오는
형상으로 보기도 하고, 소가 누워 있는 형국으로도 볼 수 있는 지관의
수준을 말한다. 형국(물형)론은 일종의 '심상 지리학'이라 할 수 있다.
심상이기에 주관적이며 관점에 따라 그 심상이 달라질 수 있다. 한 나
라의 국토 전반을 이야기할 때 형국론은 국토관이 되거나 지정학적 주
제가 될 수 있다. 형국론을 전제로 하는 국토관은 시대와 장소에 따라,
또는 그 시대가 처한 문제에 따라 달라진다. 국토관을 형국론적 관점에
서 표현할 수 있으려면 그만큼 땅과 그 땅이 겪은, 그리고 겪고 있는 시
대문제를 빨리 직관해야 한다.

조선 비수론과 한반도 방아쇠론

적지 않은 외국인이 조선을 형국론으로 이야기했다. 그 가운데 하나가 '조선 비수론(匕首論)'이다. 메이지 시대[明治時代]에 군사자문으로 일본에 초빙되었던 메켈(K.W. J. Meckel)은 조선을 "일본의 심장을 겨누는 비수"와 같다고 했다. 이렇고 보니 메이지유신 이후 아시아의 맹주가 되고자 했던 일본의 입장에서는 가장 먼저 조선을 정벌해야 했다. 당연히 정한론(征韓論)이 나오게 된다. 메켈의 주장에 의하면 조선은 중국인의 손에 쥐인 비수가 되어 일본을 찌르는 형상이 된다. 중국으로부터 그 칼(조선)을 빼앗아야만 했다.

메켈의 조선 비수론이 나온 지 130년이 지난 최근에 일본의 보수우익을 대변하는 사쿠라이 요시코[櫻井よしこ]가 조선 비수론을 '한반도 방아쇠론'으로 확대·재생산하고 있다. 사쿠라이 요시코는 뉴스 앵커를 한 경험에다 타고난 말재주로 상대방의 염장을 지르는 특기가 독보적이라고 한다. 그녀는 자국 일본만을 걱정하지 않고 '우리나라까지 걱정'해주는 발언도 자주 한다. 이른바 그녀의 한반도 방아쇠 형국론이다.

한반도는 대륙세력이 해양을 향해 뻗친 비수 또는 해양세력이 대륙을 향해 겨냥한 방아쇠다. …… 한반도는 대륙세력의 최전방이자 해양세력의 교두보로서 구한말과 같은 격변에 빠져들 가능성을 배제할 수 없다.

사쿠라이 요시코의 결론은 대륙세력을 대표하는 중국이 한반도 전체를 지배하려는 야욕에 맞서 미국, 일본 그리고 한국의 해양세력이 맞서야 한다는 것이다. 우리나라를 생각해주는 고마운 조언으로 들릴 수 있다. 그러나 그렇게 우리를 생각해주는 그녀가 최근 한국과 일본 사이에 첨예한 갈등 요인이 되고 있는 독도를 어떻게 생각할까?

일본의 유력 주간지인 《슈칸신초[週刊新潮]》 2005년 4월 7일호 기고문에 그녀의 본심이 잘 드러나 있다. 그녀는 (독도 문제에 대해) "한국과 마찰을 두려워하여 늘 반걸음 늦은 자세로 항의하는 일본 정부"를 비난함과 동시에 다음과 같이 선동한다.

> 이것이 국가인가, 정부인가? 이와 같은 일본 외교의 틈을 뚫고 한국은 죽도(독도)에 등대와 항구를 건설하고 관광 편을 개설하고 있다. …… 일본은 지금 무엇을 해야 할까? …… 당연, 한국과 마찰이 생긴다. 그러나 마찰을 두려워하는 한 사태는 개선되지 않는다.

우리 입장에서 보면 불쾌하지만, 일본인의 입장에서는 이보다 시원한 말이 어디 있을까? 우리나라 형국이 일본을 겨누는 비수와 방아쇠와 같다는 그녀의 형국론 입장에서 보면 당연한 귀결이다. 그렇다면 우리나라 사람들은 독도를 형국론적 관점에서 어떻게 생각했을까?

한반도가 배라면 독도는 노

몇 해 전 필자의 부친이 돌아가시면서 고향 땅에 적지 않은 전답과

임야를 남기셨다. 그 가운데 수천 평은 밤나무 밭이다. 1960~1970년 대에는 밤 값이 아주 좋았다. 그러나 다른 농산물과 마찬가지로 지금은 인건비도 건질 수 없는 것이 밤농사다. 그렇다고 부모님이 물려주신 땅을 팔 수가 없어서 방치했다.

지난해의 일이다. 마을 사람들 사이에 작은 다툼이 생겼다. 서로 필자의 밤나무 밭을 짓기로 했다는 것이다. 이게 무슨 일인가? 가을철 밤이 익을 때마다 관리가 되지 않는 필자의 밤나무 밭에 가서 마을 사람들이 밤을 주웠던 모양이다. 그 가운데 양심적인(?) 사람들이 가끔 고향을 찾는 나에게 "김 교수 밤 밭에서 밤을 주워 가네" 하기에 의례적으로 "아…… 예…… 잘 하셨어요"라고 했던 기억이 있다. 그런데 이들이 서로 그 땅에 대한 '관리권'을 주장하고 나선 것이다.

나라 땅도 마찬가지다. 고려 말에 시작하여 조선왕조에서 지속된 '섬을 비우고 바다활동을 금한' 공도(空島)·해금(海禁) 정책은 우리의 영토 관념을 희박하게 했을 뿐만 아니라 왜구의 발호와 영토분쟁의 빌미를 제공했다. 우리나라는 본래 삼면이 바다로 둘러싸인 해양국가다. 역사적으로 고조선 이래 해양국가였고, 고구려가 동아시아 패권을 장악한 것도 강력한 해상활동이 있었기에 가능했다. 이를 실천적 지식인인 윤명철 교수가 고증 작업과 뗏목 항해를 통해서 밝혔다. 윤 교수는 우리나라가 해양국가를 지향한다면 '동아지중해'의 중심국가가 될 수 있다고 확신한다.

이와 같은 주장은 윤 교수보다 100여 년 전 이미 육당 최남선이 행주형국론으로 말한 바 있다. 최남선은 "(우리 조선인들이) 우리나라가 삼면이 바다로 둘러싸인 반도국인 것을 아주 오랫동안 잊고 있었다"

는 것을 지적한다. "큰 바다를 지휘하는 사람은 무역을 지휘하고, 세계의 무역을 지휘하는 사람은 세계의 재화를 지휘하기에, 세계의 재화를 지휘함은 곧 세계 총체를 지휘"할진대, 우리 조선이 그것을 망각했다는 것이다. 해양 모험심을 되살림으로써 조선을 세계 강국으로 키울 수 있다는 주장이다. 한반도가 큰 화물선이라면 주변의 섬들은 큰 배에 따른 작은 선박들이다. 한반도가 배라면 독도는 배를 젓는 노에 해당된다.

최창조 교수(전 서울대 지리학과)는 다른 관점에서 우리나라 형국을 말한다. 그는 한반도를 아시아 대륙 동북쪽을 향해 줄기차게 기어올라가는 황금 거북이 형국, 즉 금구몰니(金龜沒泥) 형국으로 본다. 이때 제주도를 비롯한 주변 섬들은 황금 거북이가 낳아놓은 알들이다. 독도는 황금 거북이가 가장 먼저 낳은 알인 셈이다. 물론 최남선과 최창조 교수의 주장에는 현격한 차이가 있다. 최남선은 '해양국가론'을 주장하는 반면, 최 교수는 '대륙국가론'을 염두에 두고 있다. 그러나 작은 섬 하나하나까지도 배의 필수 부속품이자 거북이 알로 보아 그 어느 것 하나 버릴 수 없다는 데에는 의견이 같다.

땅을 유기체로 보는 것이 풍수지리다. 독도를 노로 보든, 거북이 알로 보든 그 어느 하나 없어서는 안 되는 존재다.

2장

땅과 물의 흐름으로
운명을 바꾼다

훌륭한 인재가 성장하는 땅이 되려면

필자는 주로 전라도 순창의 산촌에 머문다. 여느 산촌처럼 나이 70 넘은 노인이 대부분이고, 그나마 온전히 부부가 함께 사는 경우는 거의 없다. 이런 산촌에서는 50대도 젊은 편이다. 한때는 이 마을도 북적거렸지만, 이제는 한적하기만 하다. 동네를 조금만 벗어나면 이곳저곳 보이는 것이 축사다. 궂은날이면 축사에서 나오는 악취가 사방 십리를 진동한다. 가끔 필자가 막걸리를 마시러 가는 면소재지 주변은 오리·닭·소의 축사들로 포위되어 있다. 여름날 저녁이면 머리가 지끈거릴 정도로 악취가 심해 술집에서는 문을 닫고 장사를 한다. 이들 축산업자들은 대부분 시골에 살지 않고 전주나 광주에서 출퇴근한다. 전통적 의미의 농민이 아니라, 도시에 연고를 둔 기업형 혹은 귀농형들이다. 단지 필자가 사는 시골만의 현상이 아니다.

전국 도처가 축사다. 냄새만 맡아도 무슨 짐승을 사육하는지 알 수 있다. 삼천리 금수강산(錦繡江山)이란 말은 옛말이 된 지 오래다. 대한민국 인구보다 짐승 숫자가 더 많을 터이니, 전국이 '금수강산(禽獸江山)'이다. 바로 이곳에서 직·간접적으로 흘러나오는 오물은 하천 오염의 주범이다. 축사 내부를 들여다보면 더 끔찍하다. 움직일 공간조차 없이 빽빽한 곳에서, 분뇨처리도 제대로 안 되는 '오물 방죽'에서 짐승이 사육되고 있다. 각종 질병이 창궐하지 않는 것이 이상할 정도다. 축사에 질병이 창궐하면 그대로 생매장한다. 필자가 사는 곳에서도 수년 전 전염병이 돌아 수천 마리의 닭과 오리가 생매장됐다. 앞집에서 애완용으로 키우던 꽃닭 한 쌍도 그때 덤으로 죽었다. 짐승을 생매장한 현장이 전국에 한두 곳이 아니다. 그렇게 억울하게 죽은 짐승의 원혼들이 가만히 있을까. 그곳에 사는 사람들은 과연 괜찮을까?

흙은 살이 되고, 돌은 뼈가 되고

일찍이 함석헌(咸錫憲) 선생은 말했다.

그 나라 산수풍경이 그 민족의 정신생활에 주는 영향은 한없이 큰 것이다. 인물이 산천에서 난다는 말은 거짓이 아니다. …… 보배를 두고도 쓸 줄을 모르면 망한다. 우리나라처럼 아름다운 경치가 세계에 어디 있는가? 금수강산이 아닌가? 그러나 금수(錦繡) 강산을 금수(禽獸) 강산으로 만든 것은 웬일인가?

세계적인 모자왕 백성학 영안모자 회장 역시 산천과 인물에 대해 한 특별강연에서 말한 적이 있다.

만주족이나 몽고족 그리고 조선족 모두 위로 거슬러가면 뿌리가 같다. 그런데 왜 우리 민족만이 지금 세계에서 단연 두각을 드러내는가? 한국의 산하가 아름답기 때문이다. 아름다운 산천정기를 받고 있기 때문이다.

독일의 천재 철학가 니체(F. W. Nietzsche)는 「나는 왜 이렇게 똑똑한가」라는 글을 썼다. 그는 이 글에서 '천재도 영웅도 한순간에 보통 사람으로 만들어버리는 것이 바로 장소와 풍토'라고 했다. 함석헌 선생과 백성학 회장의 발언과 비슷하다. 조선시대 풍수지리서인 『명산론(明山論)』은 "흙은 살이 되고, 돌은 뼈가 되고, 물은 피가 되고, 나무는 모발이 된다"고 말한다. 이와 같은 대지관에서 보면 개울은 실핏줄이며, 강들은 동맥과 정맥에 해당된다. 강을 살린다고 보를 막는 것은 큰 핏줄을 묶는 것이며, 축사에서 나오는 오물을 방류하는 것은 피를 더럽히고 살을 썩게 하는 행위다.

그렇다고 축산업을 지양하고 이명박 전 대통령 말처럼 "값싸고 질 좋은 고기"를 수입해서 먹자는 말이 아니다. 값싸고 질 좋은 고기에는 무서운 광우병이 도사리고 있다. 고기 소비를 줄이는 일이 유일한 해결책이다. 또 전국의 축사는 일정 폐쇄 지역으로 집단 이주시키고 관청에서 집중 감독·단속을 해야 한다. 그렇게 해서 금수(禽獸) 강산을 금수(錦繡) 강산으로 되돌려야 한다. 맑은 물과 상쾌한 공기, 깨끗한 토양과 아름다운 경관 속에서 훌륭한 인물들이 나온다. 훌륭한 인재들만이 대한민국을 세계 강국으로 만들 수 있다.

고조선과 정도전의 영토관

우리 민족 최초의 나라 이름은 조선이다. '고조선(古朝鮮).' 고조선의 영토는 한반도에 국한되지 않고 만주 땅을 포함한 드넓은 대국이었다. 태조 이성계는 국호를 왜 조선이라 하였을까? 국호를 조선이라고 이름 지은 이는 이성계(李成桂)가 아니라 정도전(鄭道傳)이었다. 정도전은 이성계와 함께 조선 건국의 창업 동지였다. 그가 쓴 『조선경국전(朝鮮經國典)』은 조선 최초의 헌법서다. 이 책에 조선이란 국호가 정해진 내력이 소개되어 있다. 당시 명나라 천자(주원장)는 국가명 후보였던 '화령'과 '조선' 가운데 "조선이라는 이름이 아름답고 또 그 유래가 오래되었으므로 그 이름을 사용하라"고 하였다. 중국에서도 고조선의 존재를 알고 있었다는 이야기다.

조선은 개국 초부터 단군을 국조(國祖)로 모셔 제사를 지내게 하였다. '고조선의 후예가 바로 조선이다'라는 국사의식을 정립하고자 한 것이다. 신화 속으로 사라질 고조선을 우리 역사에 되살린 것은 정도전과 조선왕조 덕분이었다. 이와 같이 고조선에서 정통성을 끌어낸 정도전의 영토관은 무엇이었을까? 정도전은 이성계에게 '중국을 제패하여 천자국이 된 변방민족으로 거란족(요), 여진족(금), 몽고족(원)이 있었음'을 설명한다. 그뿐만 아니라 정도전은 군사훈련을 엄격하게 제도화하여 전국적으로 실행케 하였다. 고조선의 옛 땅 요동을 수복하고자 함이었다. 그러나 그것은 이성계의 아들 이방원이 정도전을 죽임으로써 결실을 보지 못하고 끝이 난다.

고조선이 실존하였음은 일찍이 신채호, 최남선, 정인지 등 많은 학자들이 주장하였지만, 그 실체를 구체화한 것은 윤내현 교수(단국대 사학과)이다. 기존에 고조선을 연구할 때 기초 사료로 활용할 수 있는 것이 『삼국사기』『삼국유사』 등 한정된 자료뿐이어서 연구에 한계가 있었던 것을, 윤 교수는 중국의 다양한 사료들 속에 언급된 고조선 관련 기록들을 종합하는 방식으로 고조선의 실체를 밝혀냈다. 그렇게 해서 고조선의 광대한 제국의 면모가 드러났다. 박선희 교수(상명대 역사콘텐츠학과)도 만주와 한반도의 고대 옷차림과 장신구 문화를 통해서 고조선의 영토가 구체적으로 어디인지를 밝혔다. 흥미로운 것은 두 학자가 밝힌 고조선의 영역이 일치한다는 점이다. 이미 중국 땅이 되어버린 고조선을 이야기한다는 것이 무슨 의미가 있는가 하는 의문이 있을 수 있다. 괜스레 외교 문제만을 야기하는 것 아닌가 하는 의문이 있을 수 있다. 하지만 중요한 것은 지금도 북한과 만주 땅에 우리 민족이 거주하면서 고조선 이래 민족의 맥이 끊이지 않고 있다는 것이다.

이 고조선의 주산은 어디일까? 조선조 이래 많은 학자들이 요녕성 북진(北鎭) 시에 있는 의무려산(醫巫閭山)을 고조선의 주산으로 보고 있다. '세상에서 상처받은 영혼을 크게 치료하는 산'이란 뜻의 의무려산은 흰 바위로 되어 있어 백악산으로 불리기도 하는 명산이다. 학자 허목(許穆)은 "진산(鎭山) 의무려산 아래 고구려 주몽씨 졸본부여에 도읍했다"고 했고, 홍대용(洪大容)은 "의무려산은 동이족과 중국족

요녕성 북진시에 있는 의무려산

이 만나는 곳으로서 동북의 명산이다"라고 하였다. 또 근대의 장지연은 "북방 영토의 주산이 의무려산인데 그 내맥이 백두산이 되었다"고도 하였다.

고조선이 활동 무대로 삼은 중심축이 의무려산이었음을 말해주는 대목이다. 우리 민족의 진정한 주산은 백두산이 아니고 의무려산이다. 이제는 남의 땅이라고 말할지 모른다. 하지만 영토는 고정불변한 것이 아니다. 이스라엘 백성이 나라를 잃고 수천 년을 헤매었지만 마음의 성

68

전을 쌓을 수 있었기에 돌로 된 성전을 쌓을 수 있었다. 여기서 '마음의 성전'이란 다름 아닌 '민족의 주산'을 말한다.

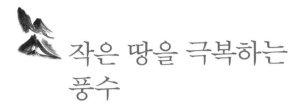

작은 땅을 극복하는 풍수

1617년 역모를 알리는 한 장의 상소가 임금에게 전해진다.

조선의 수도는 처음에는 한(漢), 두 번째는 하(河), 세 번째는 강(江), 네 번째는 해(海) 자가 들어가는 순서로 바뀔 것이다.

『홍길동전』의 저자 허균(許筠)이 역모를 꾀하고 있는데, 그가 "1한(一漢), 2하(二河), 3강(三江), 4해(四海)"라는 참언을 만들어 민심을 소란케 한다는 내용이 들어 있었다. 이 상소로 인해 허균은 이듬해인 1618년 능지처참이라는 끔찍한 형을 받고 죽는다. '도읍지를 옮긴다', 즉 천도(遷都)를 한다는 것은 권력의 교체를 의미하기에 함부로 말을 꺼냈다간 역모 혐의를 뒤집어쓰기 십상이다. 그런데 이 말은 허균이 지어낸

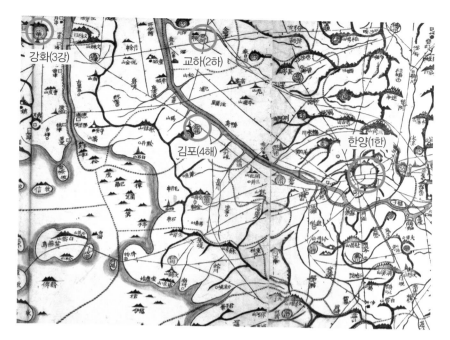

1617년(광해군 9년) 이의신이 제기한 교하천도론
(김정호, 〈대동여지도〉, 규장각한국학연구원 소장)

말이 아니었다.

1612년(광해군 4년) 종6품 벼슬의 지관 이의신(李懿信)이 임금에게 천도를 주장하는 상소를 올린다. "임진왜란과 역변이 계속하여 일어나는 것, 한양 주변 산들이 벌거벗은 것 등이 모두 한양의 지기가 쇠한 데서 비롯한 것이니 교하(交河)로 천도를 하옵소서"라는 내용이었다. 교하는 한양과 개성의 중간 지점으로 동쪽으로 멀리 삼각산이 병풍을 치고, 북쪽으로 송악산이 웅장하게 섰으며, 남쪽으로 옥야천리(沃野千里)가 펼쳐져 있고, 서쪽으로 한강이 넓게 흘러 배가 다니기에 좋은 땅이라는 것이다. 광해군은 이 상소를 예조에 내려 의논토록 한다. 이에 대해 당시 예조판서 이정구뿐만 아니라 홍문관과 사간원은 이의신을 처벌해 흉흉한 인심을 안정시킬 것을 임금에게 아뢴다. 그러나 임금은 처벌할 생각이 없었다. 문제가 된 상소는 이의신이 자발적으로 한 것이 아니라 임금의 사전 지시에 의한 것이었기 때문이다. 서자 출신으로 임금이 된 광해군은 불안정한 권력 기반, 대신들 간의 끊임없는 당쟁 등을 해결할 대안으로 천도를 생각하고 있었던 것이다. 교하천도론을 제기한 이의신을 처벌하자는 조정 대신들과 이를 거부하는 광해군과의 싸움은 이후 몇 년 동안 지속된다. 참고로 1614년(광해군 6년) 한 해 동안만 이의신을 처벌하자는 상소가 100건이 넘었다.

서울의 대안은 어디일까

'1한, 2하, 3강, 4해'는 임진왜란 이후 불안해하던 백성이 기대하던 새로운 세상이 반영된 참언이었다. 흥미로운 것은 이 글자들이 모두 '물 수 변(氵)'을 갖고 있다는 것이다. 그러니까 새 수도는 강가나 바닷가에 들어선다는 것이다. 여기서 언급된 '1한'은 당시 수도이던 한양을 말하는 것이고, '2하'는 교하를 말함이 분명하다. 그렇다면 '3강'과 '4해'는 어디일까? 여러 추측이 가능한데, 중요한 것은 미래 도읍지가 될 곳으로 당시 조선 지관들은 바닷가를 지목했다는 점이다. 지정학자들은 한 나라, 특히 수도가 어느 곳에 위치하느냐에 따라 민족성, 정치제도, 대외정책 등에 결정적 영향을 끼친다는 데 동의한다. 19세기 말 독일의 지리학자 라첼(F. Ratzel) 역시 "바다는 해양민족의 대담성과 거시적 안목을 심어준다"고 했다. 자본주의의 발달 이후 유럽에서는 경쟁적으로 그 패권국이 바뀌었다. 포르투갈·스페인·네덜란드·영국 등이 한때 패권을 차지했다. 그러나 패권을 꿈꾸었던 프랑스만은 끝내 제국을 이루지 못했다(나폴레옹도 실패했다). 프랑스가 해양국가로 나아가지 못했기 때문이다. 특히 한 나라의 수도가 분지에 있는가, 해안에 있는가는 그 나라의 흥망성쇠에 결정적 영향을 준다.

지금 우리의 수도는 어떠한가? 포화상태가 된 서울이 과연 미래 세계 대국의 수도가 될 수 있을까? 남북통일 후 수도로서 그 기능을 감당할 수 있을까? 국운을 크게 진작시키기 위해서 언젠가 한 번의 천도는 필연적이다. 세계강국 대한민국의 새로운 수도는 어디여야 할까? 답은 이미 '1한, 2하, 3강, 4해'에 나와 있다. 이 네 가지를 동시에 충족시켜주는 땅을 찾으면 된다. 과거의 땅인 서울과 교하를 포함하면서 동시에 미래의 땅인 3강과 4해를 선취(先取)하는 땅이 어디일까?

새로운 통일국가에는 새로운 수도

"천하대세란 나누어짐이 오래가면 반드시 합쳐지고, 합쳐짐이 오래가면 반드시 나누어진다"는 문장으로 소설 『삼국지』는 시작한다. 남한과 북한도 언젠가 다시 합쳐질 것이다. 시간문제일 뿐이다. 그렇다면 통일한국의 수도로는 어디가 마땅할까? '관습법'으로 보면 당연히 서울이어야 한다. 그렇지만 두 가지 관점에서 서울이 통일한국의 수도가 되기는 어렵다. 첫째, 평양을 자기네 수도로 하였던 북한 주민들이 동의하지 않을 것이다. 억지로 서울을 통일 수도로 삼는다면 이는 남과 북 간 지역 갈등의 중요한 요소가 될 것이다. 천 년도 훨씬 더 지난 지금에도 신라와 백제의 고토 전라도와 경상도의 지역감정이 남아 있다는 것에 유념할 필요가 있다. 둘째, 서울은 이미 극도의 포화상태다. 통일 후 북한 주민들이 서울로 대거 유입된다면 문제는 더욱 심각해질 것이다.

새로운 통일국가에는 새로운 수도가 필요하다. 풍수적으로 두 가지 요건을 충족해줄 때 남과 북의 민심은 하나가 되고, 통일한국은 세계 강국이 된다. 첫째, 남과 북, 특히 서울과 평양에 가까운 거리로서 개발이 안 된 처녀지여야 한다. 둘째, 나라를 더욱더 풍요롭게 하면서 동시에 큰 인물들을 배출해 세계를 지도할 수 있는 곳이어야 한다. 아쉽게도 우리나라는 '강은 천 리가 안 되고, 들도 백 리가 되지 않는다.' 그러한 까닭에 큰 민족을 길러낼 수 없다고들 말한다. 과연 그럴까? 우리 민족의 선지자 함석헌 선생은 『뜻으로 본 한국사』에서 '풍수설'을 활용할 것을 주장한다. 다음은 함석헌 선생의 우리나라 지세론이다.

반도의 지세를 보면 큰 민족을 길러낼 수 없다. 넓은 들이 없다. 큰 민족이 되려면 그것을 기를 만한 들이 있어야 한다. 들도 없지만 큰 냇물도 없다. 큰 민족을 길러내기에 조건이 맞지 않는 땅이다. 한 가지 이상한 것은 항구가 많다는 점이다. 어떻게 할 것인가? 쓸모없는 항구와 해안선을 살려내는 것이 우리 일이다. 땅이 살아나면 사람도 살아난다. 산천 정기를 죽은 사람이 아니라 산 사람이 받아야 한다.

문제는 남과 북이 모두 지근거리에 있으면서 바닷가 처녀지를 찾되 산

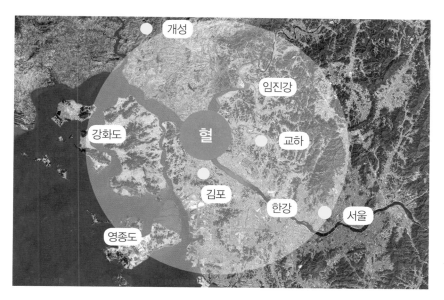

'1한, 2하, 3강, 4해'를 충족시키는 미래 통일 한국의 수도 김포(배경지도 네이버 제공)

천 정기가 오롯이 모인 땅이 어디인가 하는 점이다. '1한, 2하, 3강, 4해'는 임진왜란 직후 떠돌던 참언이자 당시 조선 지관들의 '수도론'이었다. 그들은 '1한'은 한양(서울), '2하'는 교하, '3강'은 강화를 의미한다고 하였다.

미래 통일한국의 수도는 '1한, 2하, 3강'을 포괄하면서 동시에 북한 주민들까지 기꺼이 동의할 수 있는 땅이어야 한다. 여기서 말하는 '4해'는 '남해(南海)'를 가리키는데, '남해'는 여러 비결서에 등장하는 전설의 땅이다. 그곳에서 새로운 지도자, 곧 진인(眞人)이 출현할 것이라는 전설이다.

함석헌 선생도 미래 우리나라는 "뿌리를 북원(만주)에 박고 꽃을 남해에 피우자"고 주창하였다. 그러나 여기서 말하는 '남해'는 그러한 전설의 땅이 아니다. 조선 초기 45년간 여섯 임금을 섬기며 『동국여지승람(東國興地勝覽)』이란 지리지를 편찬하기도 한 문신(文臣) 서거정(徐居正)은 "남해제도(南海諸島)"라는 말에 이어서 "동쪽으로 삼각산 봉우리가 보이고 서쪽으로는 강화도가 두르고 있다"고 하여 '이곳'을 특징(特徵)하였다.

훗날의 이야기이지만 실제 '이곳' 남쪽에 영종도 국제공항이 들어섰다. 풍수상 영종도는 '이곳'의 주작(朱雀)에 해당한다.『금낭경』에서 주작은 '날아올라 춤추는 모습'이어야 한다고 하였다. 영종도에는 매일 수많은 비행기가 새가 되어 날아오른다. '이곳'을 중심으로 강 건너 북한 땅까지 포함하면 세계에서 가장 아름다운 국제 해상도시를 만들수 있다. 북의 예성정맥, 중앙의 한북정맥, 남의 한남정맥이 모이는 지점이다. 이러한 조건을 충족시키는 곳은 다름 아닌 김포이다. 백두대간이 갈리어 북으로는 임진북예성남정맥으로, 남으로는 한남정맥으로제 갈길을 가다가 이들이 한강과 임진강이 합류하는 지점에서 강을 사이에 두고 다시 만난다. 이른바 천 리의 긴 강을 사이에 두고 형제가 서로 만나는 '천리장강형제상봉(千里長江兄弟相逢)'의 터이다. 오랫동안헤어진 남과 북이 만나 하나가 될 수 있는 곳이다.

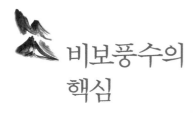

비보풍수의
핵심

이른바 당 태종의 '선덕여왕 퇴위론'은 이렇다.

너희 나라는 여자를 임금으로 삼아 이웃 나라의 업신여김을 당하고
있다. …… 내가 종친 한 사람을 보내어 너희 임금으로 삼되, 그 스스
로 임금 하기 어려우니 마땅히 군대를 보내어 호위케 하겠다.

당시 신라는 고구려와 백제의 협공을 받아 대야성 등 40여 개의 성
을 빼앗기는 절체절명의 국난 상태에 있었다. 신라는 당나라에게 구원
을 요청하는 사신을 거듭 보낸다. 서기 643년(선덕여왕 12년) 9월 당
태종은 신라 사신에게 해결책으로 '선덕여왕 퇴위론'을 내놓는다.

이에 신라 내부에서도 여왕의 권위를 인정하는 세력과 여왕 퇴위론

을 주장하는 세력으로 양분된다. 여왕 퇴위론에 동조한 세력으로는 우리에게 잘 알려진 인물이 김춘추(金春秋) 세력(김유신도 포함된다)이 있었다. 선덕여왕 입장에서는 답답한 상황이었다. 그녀는 위기를 어떻게 반전시켰을까?

자신이 후원하였던 불교계 자장 법사(慈藏法師)를 활용한다. 당시 자장 법사는 재상 후보로 언급될 만큼 정치적 역량이 있던 인물이었다. 643년 당나라에 유학 중이던 자장 법사는 귀국하라는 명을 받고 급히 귀국한다. 귀국 후 여왕을 만난 자장 법사가 국론 분열의 원인 분석과 해결책으로 제시한 것이 '황룡사 9층탑 조성'이었다.

자장 법사는 문수보살을 인용하여 다음과 같이 말한다.

너희 나라(신라)는 산천이 험한 탓으로 사람의 성질이 추하고 사나울 뿐만 아니라 잘못된 의견을 많이 믿는다. …… 9층탑을 세우면 이웃 나라가 항복하고 아홉 나라가 조공하여 왕업이 길이 태평할 것이다.

하나의 탑이 바꾸는 인간의 운명

왜 하필이면 탑인가? '산천의 기운이 달아나는 형상이면 탑을 세워 멈추게 한다'는 것이 비보풍수의 원칙이다. 그리하여 황룡사 9층탑이 세워졌다. 탑을 세운 지 30년 만에 신라는 백제와 고구려를 멸망시키고 통일을 이룩한다.

후세의 역사가 일연(一然)은 『삼국유사』를 통해 이렇게 말한다.

비보풍수의 원칙으로 황룡사 9층탑이 세워졌던 터

탑을 세운 뒤 운수가 형통하고 삼국을 통일했으니 탑의 영험이 아니
고 무엇이랴.

참으로 허접스러운 '전설'이다. 9층탑 하나 세웠더니 국운이 반전되
어 삼한이 신라로 통일되었다는 이 황룡사 9층탑 전설 말이다. 그런데
정말 허접스럽기만 할까?

황룡사 9층탑 조성을 건의한 사람은 자장 법사였다. 하지만 9층탑 조성
총감독으로 임명된 이는 다름 아닌 김춘추의 아버지 김용춘(金龍春·다
른 이름으로 김용수가 있다)이었다. 여왕 퇴위론에 동조하던 반대 세력
을 포용한 것이다.

그뿐만이 아니다. 도편수는 적국인 백제의 명장(名匠) 아비지(阿非

知)였다. 적국의 문화와 기술을 인정하고 수용한 것이다. (아니면 적국을 흔들어놓을 고도의 정치 행위였던가?) 이에 응한 아비지도 '이적 행위'에 대한 고뇌가 적지 않았으나 신라로 간다. (수년 전에 불타버린 숭례문을 북한의 도편수를 초빙하여 복원케 하였으면 지금의 남북관계는 어떻게 되었을까?)

그뿐만이 아니다. "귀족들이 가진 경제력을 탈취하여 공사에 투여함과 동시에 9층탑이 세워지면 복속하게 될 아홉 나라를 열거함으로써 국제사회에서 신라 중심 시각을 제시하였다. 국론 통일에 긍정적 작용을 하게 하였다."(윤명철)

이것이 전부일까? 9층탑이 있는 황룡사는 전사자의 명복을 빌고 충성을 선동하였다. 탑을 세워 한 집단의 운명을 바꾸었다. 비보풍수의 핵심은 바로 그것이다.

죽음의 세계를 함부로 할 수 없는 이유

이 시대의 대표적 학승(學僧)으로 조계종 총무원장을 지낸 지관(智冠) 스님 이야기다. 스님의 고향은 포항시 청하면 유계리다. 스님의 부모님은 원래 유계리 678번지에 살았다. 그러나 이곳에서 아홉 살의 만아들이 죽자 큰 시름에 잠기었다. 그때 "옥녀직조(玉女織造) 형의 명당으로 집터를 옮기면 후손이 융성하리라"고 어느 풍수가가 조언을 하였다. 그 말을 따라 유계리 107번지로 옮긴다. 집터를 옮긴 지 3년 만에 지관 스님이 태어난다. 그 터를 잡아준 사람은 어느 명풍수였을까. 이

지관 스님이 열반 전에 조성한 고향의 조상 보은탑과 비문

후 출가한 스님은 고향을 찾지 않았다. 그러다가 이승에서의 인연이 다하고 있음을 안 스님은 2010년 출가한 지 60년 만에 고향을 찾는다. 생가 터는 남의 논이 되어 벼가 자라고 있었다. 스님은 이곳을 구입하여 보은탑(報恩塔)을 세우고 조부모와 부모님의 묘 4기를 화장하여 보은탑 밑에 모셨다. 조부모 및 부모 유골까지 화장하여 함께 극락왕생하고자 하는 아름다운 뜻이었다. 그로부터 1년 뒤인 2012년 1월 초 지관 스님은 입적하였다.

최근 몇 년 사이에 남북한의 큰 지도자들이 잇달아 별세하였다. 그런데 그 지도자들의 주검 처리 방식이 제각각이어서 흥미를 끈다. 지관 스님은 당연히 다비(불교식 화장)되었다. 박태준 회장은 현충원에 매장되었고 북한 김정일 위원장은 미라로 안장되었다. 어찌 한민족이면서도 이렇게 장례의 모습이 서로 다를까? 문화의 다양성이라고 해석할 수도 있지만, 가치관의 충돌은 아닐까? 물론 중국 고대 사상가 열자(列子)와 같은 생각을 가진 사람이라면 별것 아닌 일일지 모른다. 열자는 말한다.

> 나 죽으면 그만이오. …… 화장을 해도 좋고, 수장을 해도 좋고, 매장을 해도 좋고, 들판에 내던져도 좋고…… 그저 그때 형편대로 하면 그만 아니오?

그러나 죽어서 "개처럼 땅에 묻히기를 바라지 않는 것"(앙드레 베르제즈)은 동서양을 막론하고 인지상정이다.

매장이든 화장이든 또는 미라든 저마다 '영생(永生)을 담보해준다'는 확고한 생사관에 근거한다. 이 가운데 화장은 유가적 관점에서 "돌아가신 부모를 화장하는 것은 당신들을 곧 하나의 물질처럼 취급하는 잔인함"(김기현 교수·전북대 윤리교육과)으로 해석될 수밖에 없다. 반면 육신을 화장함으로써 윤회의 고통에서 벗어나 극락왕생을 할 수 있다고 보는 불가의 관점에서 보면 한갓 지수화풍(地水火風)에 지나지 않는 육신을 길지에 매장하려는 행위는 그 자체가 헛된 일이다. 그러나 죽어서 한줌의 흙으로 돌아간다는 점에서는 유가나 불가나 별 차이가 없다. 우리 정서상 받아들이기 힘든 것은 미라로 처리되는 상황이다. 미라는 영원히 사는 것도 영원히 죽는 것도 아닌 채 구천을 떠도는 '중음신'이 되기 때문이다. 그러나 북한 주민들은 그렇게 생각하지 않는다. 고대 이집트 파라오들의 미라처럼 김정일 위원장도 영원히 살아 자기 인민들을 지켜준다고 믿을 것이다.

풍수지리의 핵심이론은 조상의 기운과 후손의 기운이 서로 감응한다는 '동기감응설(同氣感應說)'이다. 흔히 이것을 좋은 땅에 조상을 묻으면 그 좋은 기운이 후손에 좋은 영향을 주는 것으로만 세속의 술사들은 풀이한다. 그럴 경우 풍수는 매장을 고집하는 사람들에게만 수용될 것이다. 그러나 그렇지 않다. 조상과 후손 간의 상호 감응은 그들이 공유하는 같은 기[同氣]에서 나온다. 김일성·김정일 부자가 북한 인민의 '어버이'가 되는 순간 북한 인민과는 동기(同氣)가 형성된다. 돌아가신 조상에게 혼이 있다는 것은 전적으로 후손의 믿음에 근거한다. 그러한 '확실한 믿음'은 '동기감응의 과정'을 거쳐 '명당발복의 결과'로 나타난다. 예수가 약 없이 병자를 고칠 때 "네 믿음이 너를 낫게 하였느니라"고 함과 같다. 나라가 더욱 흥하려면 그 나라 국민의 조상 혼령들도 편안해야 한다. 우리가 죽음의 세계를 함부로 할 수 없는 이유이다.

수목장과 암석장

최근 유행하는 수목장은 요즘 꽤 유행하는 장법(葬法)이기는 하나 꼼꼼히 따져봐야 할 점들이 있다. 원래 수목장은 독일에서 시작된 것으로 그리 오랜 장법이 아니다. 전 국토의 30퍼센트 이상이 숲인 독일의 경우 숲은 중요한 의미를 갖는다. 독일 문학작품에도 자주 등장하는 모티브이다. 독일의 여름은 덥지 않고 겨울은 춥지 않다. 필자는 독일 뮌스터에서 공부했는데, 그곳 사람들은 "뮌스터에 오면 비가 내리거나 종이 울린다"라는 말을 하곤 한다. 뮌스터에 성당의 종소리가 자주 울리는 것과 비가 자주 내리는 것을 말한 것이다. 독일 기후의 한 단면 이자 독일에 숲이 발달하고 수목장 문화가 싹튼 배경이다.

반면 우리나라는 사정이 다르다. 겨울은 몹시 춥고 봄에는 가뭄이 심하다. 나무가 일 년 내내 고르게 자랄 수 없으며 산불이 자주 난다. 자기 선산에 수목장을 하고 주변에 화소(火巢·산불방지를 위해 묘 주변을 빈터로 남겨놓은 것)를 만든다면 모르되, 산불위험은 상존한다. 주요 수종인 소나무는 전국으로 확산 중인 재선충병 위험에 직면하고 있다. 산불과 병충해로 나무가 죽거나 훼손된다면 후손으로선 큰 낭패가 아닐 수 없다.

문제는 또 있다. 역사학자이면서 풍수전문가이기도 한 김기덕 교수 (건국대 사학과)가 "수목장은 기존의 매장제도와 화장제도에 대한 새롭고 아름다운 대안으로 등장하였으나 지나치게 비싸며 넓은 공간을 차지하여 또 다른 호화분묘가 되고 있다"고 한 비판도 새겨들을 만하다. 실제 수목장 1기가 수천만 원에 달한다는 언론 보도가 있었다.

풍수적 관점에서 다른 대안은 없을까? 다름 아닌 암석장(巖石葬)이다. 우리 민족의 암석장 전통은 이미 고조선에서부터 시작한다. 고인돌이 바로 그것이다. 자연석(박힌 돌) 밑이나 근처에 유골을 평장(平葬)하는 것이다. 뒷동산 너럭바위도 좋고, 시골 밭 구석에 박힌 돌도 좋다. 풍수적으로 좋은 바위는 속발(速發·빠른 명당발복)과 강발(强發·강력한 발복)을 가져온다고 한다. '주먹만 한 돌이 금과 옥보다 더 귀하다'고 『조선왕조실록』은 기록할 정도이다. 바위 그 자체가 비석이 될 뿐 아니라 영원히 사라지지 않으며 화재의 위험이 없다. 벌초할 필요도 없는 데다가 풍수적 이점이 있으니 일석오조(一石五鳥)이다. 산에 바위가 많은 우리나라의 장법으로 적절하다.

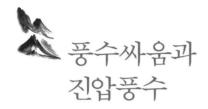

풍수싸움과
진압풍수

일본 총리의 야스쿠니 신사 참배는 우리의 염장을 지르는 일이지만 딱히 대응할 방법이 없다. 일본의 현 총리인 아베는 야스쿠니 신사를 참배하지 않았지만, 지난 8월 야마구치 하기[萩] 시에 있는 요시다 쇼인[吉田松陰]의 묘와 신사를 참배했다. 요시다 쇼인은 아베 총리가 가장 존경하는 인물이자, 이토 히로부미 등 조선을 병탄한 주역들의 직계 스승이다. 요시다 쇼인은 "조선을 빼앗은 후에 만주를 무찌르고 중국을 제압하여…… 도요토미 히데요시의 유지를 이어받는 이외에 다른 길은 없다"라고 주창한 인물이다.

풍수의 핵심은 기(氣)다. 풍수가 싸움이 된다면 기싸움이 된다. 그러한 기를 쟁탈하기 위한 싸움은 여러 형태로 나타난다. 조선 후기에 빈발했던 묘송(墓訟)의 대부분은 풍수에 근거한 기싸움이었다.

안중근 의사 동상이 '그곳'에 서 있는 이유

홍콩의 대표적인 두 건물 사이의 '총칼전쟁'은 널리 알려진 일이다. 중국은행타워(Bank of China Tower)의 건물 모양이 칼[刀]과 같아 이에 기가 눌린 홍콩상하이은행(HSBC)이 건물 옥상에 대포 모양의 조각물을 설치하여 이에 대항케 하였다.

기죽이는 일은 국가 간에도 있어왔다. 지금까지 우리 땅의 맥을 자른 가해자로 셋이 언급된다. '고려왕조가 제주도를 완전히 복속시키기 위해 중국인 풍수사 호종단(胡宗旦·고려에 귀화하여 예종과 인종을 섬긴 인물)을 파견하여 맥을 자르게 하였다', '임진왜란 당시 조선에 출정한 명나라 장수 이여송(李如松)이 전국의 지맥을 자르게 했다', '일제강점기에 일본인들이 전국에 쇠말뚝을 박았다'에 등장하는 호종단, 이여송, 그리고 일본인이 그들이다. 이 셋의 행위는 제주와 조선에서 큰 인물이 나오지 못하게 하려는 진압풍수 행위로 전해진다.

거꾸로 우리가 다른 나라를 풍수로 제압하고자 했던 흔적이 드물지만 한두 가지 보인다. 지리산 자락에 위치한 실상사란 절에는 '일본이 흥하면 실상사가 망하고, 일본이 망하면 실상사가 흥한다'는 말이 전해진다. 일본으로 흘러가는 지기(地氣)를 차단하기 위해 그 자리에 절을 세웠다는 창건설화가 있고, 범종에 새겨진 일본 지도를 연상케 하는 부분을 칠 때마다 일본 후지산이 한 방씩 얻어맞는다고 하는 이야기도 전한다. 절의 입지가 비보·진압사찰의 흔적을 증명한다.

또 하나의 진압풍수 현장이 있다. 서울 남산자락에 자리한 숭의여자대학교 교정에는 안중근(安重根) 의사 동상이 세워져 있다. 1959년 이

우리가 일본을 풍수로 제압하고자 세운 절인 지리산 자락의 실상사

곳에 세운 것인데, 1967년과 1973년에 각각 다른 곳으로 옮겨졌다가 2010년에 원래 자리로 돌아왔다. 본래 이곳은 일제 때 조선총독부가 지원하여 그들의 신을 제사했던 경성신사(京城神社)가 있던 터였다(지금도 대학 본관 한쪽에 경성신사의 옛 사진을 석판에 새겨서 역사의 현장임을 확인할 수 있도록 하였다). 경성신사의 흔적을 고증하고, 안 의사 동상을 원래의 자리로 되돌린 학교 측의 배려가 엿보인다.

안 의사 동상이 서 있는 곳에서 일직선상으로 일제 통감부가 있었다(현 서울애니메이션센터 자리). 1906년 이토 히로부미가 초대 통감으로 취임한 곳이다. 그로부터 3년 후인 1909년 10월 26일 이토 히로부미는 안 의사에 의해 하얼빈에서 사살된다. 일본인들에게 이토 히로부미가 영웅이라면 안 의사는 우리의 영웅이다. 진압풍수가 효과를 보려면 구

남산 숭의여자대학교에 세워진 안중근 의사비(위)
일제시대 때 경성신사 터에 자리 잡은 숭의여자대학교 및 안중근 동상(아래)

체적인 행동과 발언이 있어야 한다. 안 의사가 이토 히로부미를 사살한 10월 26일을 기리어 대통령과 장관들이 이곳의 안 의사 동상을 찾아 참배한다면 일본 총리는 어떤 기분일까?

신라호텔의 비보진압풍수

서울 장충동에 자리한 신라호텔의 정문을 들어서자마자 오른쪽에 소박하면서도 외로운 돌탑 하나가 서 있다. 소박하다고 한 것은 탑이 웅장하지도 정교하지도 않기 때문이다. 시골 마을 입구에서 볼 수 있는 흔한 양식이다. 외롭다고 말한 것은 대개 이러한 돌탑들은 좌우에 짝으로 마주 보고 서 있는데 이 탑은 홀로 서 있기 때문이다. 무슨 사연으로 언제, 왜, 누가 세웠을까. 최창조 교수가 들려준 이야기에 의하면 이렇다.

2000년대 초의 이야기다. 남산2호터널이 2년 동안의 보수 공사 끝에 재개통되었다. 그런데 오비이락일까. 갑자기 그즈음 신라호텔 매출이 급격히 떨어졌다. 남산2호터널의 충살(衝殺)이 그대로 신라호텔을 때리기 때문이라는 소문이 은밀히 돌았다. 흔히 이러한 소문이 돌면 경영을 맡은 책임자는 두 가지 반응을 보인다. 미신으로 무시하고 화를 내거나 아니면 신속한 초동 대응으로 이를 제압하는 것이다. 당시 신라호텔의 경영을 맡은 책임자는 후자를 택하였다. 급히 전북 진안 어느 마을의 노인 대여섯 명을 섭외하였다. 그들로 하여금 그곳의 돌들을 트럭에 싣고 상경케 하여 곧바로 탑을 쌓게 하였다. 곧 탑이 만들어졌다. 이른바 충살을 막아주는 액막이 탑이었다. 우연한 일이지만 신라호텔의 매출은 다시 급성장으로 흐름이 바뀌었다.

이렇게 돌탑을 쌓는 것은 이른바 비보진압풍수의 한 행위다. 광화문의 해치 석상, 경회루의 연못, 종로구 숭인동의 동묘 등이 주변에서 쉽

남산 2호 터널의 충살을 막아 매출을 올린 신라호텔의 액막이 탑

게 볼 수 있는 대표적인 비보진압풍수물이다. 해치 석상과 연못은 경복궁의 강한 불기운[火氣]을 중화시키기 위해서 만들어진 것이다. 동묘는 도성의 지기가 수구를 통해 누설되는 것을 막기 위해 선조의 지시 아래 조선과 명나라의 합작으로 이루어진 국제적 비보풍수물이다.

하루가 다 가기를 기다리지 않는다

기(氣)가 허(虛)한 것은 보(補)하고, 실(實)한 것은 사(瀉)하는 허실보사(虛實補瀉) 용법으로 한방에서 약·뜸·침 등을 쓰지만, 풍수에서는 땅에 병이 생기면 탑·연못·나무·언덕·사당 등을 치료 수단으로 활용한다. 그러한 이유로 풍수를 '땅을 치료한다'는 뜻의 의지술(醫地術)로 부르기도 한다.

과연 그러한 비보진압풍수물이 효과가 있을까. 아닐 수도 있고 그럴 수도 있는 이른바 불연기연(不然其然)이다. 분명한 것은 그것이 참된 지도자의 덕목이라는 점이다. 선조가 동대문 수구처(水口處)에 관우 장군을 모시는 사당(동묘)을 세우게 한 것은 당시 기나긴 전쟁으로 이반된 민심을 재결집하고, 구원군 자격으로 도성에 주둔하며 행패를 부리던 명나라 군사들을 달래며, 명나라 조정에는 조선의 진심 어린 감사를 표시하여 더 많은 지원을 얻어내고자 하는 다목적 정치 행위였다.

신라호텔의 돌탑 이야기도 마찬가지다. 당시 신라호텔의 매출 하락이 경영 부실이거나 경기 흐름상 어쩔 수 없는 상황이었거나 아니면 정말 남산2호터널의 충살 때문일 수도 있다. 중요한 것은 지도자라면 위기가 알 듯 모를 듯 다가오고 있다는 기미를 간파하고 과감·신속하게 대응해야 한다는 점이다. "지도자[君子]는 기미(낌새)를 보고 행동을 취하되 하루가 다 가기를 기다리지 않는다[君子見機而作不俟終日]"는 것이 『주역(周易)』이 말하는 지도자의 덕목이다. 비보진압풍수 행위의 주체는 다가오는 위기를 간파하고 재빠르게 대처하는 지도자들이었다.

산수화 속 네 마리 새가
상징하는 것

유명 인물이 구속되거나 소환될 무렵, 집이나 사무실에서 압수하는 귀중품 가운데 빠지지 않는 것이 유명 화가의 작품이다. 그림은 감상이라는 고유한 목적 말고도 재테크, 비자금 세탁, 뇌물 등 다양한 목적으로도 쓰인다. 순수예술 그 자체는 애당초 존재하지 않아 보인다. 그런데 그림에도 재수가 좋은 것이 있고, 불운을 가져다주는 것이 있다. 다른 장르의 그림은 모르겠으나 산수화는 분명 그렇다고 말할 수 있다. 필자는 산수화 전문가도 아니며, 그릴 줄도 모르지만 산수화와 인간 사이의 운명 관계를 말하고자 하는 것은 풍수 때문이다. 산수화와 풍수가 어떤 관계를 맺기에 그러한가?

한때 풍수와 산수화는 둘이 아닌 하나였다. 이것은 고증 가능한 이야기이다. 풍수의 핵심 구성 요소는 산과 물이다. 산수화 역시 그 핵심은 산과 물이다. 풍수사(風水史)와 산수화사(山水畵史)를 추적하다보면 중국 송나라 때를 즈음하여 풍수와 산수화가 의도하는 바가 같았음을 알 수 있다. 그렇다면 이 둘은 땅을 어떻게 바라보았을까.

비싼 그림과 재수 좋은 그림

앞서도 잠깐 언급했던 "흙은 살이고, 바위는 뼈이며, 물은 피가 되고, 나무는 모발이 된다"고 한 『명산론』의 저자는 중국 송나라 사람으로 알려진 채성우(蔡成禹)이다. 산수화를 잘 그려 궁정에서 활동하였던 곽희(郭熙)는 자신의 화론(畵論)을 정리한 『임천고치』에서 이렇게 말한다.

산은 큰 물체[大物]이다. …… 산은 물로써 혈맥을 삼고, 덮여 있는 초목으로 머리카락을 삼으며, 안개와 구름으로써 신채(神彩)를 삼는다. …… 바위란 천지의 뼈에 해당한다.

곽희 역시 채성우와 동시대를 살았던 송나라 사람이다. 풍수는 땅을 글로써 설명하고, 산수화는 그림으로써 설명하고자 하였다. 왜 그러한가? 『임천고치』에서 "산수에는 한번 지나가 볼 만한 곳[可行者], 멀리서 바라볼 만한 곳[可望者], 놀 만한 곳[可游者], 살 만한 곳[可居者] 등 네 가지가 있다"라고 한 것을 이미 말하였다.

이 네 가지 가운데 살 만하고 놀 만한 곳을 취하여 그림(산수화)을 그려야 한다. 군자는 그 산수화를 보고 감응을 받는다. 산수화는 형편

곽희가 훌륭한 산수화로 칭찬한 이성의 그림 〈청만소사도〉
(넬슨 아트킨스 미술관 소장)

상 그곳에 가서 살 수 없는 군자들을 위해 존재하는 것이므로 산수화 속의 산수는 살 만한 것이어야 하고 아름다워야 한다. 그런데 만약 이런 산수화에 물이 없다면 그 그림은 가치가 없다. 물이 없는 곳에서는 사람이 살 수 없듯, 물이 없는 산수화는 사람을 살리지 못한다. 재수 없는 그림이 된다.

풍수도 마찬가지다. 산 사람을 위한 터와 죽은 사람을 위한 터를 나누어 찾는다. 산 사람을 위한 터는 다시 주거, 종교, 레저 등 그 목적에 따라 터의 입지나 조건이 달라진다. 용도에 부합하면 잘되고, 용도에 맞지 않으면 생산성이 떨어져, 결국에는 망하게 된다는 것이 이른바 풍수발복론(風水發福論)이다. 그렇다면 산수화도 풍수처럼 분명하게 발복론이 있다고 주장하는가? 『임천고치』의 다음 문장이 그 답변이 될 것이다.

그림(산수화)에도 관상법이 있다. 이성(李成)의 자손이 번성하고 잘되었다. 그가 그린 산수화는 산기슭과 지면이 모두 두껍고 넓고 크며[渾厚闊大], 산봉우리는 빼어나고 산 아래는 풍만하다[上秀而下豊]. 후손들이 번영하는 상(相)과 합치한다.

이성은 중국 송나라 때(10세기경)에 생존하였던 유명한 산수화가였다. 전적으로 믿을 바는 아니나, 집이나 사무실에 산수화를 걸어두거나 소장하고자 할 때 참고할 만한 이야기다. 유명 작가의 비싼 그림만이 재수 좋은 것은 아니다.

강에는 배가 떠 있어야 한다

2014년 9월 국립중앙박물관에서 '산수화, 이상향을 꿈꾸다'라는 주제로 한·중·일의 산수화가 전시되었다. 이 가운데 눈에 띄는 작품이 상하이박물관이 소장하고 있는 동기창(董其昌)의 「연오팔경도(燕吳八景

圖)」이다. 동기창은 당대에 고위 관료이면서 화가이자 서예가로서 이름을 날렸다. 그의 화론(畵論)은 산수화뿐 아니라 풍수를 공부하는 이들에게도 중요한 고전이다.

동기창은 중국의 산수화를 북종화와 남종화로 구별 짓고 북종화가는 단명을 하였으나 남종화가는 장수를 하였다는 주장을 『화지(畵旨)』에서 펼친다.

> 북종화가들은 판에 새기듯 세밀하고 조심스럽게 그림으로써[刻畵細謹] 조물주의 부림을 받게 되어 수명을 손상시킨다. 이에 반해 남종화가들은 기화위락(寄畵爲樂)하여 장수를 한다.

기화위락이란 '그림에 의탁함을 즐거움으로 삼는다'는 뜻인데, 그리는 행위뿐 아니라 감상하는 것 자체도 즐거움이 되어 심신에 유익함을 준다는 것이다. 실제로 북종화가들은 대개 60세를 넘기지 못하였으나 남종화가였던 황공망(黃公望·85세), 심주(沈周·82세), 문징명(文徵明·89세), 미우인(米友仁·80세) 등은 모두 80세를 넘겼다. 동기창 자신도 80세를 넘게 살았다. 남종화가들이 "정신이 온전하고 질병 없이 살다가 간 것은 그림 속에서 자연을 즐기기 때문"이라고 동기창은 덧붙인다.

산수화와 운명의 상관론은 동기창에 의해 처음 주창된 것이 아니다. 동기창보다 1,100년을 앞서 살았던 왕미(王微)는 자신의 산수화론인 『서화(敍畵)』에서 말한다. 산수화란 "산수의 정신을 그려내는 것"이며 이를 통해 "신명이 강림"하여 사람에게 "신명이 전해지는 것"으로 보았다. 그런데 왕미는 풍수와 어떤 관계가 있었을까? 중국의 정사인 『송

서(宋書)』의 「왕미전」에 의하면 왕미는 "서화에 능하고 음악·의술·음양술에 밝았다"고 하는데, 여기서 음양술이란 풍수를 말한다. 실제 그는 양택(주택) 풍수의 초기 고전인 『황제택경(黃帝宅經)』의 저자로도 알려져 있다. 즉 풍수와 산수화가 둘이 아닌 하나였음을 보여주는 대목이다. 이러한 이유로 "중국 산수화에서 사용하고 있는 많은 용어는 풍수 용어로부터 유래하고 있다"고 이상해 교수(성균관대 건축학과)는 단언한다.

동기창의 〈연오팔경도〉(중국 상하이박물관 소장)

그렇다면 어떠한 산수화가 복을 가져다주는가? 다음은 여러 화론이 공통으로 강조하는 것들이다.

산수를 그릴 때 먼저 큰 주산(主山)을 염두에 두어 천자가 제후들의 조회를 받듯 그려야 한다. 숲과 바위를 그릴 때는 종로(宗老·최고 연장자)에 해당되는 큰 소나무를 상정하고 이어서 잡목과 풀 그리고 작은 돌멩이들을 그린다. 물은 핏줄과 같으므로 산에 물이 있어야 활기가 있다. 냇가에 있는 주막이나 가옥은 물이 치고 들어오는 곳[水衝]을 피해야 한다. 수해의 위험이 있기 때문이다. 산은 기복(起伏)과 고저(高低)의 변화가 있어야 살아 있는 것이며, 흐르지 않는 강은 죽은 것이다. 촌락을 그릴 때는 평지를 등장시켜야지 산간을 등장시키지 않는다. 산간에는 농사지을 땅이 없기 때문이다. 길이 있어야 한다. 길 없는 그림은 사람이 살지 않음을 말한다. 계곡에는 다리가 있어야 하며 사람이나 말이 건너가는 모습이 그려져야 한다. 강에는 배가 떠 있어야 한다. 이를 통해 문물이 교류되어야 살 만한 곳이 된다.(『임천고치』 참고)

풍수에서 말하는 좋은 땅의 요건에 부합하는 내용들이다. 일반인들이 복을 가져다주는 산수화를 감상 및 구입하는 데 큰 지침이 되는 말들이다.

풍수적으로 좋은 그림 선별하기

풍수를 공부할 때는 세 가지를 아울러야 한다. 순서대로 소개하자면 '풍수서 읽기 → 현장답사 → 훌륭한 선생 찾아가기' 순이다. 조선의 역대 임금들 가운데 풍수에 정통했던 정조도 마찬가지였다. 정조는 "우선 풍수서를 전심(專心)으로 읽어 그 종지(宗旨)를 이해한 뒤, 조상 능역을 참배하여 배운 것과 비교해보고, 마지막으로 소문난 지사(地師)를 불러 의문들을 풀었다"고 밝히고 있다(『홍재전서』 권57). 그가 남긴 풍수론은 조선 후기 풍수를 집대성한 것으로 지금까지 풍수 교과서가 되고 있다. 그가 풍수에 정통할 수 있었던 것은 세손(世孫)으로서 책들을 쉽게 구할 수 있고, 훌륭한 현장(왕릉) 답사가 가능했으며, 마음만 먹으면 언제든 당대 최고의 풍수사를 불러 자문할 수가 있었기 때문이다. 일반 풍수학인이 누리기 어려운 혜택이다.

필자의 풍수공부 역시 이 세 가지를 아울렀지만 현장답사나 훌륭한 지사들을 만나는 데는 한계가 있었다. 그러다가 언제부터인가 새로운 풍수공부 방법 하나를 터득하였다. 바로 그림, 특히 그 가운데 자연을 화폭에 옮겨놓은 '산수화 보기'였다. 산수화를 통해서 풍수를 공부하였을 뿐만 아니라 필자 나름의 그림 보는 법도 배웠다. 그림 속의 산이 반듯한가? 흙산[肉山]인가 돌산[石山]인가? 화폭 속의 물길은 하나인가 둘인가? 모두 풍수공부에서 따지는 것들이다. 어느 때부터는 그림(산수화)만 차분히 읽어도 풍수공부는 저절로 된다는 생각이 들 정도였다. 그런데 '하늘 아래 새로운 것은 없다'는 서양 격언처럼 그것은 필자만의 생각이 아니었다.

원나라 때의 화가 황공망은 "그림 속에도 역시 풍수가 존재한다[畵亦有風水存焉]"고 하여 그림과 풍수와의 직접적 관련을 주장하였고, 명나라 때의 화가 당인(唐寅)은 그림에서 꺼려 해야 할 것 가운데 "산에 기맥이 없는 것[山無氣脈]"과 "물에 수원이 없는 것[水無源流]"을 꼽았다. 이 역시 풍수에서 꺼리는 바다. 특히 황공망은 "산수화를 그리는데 가장 어려운 것이 바로 수구(水口)"라고 하였는데, 이는 풍수에서 길지를 찾는 핵심을 지적하는 말이기도 하다. 『의룡경(疑龍經)』은 길지를 찾는 확실한 방법으로 "먼저 수구를 보아라[先看水口]"라고 할 정도

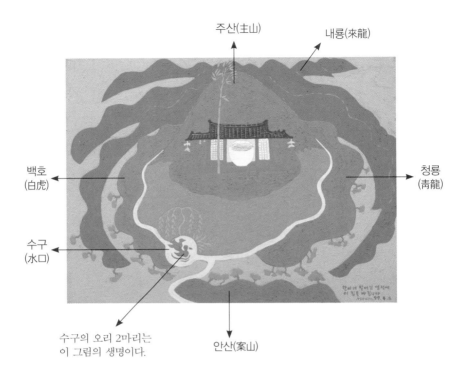

주산(主山)

내룡(來龍)

백호
(白虎)

청룡
(靑龍)

수구
(水口)

수구의 오리 2마리는
이 그림의 생명이다.

안산(案山)

수구를 잘 묘사하여 기운이 생동하는 그림(홍성담, 〈명당도〉, 1999년 작)

였다. 수구란 여러 물길이 합쳐지는 지점을 말한다. 마을을 흐르던 개
울물들이 합쳐져 더 큰 물로 이어지는 동네 입구가 바로 수구에 해당
된다. 서울의 경우 수구문이란 별칭을 갖는 광희문과 동대문(흥인지문)
사이가 수구이다. "못된 바람 수구문으로 들어온다"는 속담처럼 수구
는 기(氣)가 드나드는 통로이기 때문에 늘 감시와 관심의 대상이었다.
그러한 까닭에 그림에서 수구의 입지 묘사가 중시된다.

그렇다면 수구를 잘 묘사하여 기운이 생동하는 그림은 어떤 것일까? 현대 화가 홍성담의 그림 한 점을 통해서 설명하기로 한다. 그림 속에서 두 줄기 물이 좌우로 흘러나가다가 마을 어귀에서 만남을 볼 수 있다. 집 뒤의 산(주산)은 원만하면서도 후덕하다. 풍수에서 산은 인물을, 물은 재물을 주관한다고 하였다. 훌륭한 인물[山]과 풍성한 재물[水]을 상징하는 그림이다. 또 주산 뒤로 아스라이 산들이 이어지는데 풍수에서 이를 내룡(來龍)이라 부른다. 산들의 연속은 후손들이 끊임없이 이어짐으로 해석한다. 주산 좌우로 겹겹이 산들이 집을 감싸고 있는데 이를 청룡·백호라고 한다. 집 좌우에서 시작한 두 물줄기가 합쳐지는 지점이 수구이다. 수구 밖으로 또 하나의 산인 안산(案山)이 가로막아 기의 누설을 막아주고 있다. 좋은 땅이란 이와 같다. 덧붙여 이 그림의 절묘함은 무엇일까? 그것은 다름 아닌 수구에 그려진 오리 두 마리다. 수구에 오리가 없었더라면 기의 생동함이 현저하게 감소되었을 것이다. 홍성담 작가는 황공망이 말한 '수구 그리기의 어려움'을 오리 두 마리로써 해결한 것이다.

좋은 땅처럼 좋은 그림이 있다

많은 사람이 역술인을 찾는다. 돈 있고 권력 있는 사람들도 예외는 아니다. 성완종 전 경남기업 회장은 2015년 자살 직전 역술인을 만났다고 한다. 그 만남의 이유와 결과는 두 사람만이 알 것이다. 세월호 참사 당일 박근혜 대통령을 만났다는 의혹을 받았던 정윤회 씨가 실제로 만난 사람도 역술인이었다고 한다. 역술인들과 사회 지도층들과의

'공생 관계'는 우리나라만의 일이 아니며, 동서고금을 통해 늘 있어왔다. 대학에서 일본 문화사를 강의하는 스가와라 마사코[菅原正子] 박사는 "중요한 일을 도모할 때마다 점쟁이와 상담을 하는 사람들 가운데 국회의원 등 유력인사들이 많은데, 이러한 전통은 일본 중세부터 있었던 일"이라고 말한다.

동양에서 점에 관한 가장 오래된 경전은『주역(周易)』이다. 흔히『주역』을 통달하면 개개인의 운명을 족집게처럼 집어낼 것이라고 생각하지만 실제로는 그렇지 않다.『주역』으로 점을 치면 본질적으로 4가지, 즉 길(吉)·흉(凶)·회(悔)·인(吝)의 답변이 나온다. 점을 치는 사람의 소망을 이루는 것을 길(吉)이라 하고, 실패를 알려주는 것을 흉(凶)이라 한다. 길과 흉 사이에 회(悔)와 인(吝)이 있다. 회는 흉함이 예상되지만 중간에 뉘우치면 길이 될 수 있음을 말하고, 인은 길할 수 있는데 처신을 잘못하면 흉이 됨을 말한다. 즉 점치는 사람의 처신과 결단에 따라 운명이 달라진다.

그런데『주역』은 난해하여 세상 이치에 통달한 통치자[君子]가 아닌 일반인들이 이해하기 어렵다. 이러한 단점을 대체하기 위해 또 다른 운명 해독술(解讀術)이 쏟아져나왔다. 육임점(六壬占)·별점·사주·풍수·관상 등이 바로 그것들이다. 우리나라의 경우 고려에서는 별점[占星]이 주류를 이루었고, 여말선초부터 지금까지는 사주가 주류를 이루고 있다. 이렇게 점치는 방법이 다양한 것은 그 어떤 것도 운명을 제대로 읽어낼 수 없기 때문이다.

풍수도 점과 밀접한 관련을 맺고 있다. 산수 간에 터를 잡고[卜], 건물을 짓고[營], 그곳에 거주하기[居]까지의 모든 과정에 참여하고, 마지

수구(水口) 막이 바위

역술과 풍수와 산수화가 합일된 그림인 중국 송대 작자 미상의 〈송간금수도〉

막으로 그 길흉을 따지는 행위[占]가 풍수이다. 이것을 그림으로 표현하면 산수화가 된다. 이 때문에 유명 산수화가들이 "그림 속에도 풍수가 존재한다"거나 "산수화를 그릴 때 또한 풍수를 따져야 한다"고 말할 정도였다. 몇몇 산수화가는 실제로 점치는 것을 삶의 일부로 삼기까지 하였다. 원나라 때의 4대 산수화가로 꼽히는 황공망과 오진(吳鎭) 두 사람은 역술인으로도 활동하였다. 생계 때문에 점을 쳤다고 말하지만 이는 이들의 인생을 폄훼한 말이다.

산수화 한 폭을 가지고 좀 더 이야기를 해보자. 「송간금수도(松澗禽獸圖)」는 작가 미상의 송나라 때 그림이다. 그림 속 산은 웅장하고 물은 굽이쳐 흐른다. 큰 인물과 재물에 대한 소망이 담겨 있다.

물 한가운데에 바위를 놓아 수구막이를 하였다. 수구가 제대로 막혀야 지기(地氣)가 빠져나가지 않는다. 바위에 앉아 있는 새를 포함하여 모두 네 마리의 새가 등장한다. 이는 서로 다른 네 마리로 볼 수 있지만 한 마리 새가 시간의 흐름에 따라 움직이는 과정으로도 해석할 수 있다. 바위에 앉아 있던 새가 세상을 향해 우측 상단으로 비상한다. 하지만 거대한 산에 막혀 좌측으로 선회를 한다. 끝내는 소나무에 막혀 중간 지점에 착지한다. 그리고 처음 출발했던 자신(바위 위의 새)을 바라본다. 한 인간의 생애 혹은 그 사람의 '길·흉·회·인'을 상징화한 것이다. 바위에 앉아 있는 새는 앞으로 비상할 미래의 자신(운명)을 가늠해보는 것이며, 중간에 앉아 있는 새는 삶의 종점에서 가야 할 곳을 찾는다.

점이란 본질적으로 자신을 객관화하려는 시도이다. 그림에서 앉아 있는 두 마리 새는 관조 행위로 상징된다. 점은 도모하는 일의 길·흉·회·인을 묻는 것인데 해답은 이미 자신 안에 있는 것이다. 역술인을 찾는 것은 이를 확인하고 싶은 심리작용이다. 원래 인간은 자기가 풀 수 있는 문제만을 설정할 뿐이다. 능력 그 이상의 문제를 풀 수 있다고 믿는 자는 초인(超人)이거나 광인(狂人)으로 미치거나 죽음으로 삶을 마감한다.

3장

재물의 이동은
형세로 나타난다

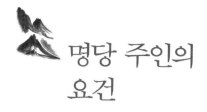

명당 주인의 요건

　　새로운 대통령 당선자가 나오는 순간 그가 태어난 생가는 하루아침에 대명당으로 바뀐다. 명당 쓰고 인물 나는 것이 아니라, 인물 나고 명당 나는 셈이다. 궁벽한 시골마을에 대형 관광버스들이 줄을 잇는다. 해방 이후 우리나라 대통령 생가가 모두 그와 같은 경험을 하였다. 'ㅇㅇㅇ 대통령 생가' 표지판이 주요 도로 곳곳에 세워진다. 그런데 퇴임 후 대통령 사저가 큰 이야깃거리가 되는 것이 최근의 현상이다. 필자는 2012년 11월 초 서울 내곡동 일대를 답사했다. 한때 이명박 전 대통령의 퇴임 후 사저 예정지였으며 '특검' 대상까지 된 땅이었기 때문이다. 풍수 자문까지 거쳤다는 《한겨레신문》 칼럼이 있었던지라 풍수학인의 입장에서는 더욱더 궁금할 수밖에 없었다.

　　그 풍수전문가는 어떻게 터를 보았을까? 또 열두 곳의 후보지 가운데 최종적으로 두 군데가 뽑혔고, 다시 내곡동 '능안말'이 최종 '간택'되었으니 분명 무엇인가 다를 것이다. 12 대 4! 이것은 어느 경기 점수가 아니다. 이 전 대통령과 노무현 전 대통령의 사저와 관련된 숫자다. 12는 이 전 대통령이 사저를 짓기 위해 찾아다닌 후보지의 숫자다. 4는 노 전 대통령의 '퇴임 후 임대주택에 거주'하겠다는 뜻에 따라 당시 주택공사(현 LH로 통합)가 돌아본 터의 숫자다. 이후 노 전 대통령은 임대주택 거주 계획을 취소하고 김해 생가 뒤에 사저를 지었기에 특별한 터 잡기 기준이 없었다. 반면에 고향이 아닌 새로운 땅에 사저를 짓고자 한 이 전 대통령의 경우 터 잡기에는 무엇인가 기준이 있었을 것이다.

명당에도 저마다 주인이 있다

내곡동 사저 터는 배산임수(背山臨水)에 좌청룡 우백호의 형세가 뚜렷했다. 안으로 들어갈 수는 없었으나 주변을 돌면서 본 집터는 당당한 자태였다. 집으로 이어지는 지맥 또한 당차 보였다. 일반인의 집터라면 참으로 좋은 자리다. 그러나 대통령의 집터로서 적절했을까? 누군가 출세하여 말을 타게 되면 많은 사람이 부러워하고 존경한다. 그러나 말을 타는 순간 시기와 질투의 대상이 되기도 한다. 역마살(驛馬煞) 운이 바로 그것이다. 사저 터는 마을에서도 맨 뒤, 즉 동네 뒤에 있으면서 마을 전체를 내려다보는 형국이다. 말을 타고 앉아서 저 넓은 들판을 내려다보는 형세랄까? 일반인이 아니고 출세한 자가 그 터를 잡을 때에는 좀 더 조심해야 한다. 주변까지 두루 살폈어야 했다. 물건에 각자

110

주인이 있듯, 명당에도 저마다 주인이 다르다.

이전에 그곳은 고급 음식점 터였다고 한다. 돈을 벌어야 할 땅이다. 또 터를 볼 때 주변 땅의 이름을 살펴야 한다. 땅 이름이란 종종 그 땅의 성격이나 생김새를 말해주기도 하기 때문이다. '능안말', '돼지골', '범박골' 등의 지명이 이곳을 감싸고 있고, 안산은 구룡산이다. 후보지 두 곳 이름이 '궁말(수서)'과 '능안말(내곡동)'이었는데, 모두 범상치 않다. 궁궐과 왕릉, 용과 관계하는 지명이다. 퇴임 후에도 왕과 같은 생각을 가지려 한 의도였을까? 더구나 더 중요한 것이 주변의 '돼지골'과 '범박골'이란 지명이다. 호랑이(범박골)가 내곡동 사저 터를 사이에 두고 먹잇감 돼지(돼지골)를 바라보는 형국이다. 호랑이는 말(내곡동 사저 터)의 뒷발에 차일까 무서워 돼지를 노려만 보고 있는 이른바, 세 짐승이 긴장관계를 이루는 삼수부동격(三獸不動格)의 형국이다. 일대가 개발제한구역으로 묶여 있는 것도 이와 무관치 않을 것이다. 권위와 욕망을 자극하는 땅이다. 퇴임 대통령으로서 모든 것을 내려놓고 안식을 찾아야 할 인물이 거주할 만한 땅이 아니다. 답사를 끝내고 내려오는데 에리히 프롬(Erich Fromm)이 『소유냐 존재냐』에서 구약성서의 핵심 주제로 정리한 다음 문장이 떠올랐다.

그대가 가지고 있는 것을 버리고, 모든 속박에서 그대 자신을 해방하라. 그리고 존재하라.

땅 부자의 요건, 운(運)·둔(鈍)·근(根)

대통령의 사저에 대한 관심만큼이나 재벌가의 부 축적 방법에 대한 관심 또한 끊이지 않는다. 그래서인지 특히 풍수지리와 관련된 재벌가의 이야기가 '도시전설'처럼 심심찮게 떠돈다. 흥망성쇠의 속도가 빠른 재벌일수록 그와 관련된 풍수 괴담은 그럴싸하게 들린다. 결론부터 말하자면 한 국가의 흥망도 사람(지도자와 국민)에게 달렸듯 재벌의 성패도 사람(경영자와 임직원)에게 달렸다. 그럼에도 왜 유난히 재벌과 관련된 풍수 전설이 끊이지 않는 것일까. 우리나라의 경우 재벌의 성장은 땅과 관련이 깊기 때문이다.

재벌이 눈사람 굴리듯 빠른 속도로 부를 축적하는 비결은 인근 지역의 개발이 이루어질 때 발생하는 천문학적 개발 이익 덕분이다. 공장부지 등 순수한 업무용으로 부동산을 구입하기도 하지만, 투기용 부동산은 재벌로 가는 지름길이다.　　　　—강철규 전 공정거래위 위원장

그렇다고 하여 땅을 통해 모두 재벌이 되는 것은 아니다. 부동산 때문에 망한 기업이 한둘이 아니다. 땅과 사람의 궁합이 맞아야 한다. 대만 출신으로 일본의 큰 기업가이자 동시에 기업 컨설턴트로 이름을 날렸던 규에이칸[丘永漢]은 말한다.

주식과 궁합이 맞는 사람이 있고 그렇지 않은 사람이 있다. 증권과 맞지 않는 사람이라도 부동산에 투자한다든가, 사업을 하는 등 거부가

되는 길은 얼마든지 있다.

해방 이후 재벌을 꿈꾸었던 수많은 기업인이 부동산 개발을 통해 재벌이 되고자 하였지만 이로 인해 실패한 이가 더 많다. 규에이칸이 말한 '땅과의 궁합이 맞지 않음' 때문이다. "부(富)의 원천은 땅이다"라는 선친의 유언을 받들어 부동산 개발로 재벌을 꿈꾸었던 명성그룹(김철호 회장)의 몰락도 부동산이 한 원인이었고, 영동그룹(이복례 회장)도 마찬가지였다. 한때 '무서운 아이들'로 세계를 놀라게 했던 율산그룹(신선호 회장)도 그 급속도의 성장에는 부동산 투기가 있었다.

그런데 기업의 흥망성쇠에 영향을 끼친다고 하는 부동산 관련 풍수 요소는 너무 많다. 땅의 내력·위치·건물의 모양·좌향 등등이 사운(社運)에 관계한다고 술사들은 이야기한다. 그런데 이 많은 요인 가운데 가장 결정적인 것은 무엇일까.

선대부터 풍수에 일가견을 가져 경영과 선영(先塋)에 활용하였던 삼성 그룹의 창업주 이병철 회장은 성공의 세 가지 요소로 '운(運)·둔(鈍)·근(根)'을 꼽았다. 먼저 운을 잘 타고나야 하고, 그 운이 들어올 때까지 기다릴 줄 아는 둔한 맛이 있어야 하며, 버티는 근성이 있어야 한다는 것이다. 땅으로 부자가 되는 것도 이 세 가지를 갖추어야 한다. 무엇보다 운이 좋아야 한다. 확실히 땅을 황금으로 바꾸는 '미다스(Midas)의 손'을 가진 운 좋은 자들이 있다고 한다.

1988년 서울올림픽 전후의 이야기다. 올림픽 경기장을 짓기 위해 올림픽조직위원회는 돈이 필요했다. 체비지(현재 제2롯데월드 터)를 팔아 현찰을 확보해야 할 상황이었다. 그러나 이를 사겠다는 기업이 없자 당시 올림픽조직위원회 박세직 위원장은 롯데에 이를 강매하다시피 하였다. 롯데가 최악의 경우 일본에서라도 돈을 가져올 수 있다고 판단했기 때문이다. 울며 겨자 먹기 식이었지만 당시 신격호 회장은 이에 순순히 응하였다. 이후 롯데는 대박을 터트렸다. 그 땅속에서 아주 질 좋은 모래가 나왔는데(1924년 '을축 대홍수' 때 퇴적된 것인 듯), 당시 건설 붐으로 모래 값이 문자 그대로 금값이었다. 이 모래 값으로 토지 구입 대금 상당 부분이 충당될 정도였다. 현재 그 자리에는 신격호 회장의 평생 숙원인 제2롯데월드가 들어서고 있다. 이병철 회장이 말한 운과 둔(제2롯데월드를 짓기 위한 오랜 기다림), 그리고 근(많은 반대에도 제2롯데월드 건축을 밀어붙이는 근성)의 3박자가 어우러진 결과였다.

동작릉과 현충원

정말 좋은 땅이 따로 있는 것일까? 그 좋은 땅이란 어떤 곳일까? 어떻게 그곳이 좋은 땅임을 알아볼 수 있을까?

동작동 현충원에서 그 예를 볼 수 있다. 현충원의 본래 주인은 창빈 안씨(昌嬪安氏)였다. 창빈 안씨는 선조의 할머니다. 처음부터 정1품에 해당되는 빈(嬪)이란 품계를 지닌 것이 아니라 그녀가 죽을 당시 품계는 종3품인 숙용(淑容)이었다. 그러나 그녀의 손자인 하성군(河城君)이 16살의 나이로 임금(선조)이 된 덕분으로 나중에 빈으로 추증된 것이다. 1549년 창빈 안씨가 51세의 나이로 죽었을 때 양주의 장흥에 안장되었으나, 풍수상 터가 좋지 않다 하여 덕흥군(德興君·선조의 생부)이

1년 뒤에 과천 동작리로 이장한다. 그때 덕흥군의 나이는 19세였고, 이장한 동작리는 현재 동작동 현충원 터다. 동작리에 이장된 지 20년이 채 안 된 1567년 그녀의 손자 하성군이 왕이 되자 조선 팔도에는 명당을 얻어 자손이 왕의 자리에 올랐다는 소문과 더불어 풍수설이 더욱더 극성을 떨쳤다(이한우의 '군주열전 시리즈' 중 『선조』). 훗날 선조가 풍수설, 특히 명나라 군대와 함께 조선에 입국한 중국 풍수사들을 맹신하였던 것도 이와 무관치 않으리라는 추측이다.

　과연 이곳은 명당이었을까? 땅의 변천사를 보면 그 답을 구할 수 있다. 원래 왕과 왕비의 무덤을 능(陵), 왕의 사친(私親)과 세자 등의 무덤을 원(園), 그리고 기타 왕족과 일반인의 무덤을 묘(墓)라 부른다. 따라서 창빈의 무덤은 묘라 불러야 마땅하지만 손자가 임금이 된 덕분에 훗날 높여서 동작릉이라 불리게 된다. 땅에도 명예가 더해진 것이다. 이곳이 좋은 터였음은 창빈 안씨 후손의 번창 여부를 보면 알 수 있다. 창빈 안씨가 죽은 지 130년 만에 그녀의 후손은 1천여 명으로 늘었고, 이후 조선이 망하기까지 역대 조선의 임금은 모두 창빈의 후손들이었다. 창빈 안씨의 조선이었다고 말할 수 있다.

　위대한 화가의 눈도 이 땅의 아름다움을 놓치지 않았다. 진경(眞景·실경) 산수화의 대가 겸재(謙齋) 정선(鄭敾)이 18세기 중엽에 '동작진(銅雀津)'이란 제목의 그림을 그린다. 그림 속에는 멀리 조산(祖山)인 관악산이 실물보다 더 우뚝 솟아 있으며, 현재의 현충원 자리에는 기와집들이 늘비하고 있다. 기와집들로 보아 부자나 명문가 들이 살았음을 알 수 있다. 좌우의 산들, 즉 청룡과 백호가 마을을 감싸고 있고, 그 앞으로 한강이 흐른다. 강 위에는 여러 척의 배가 떠 있다. 물산이 풍부

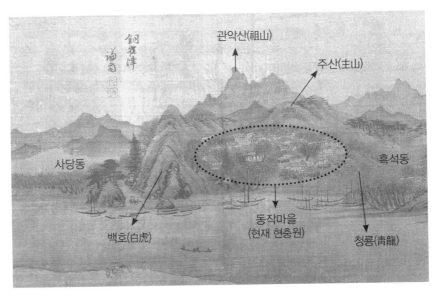

겸재 정선이 그린 동작진(개인 소장)

하였음을 보여주는 장면이다. 그림에는 보이지 않지만 마을 뒤쪽 핵심
처에는 창빈 안씨의 무덤이 있었을 것이다. 이후 이곳은 어떻게 되었을
까? 1953년 한국전쟁으로 전사한 국군들을 위한 묘지로 이곳이 정해
지고, 이후 그 개념이 확장되어 현재의 국립현충원으로 거듭나게 된다.
땅으로서도 영광인 셈이다.

　창빈 안씨의 무덤은 어떻게 되었을까? 여전히 처음 그 자리를 '동작
릉'이란 이름으로 의연히 지키고 있었다. 1965년 이승만 전 대통령이
동작릉에서 좌측으로 100미터가 채 떨어지지 않은 곳에 안장되었고,
동작릉 뒤쪽 50미터 거리에는 해방 이후 애국인사와 장군 들의 묘가
들어섰다. 2009년에는 김대중 전 대통령이 동작릉 우측에 안장되는데
묘역과 묘역 사이의 거리는 불과 10미터 안팎이다. 고인이 된 그들이

그 자리를 원했는지 아니면 그 후손들이 그 자리를 원했는지는 알 수 없다. 그러나 모두가 창빈 안씨 묘역 일대가 최고의 길지임을 직관하고 그 자리를 원하였기 때문에 지금과 같은 묘지의 선정이 이루어졌을 것이다. 위인들을 받아들인 그 땅의 영광이다. 동작릉 주변 전후좌우로는 국가를 위해 싸우다 전사한 일반 병사·독립운동가·애국자·순직자의 영령들이 영면하고 있다. 편안한 땅이다.

대학자로서 풍수에도 능했던 주자(朱子)는 영령이 편안함을 얻으면 그 자손이 번성하며 제사가 끊이지 않는다고 하였다. 이곳에 안장된 이들의 후손뿐 아니라 대한민국이 번성함을 의미한다. 동작릉과 현충원의 수양벚꽃이 만개하는 4월 초의 아름다움은 환상적이다 못해 '뇌쇄적'이다. 또한 현충원에 있는 두 곳의 약수터는 그 물맛이 일품이어서 평일에도 사람들이 줄을 서서 기다릴 정도이다. 이치상 좋은 땅의 물이니, 당연 좋을 수밖에. 수양벚꽃이 만개할 때 이곳을 찾는다면 참배·명당 구경·벚꽃놀이·약수물 맛보기 등 문자 그대로 일석사조(一石四鳥)가 될 것이다. 명당이 주는 혜택이다.

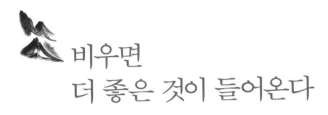

비우면
더 좋은 것이 들어온다

새해 복 많이 받으세요! Happy New Year! 立春大吉!

뜻이 모두 같다. '입춘대길(立春大吉)'이 어떻게 '새해 복 많이 받으라'는 뜻인가?

입춘(立春)이란 '봄[春]에 들어섰다[立]'는 한자로, 봄이 시작되었다는 뜻이다. 한 해의 시작은 봄이므로 '입춘'은 '새해'이고, '대길'은 '크게 복되다'는 뜻이다. 입춘대길은 새해가 시작될 때 대문(아파트의 경우 현관문에 해당)에 많이 붙여놓았다. 어떤 집 대문에는 '국태민안(國泰民安·나라가 태평하고 인민이 편안하라)'이나 '개문만복래(開門萬福來·문을 열면 온갖 복이 들어온다)'라는 입춘축(立春祝)도 붙여놓았다. '국태민안'은 국운을, '개문만복래'는 소통을 강조한 새해 덕담이었다.

왜 대문에 붙여놓는가? 대문은 기(氣)가 드는 통로이다. 명예와 재물의 기운이 들어올 수도 있고, 불행과 저주의 기운이 들어올 수도 있다. 풍수지리의 핵심은 동기감응설(同氣感應說)이다. 명예와 재물의 기운이 들어오게끔 대문의 마음을 열어놓게 하면 그렇게 된다. 선택의 문제다. 대문은 사람 얼굴로 비유한다. 개문만복래는 소문만복래(笑門萬福來·웃는 얼굴에 온갖 복이 들어온다)로 전이된다(예뻐지려고 성형수술 받는 것보다 한 번 더 웃는 것이 낫다). 이런 까닭에 전통적으로 대문·부엌·안방을 주택(양택) 풍수의 3요소라고 하였다. 물론 화장실과 사랑채가 따로 있던 옛날 주택을 기준으로 한 풍수의 일이다. 지금은 3요소에 거실과 화장실을 더하여 주택 풍수의 5요소로 본다.

현대인을 위한 주택 풍수

나라마다, 수요 계층마다 풍수를 받아들이는 것이 조금씩 다르다. 독일 철학자 피히테(J.G. Fichte)가 "어떤 철학을 하느냐는 그 사람이 어떤 사람이냐에 달려 있다"라고 했듯이, 풍수도 마찬가지다. 사람(집안)의 세계관(가훈)이나 성격(가풍)에 따라 달라진다.

여러 풍수 중에 화장실 풍수를 유난히 중시하는 나라가 일본이다. 19세기 이후 일본이 동양 3국 가운데 가장 먼저 세계 강국이 될 수 있었던 것은 '화장실 풍수'를 잘하였기 때문이라고 '강변하는' 풍수서도 있다. 말인즉 옳다. 깨끗한 화장실 문화는 일본이 앞서나갔다(지금 중국의 시골을 가보라. 1970년대 우리나라의 시골 화장실 모습이다). 미국과 유럽의 풍수서도 화장실 풍수를 강조하는데 일본과는 조금 다르다.

화장실 변기 뚜껑 닫는 것을 강조한다. 변기로 물이 빠져나간다. 풍수에서 물이 재물을 주관한다는 전제에서 보면 변기 뚜껑을 열어놓으면 재물이 빠져나갈 것이기 때문이다.

결혼이 늦어져 초조해하는 '골드미스'를 위한 풍수도 있다. 집에서 혼자 차를 마셔도 잔은 두 개를 준비하고, 홀로 자도 베개 두 개를 침대 머리에 두면 좋다고 한다. 연인과 차를 마시거나 식사할 때 마주 보지 말고 '기역 자(90도 각도)'로 앉으라는 것도 그들을 위한 풍수이다.

집과 관련하여 좀 더 구체적으로 풍수를 살펴보자. 우선 대문(현관, 회사의 정문) 풍수이다. 현관(정문)은 집(회사)의 얼굴이기에 밝고 깨끗하게 함이 인테리어 풍수의 시작이다. 특히 유치원생과 초등학생을 둔 집 안에서는 현관 조명을 밝게 하는 것이 좋다. 재물이 넉넉해지기를 바란다면 물걸레질을 하고, 여유 공간이 있거든 음지 식물(해피트리, 산호수, 스킨답서스 등)을 놓고 가끔 물을 주어야 한다. 물은 재물을 주관한다고 하였다. '물 뿌리고 마당 쓸면 황금이 나온다[掃地黃金出]'고 했다. 소리가 좋은 작은 종을 달아도 좋다. 좋은 종소리가 집 안의 좋은 기운을 증폭·공명시킨다.

집에서 가장 중요한 공간은 안방이다. 이곳에는 장롱과 침대가 동시에 들어 있는 경우가 많다. 긴 장롱이 방문에 걸리다 보니 대개 장롱을 안쪽에 그리고 침대를 방문 쪽에 둔다. 하지만 이런 배치는 불안하다. 젊은 부부는 옷방으로 장롱을 대체하시라. 그러나 사위나 며느리를 맞이할 50~60대 주부는 품격 있는 장롱이 안방에 있어 주면 좋다. 그때는 장롱을 놓고 침대를 빼고 그 자리에 침대 대신 보료를 깔아 '안방마님'으로서 기품을 살린다.

120

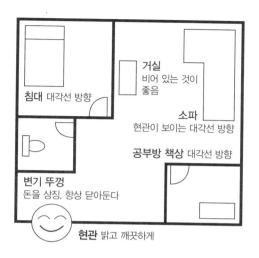

현대 인테리어 풍수의 기본 배치 구도

    다음은 거실이다. 전통 풍수에서는 부엌이 더 중요했으나 갈수록 가족이 함께 밥 먹는 일이 줄어드는지라 부엌 풍수가 거실 풍수에 밀리고 있다. 거실은 옛날의 사랑방이자 마당의 대체 공간이다. 가족이 함께하는 자리이자 손님과 만나는 장소로 그 '집안의 품격'을 보여주는 곳이다. 이곳은 우선 가급적 비워야 한다. 마당과 사랑방처럼! 그리고 집안의 가풍 혹은 미래를 상징하는 그림 딱 한 점만을 거실 벽에 걸어 좋은 기운을 끌어모은다. 산과 물, 모란꽃, 송백(松柏), 비단잉어, 석류, 양떼 등이 그려진 그림이 좋다. 저마다 가져다주는 복의 기운이 다르다. 예컨대 '산이 인물을 주관하고 물은 재물을 주관한다'면 좋은 산수화 한 점은 좋은 인물과 재물을 키워줄 것이다. 모란화는 부귀의 기운을 돋우고, 송백은 건강·장수의 기운을 높여 안락한 노후 생활에 좋다. 석류는 다산(多産)의 기운을 높여주기에 신혼부부에게 좋은 그림이고 양떼 그림은 기독교 집안에 좋은 그림이다.

소파의 위치는 어떠한가? 현관과 대각선으로 마주 보게 배치한다(TV위치는 자연스럽게 소파 맞은편으로 온다). 그렇게 해야 주부가 집안 전체를 조망하고 장악하여 주인의식을 갖게 된다.

거실 정리가 끝났다면 이제 부엌이다. '한솥밥을 먹는다'는 말이 시사하는 것처럼 부엌은 집안의 화목과 건강의 출발점이다. 이사 갈 때 솥단지(전기밥솥)를 가장 먼저 들여놓는 것도 밥솥의 중요성을 강조한 것이다. 한쪽 구석에 밥솥을 밀쳐두지 말라. 건강을 위해 '제철 아닌 것 먹지 말고, 100리 밖의 것 먹지 말라'고 하였다. 후자는 현실적으로 불가능하지만 전자는 가능하다. 냉장고를 자주 비워야 한다.

자녀들의 공부방은 어떻게 해야 할까? 산이 있으면 산 쪽으로 책상을 배치하라. '산은 인물을 주관한다'고 하였다. 산이 없으면 창문을 피해 책상을 배치하는 것이 좋다. 창문은 기가 빠져나가는 통로이다. 여유가 있다면 우드(wood) 벽으로 교체하여 쾌적한 향으로 머리를 맑게 해주라.

한마디 더! 사계절 내내 한 번도 쓰지 않은 물건은 버려라. 버리면 더 좋은 것들이 들어온다!

색상과 조명

복(福)·록(祿)·영(榮)·수(壽), 이 네 가지는 누구나가 바라는 바일 것이다. 그런데 복을 부르는 인테리어(실내) 풍수가 있다. 인테리어 풍수는 요즈음 서양에서 더 인기다. 무슨 사연으로 서양까지 퍼져가는 것일까?

『황제택경』에는 이런 말이 있다.

> 사람의 복이라는 것은 비유하자면 용모가 아름다운 사람과 같은 것이다. 집이 길하다는 것은 누추한 집안의 자식이라도 좋은 옷을 입으면 신수가 훤해지는 것과 같다.

즉 집안을 잘 꾸미면 복 받는 가정이 된다는 뜻으로, 서양 속담의 "남자는 집을 짓고, 여자는 가정을 만든다(Men make houses, women make homes)"와 유사한 관념이다.

인테리어 풍수 가운데 색상과 조명을 활용하는 방법이 있다. 색상과 조명이 사람의 생리와 심리에 큰 영향을 끼친다는 것이 의학계의 연구로 밝혀졌지만, 풍수에서는 오래전부터 강조하던 바다. 풍수에서는 목·화·토·금·수(木·火·土·金·水) 오행 가운데 흙[土]을 상징하는 황색, 불[火]을 상징하는 적색, 나무[木]를 상징하는 청색을 좋은 색으로 선호한다. 전통적으로 임금들이 황색과 적색을 독점하였던 것도 이와 같은 이유에서다. 반면에 오행상 쇠[金]와 물[水]을 상징하는 백색과 흑색은 차갑고 딱딱한 느낌을 주어 꺼린다.

조명 역시 중요하다. 지나치게 뾰족한 것[첨살(尖煞)], 시끄러운 것[성살(聲煞)], 센 바람[풍살(風煞)] 등과 같은 것을 살(煞)이라 하여 꺼린다. '급살 맞다'는 것도 이와 같은 살을 맞았을 때 당하는 불행이다. 살 가운데 무서운 것이 광살(光煞)인데, 잘못된 조명도 광살이 될 수 있다. 사람의 망막과 시신경에 직접적 영향을 주어 몸과 마을을 해칠 수 있다. 빛은 또한 멜라토닌 분비에 영향을 끼쳐 수면·성호르몬·성장호르몬과도 밀접한 관계를 맺는 것으로 밝혀졌다. 바로 이러한 이유로 풍수에서 살 가운데 광살을 두려워했던 것으로 짐작된다.

침실(안방)은 직접조명보다는 간접조명, 전반조명보다는 부분조명이 좋다. 거실은 전체를 환하게 비추는 직접조명과 전반조명이 좋은데, 활발한 에너지의 장(場)을 만들기 위해서다. 식탁조명은 미각을 촉진하는 기능 그 이상의 것이다. 주부의 생활문화와 직결된다. '엄마'들끼리 차 한 잔을 나누며 수다를 떠는 곳이자 구역예배의 공간이 되기도 하기 때문이다. 이때는 식탁이라는 공간에 포인트를 주는 펜던트 조명을 활용한 부분조명이 좋다.

그런데 동양 풍수가 왜 서양에서도 호응을 받는 것일까? 인간과 집과의 관계 설정에서 공통부분이 있기 때문이다. 세계적인 디자이너 알레산드로 멘디니(A. Mendini)는 '하나의 물체가 사람을 움직일 수 있다'고 믿는데 풍수의 동기감응설과 비슷한 관념이다. 멘디니는 사람을 움직이는 중요한 요소로 색을 꼽으며, "다채로운 색상은 에너지와 즐거움을 선사하며, 동서양을 막론하고 다채로운 색상은 행운을 불러온다"고까지 말한다. 그는 황색·적색·청색과 같은 고채도색을 그의 작품에 주로 활용하는데, 이는 풍수가 선호하는 색상과 비슷하다. 이러한 색은 인간의 말초적 감각이 아니라 인간의 착한 본성을 자극한다. 그의 작품들이 세계적인 관심을 끄는 이유일 것이다. 멘디니가 조명기구 디자인에 지대한 관심을 기울이는 것도 자신의 색채관에 따른 당연한 귀결이다(『알레산드로 멘디니』). 서양에서 인테리어의 정점은 색상과 조명이며, 색상과 조명의 핵심은 다채로움과 부드러움이다. 행운과 행복을 가져다주는 인테리어 풍수이기도 하다.

개는 부를, 고양이는 가난을 부른다?

인간만이 대지 위에 발을 딛고 사는 것이 아니기에 풍수에서도 이웃 짐승과 맺은 관계를 종종 다루곤 한다. 대표적인 것이 택소육축다론(宅小六畜多論)이다. 집이 작은데 여섯 가지 짐승[六畜]이 많으면 집안이 번창한다는 주장이다. 과거 농경·유목사회에서 짐승은 중요한 재산이었기 때문에 나온 말이다. 육축이란 말·소·양·돼지·개·닭을 뜻한다.

육축론(六畜論) 말고도 짐승과 관련하여 그 길하고 흉함을 따지는 것이 몇 가지 있다. 묘쇠견왕설(猫衰犬旺說)도 그 하나이다. '고양이는 가난을 부르고 개는 부자를 만든다'는 주장이다. 그 근거로 식육 가능성, 호신용, 사냥 수단 등 실용적인 점이 제시될 것이라고 독자들은 생각할 것이다. 그러나 그보다는 미신적 관점에서 묘쇠견왕설이 힘을 받는다. '왕왕' 하는 개 짖는 소리가 가운(家運)을 왕성하게 해준다는 '왕(旺)' 하는 소리로 들리기 때문에 개는 길한 반면, 고양이는 그 한자 발음[猫]과 울음소리가 멸(滅, 멸망)·몰(沒, 몰락) 등을 연상시켜 불길하다는 것이다. 중국의 이야기다.

2011년 국립청주박물관이 발간한 『숙명신한첩(淑明宸翰帖)』은 효종의 딸 숙명공주가 왕실에서 받은 편지 모음집이다. 여기에 효종이 딸에게 주는 편지 한 통에 "너는 시집에 가 바친다고는 하거니와 어찌 고양이를 품고 있느냐……"라고 한 대목이 있다. 시집을 간 지 몇 년이 되었지만 아기가 생기지 않자 남편에게 정성을 바치지 않고 고양이만 품고 사는 딸을 에둘러 꾸중하는 말이다.

독일 민간에서도 터 잡기에 짐승들을 참고하였다. 전통적으로 개·말·소·돼지·양·제비·황새 등이 사는 곳은 사람들도 살기 좋은 터로 보았다. 제비를 길조로 보는 것은 우리와 같다. 우리 조상이 처마 밑에 제비가 집 짓는 것을 반긴 것과 같다. '흥부가 제비 덕분으로 부자가 되었다'는 우리의 이야기나 '황새가 갓난아이를 가져온다'는 독일의 전설도 좋은 터 덕분에 집안이 번창한다는 또 다른 표현이다.

반면에 고양이·토끼·올빼미·뱀·개미 등의 서식지는 인간의 삶터로서 맞지 않는다고 한다. 이들 짐승이 선호하는 터는 되레 인간의 수면·건강·기분에 나쁜 영향을 준다는 주장이다. 고양이가 동서양에서 공통적으로 언급되는 것이 흥미롭다.

동물마다 좋아하는 서식지가 다른 원인에 대해서는 여러 주장이 있다. 대표적으로 지하 수맥, 땅의 단층, 지질 등이 원인으로 거론되는데 이러한 터를 찾는 전문가[루텐갱어(Rutengänger)]와 도구[뷘셸루테(Wünschelrute)]가 이미 15세기부터 있었으며, 지금도 직업으로 활동하는 이들이 있다. 물론 독일의 주무 관청과 관련 학회들이 루텐갱어나 이들이 활용하는 도구가 과학적이라고 공인한 적은 없다. 그러나 아직까지도 이것들(수맥·단층 등)이 동물과 인간의 길흉에 영향을 끼친다는 속설에 대한 믿음은 계속되고 있다.

최근 애완동물에 대한 수요와 관심이 급증하고 있다. 동물을 사랑한 나머지 생활 및 수면 공간을 함께하거나 마치 자식이나 친구처럼 품고 사는 경우도 적지 않다. 인간과 동물이 모두 소중한 생명체라는 점에서는 같으나 그 본성이 다르기 때문에 저마다 삶의 방식과 터전이 다를 수밖에 없다. 조선 후기에 인간과 동물의 본성이 같은가 아니면 다른가에 대한 유학자들의 논쟁, 즉 인물성동이론(人物性同異論)이 있었다. 이와 관련하여 김기현 교수는 말한다.

> 동물을 사랑하는 것은 좋은 일이다. 그러나 그 사랑함이 인간에 대한 것과 같을 수 없다. 사랑하는 방식이 달라야 하며 그에 따라 그들의 거처가 달라야 한다.

이러한 주장은 인간과 동물의 올바른 공존을 위한 풍수 논리이기도 하다.

보석과 풍수

보석은 그 생성 조건에 따라 저마다 기가 다르다. 사람도 체질이나 사주에 따라 저마다 기가 다르다. 따라서 사람과 보석 사이에도 일정한 '궁합'이 있다. 아무리 비싸고 귀한 보석이라도 그 사람과 맞지 않으면 한갓 돌에 지나지 않을뿐더러 심지어 그 보석으로 인한 불행이 생기기도 한다. 보석에게는 영원한 주인이 있을 수 없다. 이 점에서 엘리자베스 테일러는 훌륭하였다.

2011년 작고한 배우 엘리자베스 테일러의 보석에 대한 사랑은 대단했는데 그녀가 구입한 보석들은 크룹 다이아몬드·라 페레그리나·웨일즈 황태자·타지마할 다이아몬드 등 숱한 역사와 전설을 가진 것들이었다. 그녀가 훌륭한 것은 보석을 자기 소유로 생각하지 않았다는 점이다. 테일러는 "누구나 보석을 사랑할 수 있지만 누구도 그것을 소유할 수는 없다"면서 보석이 자신에게 준 "환희와 사랑의 감동" 때문에 잠시 감상할 뿐이라고 하였다.

풍수와 보석은 어떤 관계가 있을까? 풍수에서 가장 좋은 기가 뭉친 곳을 혈(穴·무덤이나 집터가 되는 곳)이라고 한다. 혈을 중심으로 사방의 산이 감싸고 그 사이에 맑은 물이 흐르는 땅을 흔히 길지라고 한다. 길지는 여러 특징을 구비하는데 그 가운데 하나가 혈토(穴土)이다. 『금낭경』은 "혈토는 고우면서도 단단해야 하고……옥을 간 듯해야 하고, 다섯 빛깔을 갖춰야 한다"고 하였다. 또 "금·옥·상아·용뇌(龍腦)·산호·호박·마노(瑪瑙)……자수정 등과 같다"고도 하였다. 따라서 혈토를 품은 땅은 아름답기 마련이다. 중국의 옛 시인 육기(陸機)는 "옥을 품은 바위산은 광채가 나고, 진주를 품은 하천은 아름답다[石蘊玉而山輝, 水懷珠而川美]"고 노래하였는데, 풍수가 말하는 길지가 바로 그러한 땅이다. 사람들이 길지를 선호하는 것은 그것이 주는 아름다움과 기쁨 때문이다. 보석과 풍수가 밀접한 관련을 맺고 있음은 화교 출신의 세계적인 보석디자이너 리팡팡[李芳芳]이 "아름다운 보석과 진주는 대자연이 만들어낸 신비한 작품이다"라고 한 발언에서도 엿볼 수 있다.

혈토에도 다양한 종류가 있듯 보석도 가지가지이며 그에 따라 기운이 다르다. 과거 유럽인들은 보석마다 특정한 기가 있다고 믿었다. 예컨 대 자수정을 몸에 지니고 있으면 아무리 술을 많이 마셔도 취하지 않 을 뿐만 아니라 심신을 맑고 편안하게 해준다는 속설이 있다. 자수정 와인 잔이 만들어짐은 당연한 일이다. 애주가들이 욕심부려볼 만한 보 석이다. 오팔(opal)은 시력에 도움이 되며 그것을 패용하면 다른 사람 들의 눈에 띄지 않는다고 해서 '아이 스톤(eye stone·눈의 돌)'이란 별 명이 생겨났다. 대도(大盜)들이 거사(?)를 감행할 때 오팔을 패용하였 다. 토파즈(topaz)도 오팔과 비슷한데, 위급상황에서 토파즈를 지니고 있으면 투명인간이 될 뿐만 아니라 더 강한 힘을 준다고 한다. 대도뿐 아니라 귀족 출신의 장군과 기사들이 좋아했다. 또 불면증 치료에 도 움이 된다고 하였으니 잠 못 이루는 귀부인들이 몸에서 떼지 않았을 것이다. 카메오(cameo·각종 보석에 양각으로 조각한 장신구)를 패용하 면 그 조각된 인물이나 사물과 닮아진다는 믿음 때문에 많은 귀부인 이 좋아하였다. '보석의 여왕'으로 불리는 진주는 위장·심장병 등에 좋 다고 알려졌으며, 중풍을 막아준다는 호박의 경우 중풍을 두려워하는 노귀족들이 선호하였을 것이다(한복 마고자와 조끼의 단추에 호박이 사 용되는 것도 이와 유사한 관념에서 나온 것은 아닐까?).

물론 혈토와 보석에는 차이가 있다. 혈토는 보석이 되기 이전의 '가 능태(可能態)'이다. 보석이라고 하는 '현실태(現實態)'로 가는 전이과정 이다. 따라서 혈토는 돌도 아니고 흙도 아닌 비석비토(非石非土)의 상 태다. 반면에 보석은 혈토의 순수 응결체다. 또한 풍수에서 바라보는 혈토관(穴土觀)과 서양인들의 보석관(寶石觀)에는 본질적 차이가 있 다. 서양인들은 혈토의 응결체로서 '작은 돌맹이(보석)'를 귀하게 여겨 그것을 몸에 지니고자 하였다. 소유자 개인의 기쁨과 행복이 목적이었다. 반면 동양인들은 혈토의 기운이 가득 찬 공간(길지)에 거주함으로써 집단(가족 혹은 공동체)의 발복을 꿈꿨다.

동서양의 문화가 다른 것처럼 풍수도 다르다

서양에도 풍수가 있는가? 물론이다. '펑쉐이(Fengshui)'라는 이름으로 서양인의 생활 속에 수용되고 있다. 동아시아의 풍수 서적이 번역되어 소개되면서 서양인들도 풍수에 관심을 갖기 시작했다. 최근에는 '동아시아의 풍수'를 따르는 데서 나아가 그들 나름의 풍수 이론을 개발하여 건축·조경·실내장식 등에 활용하고 있다.

독일인 건축사 브로트라거(I. Brottrager)는 동양과 다른 유럽 풍수론을 주창한다. 영국인 킹스턴(K. Kingstern)의 『풍수로 잡동사니 치우기(*Clear Your Clutter with FengShui*)』는 전 세계에서 100만 부 이상 팔렸다. 본격 풍수서는 아니지만 동아시아의 풍수 관념을 수용한 『시크릿(*The Secret*)』이란 책도 선풍적 인기를 일으켰다.

서구인들이 풍수를 호의적으로 수용하는 까닭은 무엇인가? 일종의 풍수적 관념인 '만물을 키워내고 다시 거둬들이는 어머니로서의 대지 (mother earth)'라고 하는 낭만주의가 그들의 무의식 속에 흐르기 때문이다. 이 때문에 풍수에 관한 한 동서양 간에 문화적 충돌이 생기지 않는다. 그렇다면 본래 서양인들이 갖고 있던 '풍수적 관념'은 어떤 것일까? 독일 속담이 하나 있다. "그대가 어떻게 거주하는지를 말해주시라. 그럼 나는 그대가 누구인지를 말해 드릴 터이니!" 한 사람의 집과 이를 받치고 있는 땅을 보면 그 사람을 알 수 있다는 뜻이다. 심지어 "집은 그 사람의 영혼을 비추는 거울"이라고까지 말한다. 좋은 옷과 화장으로 사람들은 자신을 꾸미듯, 집도 꾸며야 한다. 왜냐하면 집은 가족을 안아주고 키워주는 곳이기 때문이다.

⌐ 원하는 것은 가까이, 안 쓰는 물건은 멀리

서양의 생활 풍수의 원칙 가운데 핵심적인 것 두 가지를 소개하면 다음과 같다.

첫째, '끌어당김 법칙(law of attraction)'이다. 우주에는 다양한 기운이 존재하는데, 이 가운데 사람들은 자신이 원하는 바를 끌어 쓰면 된다. 부자가 되고 싶으면 부자들과 가까이하고, 그들의 행동을 습관화하라! 큰 정치인이 되고 싶다면 큰 정치인들이 있는 곳으로 가서, 그들의 성공 요인을 분석하고 따라 하라. 결혼을 원한다면 침대에 베개를 하나가 아닌 두 개를 놓고, 옷장도 미래의 배우자를 위해 반은 비우라. 이러한 끌어당김 법칙은 풍수의 동기감응론의 변용이다.

동기감응론이란 '조상의 기와 자손의 기운이 서로 감응하고(묘지 풍수), 주변의 기와 나의 기가 서로 감응한다(주택 풍수)'는 주장인데, 서양인들은 이 가운데 후자를 중시한다. 노부부의 집이라면 유명 화가의 그림이 아닌 손자·손녀의 순진무구한 그림 한 점을 걸어두라. 더 많은 기쁨과 건강을 줄 수 있다. 추상화나 조화롭지 못한 그림은 스트레스를 줄 뿐이다.

햇빛이 들지 않는 집은 밝은 색을 활용하면 집 안이 환해지고 그 집에 사는 사람도 명랑해진다. 수정석(水晶石)은 대지의 영혼을 전해주는 전령사다. 잘 보이는 곳에 수정석을 놓으면 행운을 가져다준다. 부드럽고 친근한 가정 분위기를 만들고 싶은가? 소리가 좋은 풍경을 문에 달아라.

거울은 필수품이기는 하지만 지나치게 큰 거울은 분산·반사 기능이 있어 좋지 않다. 침실에 있는 스탠드 거울도 또 다른 나를 만들기에 좋지 않다. 현관의 대형 거울은 더더욱 좋지 않다. 들어오는 복을 쫓아낸다. 오랫동안 팔리지 않는 집이라면 좋은 향수를 뿌려보시라. 금방 팔릴 것이다.

둘째, '비움 원칙'이다. 장기간(최소 1년) 쓰지 않은 물건(가구·옷·책·주방용품 등)을 버려라. 번민할 때 마음을 비우고 몸이 좋지 않을 때는 단식으로 몸을 비우듯, 집도 가끔은 비워야 한다. 일이 잘 풀리지 않는다면, 쓰지 않는 물건들을 치워보시라. 비움은 '불편했던 과거'와 '나쁜 기운'을 몰아내준다. 그리하여 비워진 자리는 새로운 미래와 행운으로 채워질 것이다.

서양의 생활 풍수를 요약하면 이렇다. '우리가 세상을 바꿀 수는 없다. 하지만 우리 자신을 바꿀 수는 있다. 끌어당김과 비움 원칙을 활용함으로써!'

서양 상류층의 인테리어 풍수

2004년 당시 주한 프랑스 대사의 아내 크리스틴 데스쿠에트가 펴낸 『리빙 인테리어』에는 이런 문장이 나온다.

바람을 의미하는 풍(風)과 물을 의미하는 수(水)가 '기'가 흐르는 장소에서 만났을 때 가정에는 건강과 평화가 깃들 수가 있다.

인테리어 디자이너였던 그녀가 오랜 실무 경험을 바탕으로 출간한 실용서였다. 그녀는 "집이 풍수에 들어맞지 않는다면 어떻게 해야 할까?"라고 질문한 뒤 "다시 짓는 것이 상책이다"고 단언할 정도였다. 풍수에 대한 확신이 없으면 할 수 없는 발언이다.

미국이나 유럽에서 풍수가 유행하여 많은 풍수서가 나오고, 유명 정치인과 부호 들이 풍수 전문가를 초청하여 공간 배치를 한다는 기사를 가끔 보지만 그 구체적 내용을 알 길이 없었다. 그런데 데스쿠에트를 통해서 서양 상류층의 인테리어 풍수를 엿볼 수 있었다. 특히 그녀의 인테리어 풍수는 자신이 거주하는 관저(서울)를 사례로 하고 있어 동서양 모두가 수용할 수 있으며 아파트뿐만 아니라 단독주택에도 적용할 수 있는 유연성이 있다. 몇 가지를 소개하면 다음과 같다.

가장 큰 원칙은 "침실을 제외한 모든 공간은 가능한 한 비워놓아 햇빛을 잘 받을 수 있도록 하는 것이 기가 잘 흐르도록 하는" 것이다. 죽은 자의 공간(무덤)은 그윽해야 하지만, 주택은 양명(陽明)해야 생기가 충만해진다는 풍수 원칙의 다른 표현이다.

이러한 원칙에 따라 관저 거실에는 조명·액자·가구가 균형과 조화를 갖추어 부드러운 분위기를 연출하게 했다. 벽지·커튼·소파는 노란색과 붉은색을 위주로 했다. 풍수에서 붉은색은 부(富), 노란색은 권력의 기운을 가져다주는 것으로 본다. 전통적으로 황실에서 황색을 주로 썼던 것도 이 때문이다.

탁자 위에는 물이 담긴 그릇에 장식용 금붕어가 있는데 이를 두고 그녀는 "생명의 기운"을 가져다준다고 설명한다. 어항 속 금붕어[金魚]는 금(金)과 옥(玉)을 가져다준다고 한다. 금어(金魚)와 금옥(金玉)의 중국어 발음이 비슷한 데서 비롯한 것이다. 요즈음도 많은 어린이가 애완동물을 키우고 싶어 한다. 그 종류는 햄스터·십자매·앵무새·토끼·고양이·개·이구아나·고슴도치·뱀 등 가지가지다. '개와 고양이는 마루 밑에서 키워야 한다'는 말이 있는 것처럼, 이들을 키운다고 하더라도 실내가 아닌 실외에서 키워야 한다. 이보다는 작은 어항 속 금붕어 몇 마리가 더 많은 기쁨과 복을 가져다준다는 것이 풍수설이다.

좁고 어둡고 외진 공간에는 거울을 달아 공간을 넓게 보이게 하고 동시에 안 좋은 기운이 머물지 않도록 한다. 그러나 화려한 대형 거울은 기를 탕진하거나 기의 흐름을 막기에 피해야 한다. 벽걸이 시계는 둥근 것을 권하는데 각진 시계는 매사를 거치적거리게 한다. 모서리가 뾰족한 테이블은 나쁜 기를 내뿜으므로 피해야 한다. 관저 정원에는 돌 물받이(돌확)를 몇 개 두어 물을 담아두었다. 이에 대해 그녀는 물은 생명의 기운을 발산한다고 설명하는데, 풍수에서는 물이 부(富)의 기운을 돋워준다고 해석한다. 드넓은 정원이 있는 집이라면 연못을 만들어도 좋고, 아파트라면 거실 한쪽에 돌확을 두고 거기에 예쁜 수생식물

수련·물배추·부레옥잠 등의 예쁜 수생식물을 자라게 하는 돌확

(수련·물배추·부레옥잠 등)을 자라게 하는 것도 한 방법이다.

이와 같은 내용은 원론적인 것이다. 데스쿠에트 여사는 "스스로 개인적 취향과 스타일을 개발하고 마치 자신이 실내장식가라도 된 것처럼 생각할 것"을 권한다. 그렇게 할 때 집안 품격에 맞는 분위기가 갖추어진다는 것이다. '인테리어 풍수가 지향하는 것은 가정의 건강과 화목'이라는 것이 그녀의 지론이다.

문화가 다르면 풍수도 다르다

독신녀를 위한 인테리어 풍수는? 화장실 변기 뚜껑은 왜 닫아야 하는가? 이상적인 침대 배치는? 집의 심장인 거실에는 무엇을 걸어야 할까? 스위트 홈(sweet home), 그것은 풍수의 최종 목적이다!

최근 유럽에서 간행되는 풍수서적들이 공통적으로 다루는 내용들이다. 동양의 풍수가 유럽에 본격적으로 수용된 것은 1980년대 말엽이다. 그 당시는 주로 동양의 풍수서가 번역되어 소개되는 수준이었지만, 지금은 유럽인들이 자기 언어로 풍수를 논할 정도로 수준이 높아졌다. 유럽 풍수의 흐름을 파악하기 위해 해마다 필자는 200유로를 구미권 풍수서 구입에 지출한다. 200유로를 적시하는 것은 독일 프리드리히 에버트 재단(FES)에서 고맙게도 해마다 200유로어치의 책을 사주기 때문이다.

왜 유럽에서조차 풍수가 생활 속으로 스며드는 것일까? 동양에 대한 신비감도 한몫을 하지만 그보다는 그 효용성 때문이다. 또한 서구인들이 '인간 생존 혹은 자아 표현의 구체적 형식으로서 집'을 이해하는 것과 풍수가 정의하는 집의 개념이 통하기 때문일 것이다. 집을 다룬 가장 오래된 고전인 『황제택경』은 말한다.

인간은 집을 의지하여 일어서고, 집은 사람으로 말미암아 존재한다. 인간과 집이 서로 도우면 천지를 감통시킨다.

집과 인간이 서로 도우면 천지를 감통시킨다는데 어찌 집을 함부로 할까? 물론 유럽인들의 생활풍수는 동양의 것과는 차이가 있다. 문화가 서로 다르기 때문이다.

개발되지 않은 영토는
나의 영토가 아니다

　　나라의 건국 시조는 천년 사직을 염두에 두고, 기업의 창업
주는 500년 미래를 생각한다. 당연히 후손들이 딛고 일어서야 할 터를
생각하지 않을 수 없다. 그래서 생겨난 동아시아 터잡기 예술이 풍수
다. 풍수는 문자 그대로 바람과 물이다. 바람은 잡을 수도 볼 수도 없어
서 논하기 어렵다. 반면 물은 볼 수도 있거니와 만져볼 수도 있어 구체
적이다. 지금까지 풍수를 논하면서 주로 물을 중심으로 이야기한 것도
이 같은 이유에서다. 1960년대 박정희 전 대통령의 최대 화두는 근대
화(Modernization)였다. 세계 최빈국(最貧國)으로 북한보다 못살았던
남한을 '아시아의 새끼 호랑이'로 만들었다. 1908년 최남선이 주창하였
던 한반도 맹호론이 한갓 허풍이 아님을 60여 년 만에 역사로 증명한
것이다.

지금 우리 시대의 화두는 세계화(Globalization)이다. 세계화란 전 세계가 하나의 자본주의 시장이 되며 저마다 자국의 부를 늘려가고자 함을 말한다. 그런데 지금 우리는 세계화로 나아가지 못하고 몇 년 전이나 마찬가지로 1인당 국민소득 2만 달러에서 턱걸이를 하고 있다. 무엇이 문제인가? 1868년 메이지 유신 직후 일본은 천도를 논의하면서, 후보지로서 기존의 교토, 오사카, 에도(지금의 도쿄) 등을 떠올렸다. 이때 정치인 마에지마 히소카[前島密], 산조 사네토미[三條實美] 등은 '수운(水運)의 장래성, 뛰어난 지세(地勢), 국운의 흥성' 등을 이유로 에도를 수도로 관철시켰다. 오사카도 훌륭한 항구도시이기는 하나 큰 배가 드나들기에는 부적합하다는 이유로 탈락시켰다. 그들이 말하는 탈아입구(脫亞入歐), 즉 '세계화'를 염두에 둔 천도였다.

수도로서 서울의 외연 확대

산이 좋으면 인물이 좋고, 물이 좋으면 재물이 풍요로워진다. 그렇다고 물가라고 하여 모두 좋은 땅은 아니다. 물길이 감싸는 환포(環抱)의 땅이어야 한다. 1960년대 이후 도시화로 서울에 새로운 부촌(富村)이 형성되는 과정을 보아도 쉽게 확인할 수 있다. 지도를 놓고 보자. 한강의 물길이 감싸 도는 마포 서교동(1960년대) → 여의도(1970년대) → 용산(1980년대) → 강남(1990년대) → 광진구(2000년대) 순으로 부촌이 형성된다. 그런데 여기서 의문이 생긴다. 조선 초기부터 지금까지 모든 것의 중심지가 되었던 강북(江北)에 대해서는 어떻게 설명할 것인가 하는 점이다. 답은 간단하다. 크게 보면 한강이 강북을 환포하고 있다. 강북 가운데에서도 사대문 안이 중심지다. 백제의 옛 수도인 공주와 부여, 박정희 전 대통령이 추진했던 '임시행정수도(공주 장기면)', 노무현 전 대통령이 추진했던 '신행정수도(현 세종시)' 등도 모두 금강이 크게 환포한다. 이 점에서 본다면 광해군 당시 교하천도론을 주장했던 지관 이의신의 안목은 탁월했다. 교하는 한강과 임진강이 합쳐지면서 완벽하게 환포를 해주는 땅이다. 교하 천도를 통해 광해군의 개혁이 성공했더라면 조선의 운명은 달라졌을 것이다. 그로부터 20년 후인 1637년 우리 임금(인조)이 청나라 임금 앞에서 '머리 박는 수모(삼전도 굴욕)'도 당하지 않았을 것이다.

그렇다고 지금 교하가 새로운 수도로 적당하다는 말은 아니다. 앞서 광해군 때의 참언 '1한, 2하, 3강, 4해'를 소개할 때 '세계화'에 걸맞은 대한민국의 수도는 한양(1한)과 교하(2하)를 포함하되 '3강'과 '4해'를 선취하는 땅이어야 한다고 하였다. '3강'은 강화도를 말하는데, 강화도는 이미 고려 때 수도가 된 적도 있고 조선에서도 중시하던 곳이다. 썰물 때에는 한강·예성강·임진강의 토사가, 밀물 때에는 조류성 운반물질이 이곳에 퇴적된다. 폭풍과 해일이 적고 용수 또한 풍부하여 저절로 땅이 커지는 곳이다.

수도로서 서울의 외연이 확대되는 것은 필연이다. 확산의 방향이 중요하다. 서울, 교하, 김포 그리고 강화도가 중심축이 되는 미래 수도를 생각해볼 수 있다. 마지막으로 '4해'는 어디일까? '4해'야말로 화룡점정(畵龍點睛)의 땅이어야 한다. 앞서 필자는 4해의 땅을 김포로 짐작해보았었다.

한반도의 비상을 위한 북룡 깨우기

풍수에 삼룡설(三龍說)이 있다. 곤륜산(중국 전설에 나오는 큰 산)에서 세 개의 큰 산줄기[龍]가 뻗어나간다는 것이 삼룡설이다. 당나라 양균송(楊筠松)이 지은 『감룡경(撼龍經)』에 나오는 이야기다. 『감룡경』은 삼룡 가운데 하나가 "동쪽으로 아득히 멀리 삼한(三韓)으로 들어간다"고 하였는데, 이것이 바로 북룡(北龍)이다. 북룡은 만리장성을 따라 동으로 가다가 우리나라로 이어진다. 북룡 그 좌우의 광대한 땅에 "여진, 선비, 몽골, 흉노 등 본래 우리의 동족(同族)"(단재 신채호)이 살았다. 만주·몽골·중앙아시아 그리고 멀리 유럽의 헝가리까지 옛날에는 같은 민족이었다. 당나라 사람들이 삼룡 가운데 북룡을 우리 민족의 터전으로 본 것은 한때 동아시아 최강이었던 고구려 덕분이었다. 이러한 전통은 송나라 때 성리학의 대가 주자에게까지 이어진다. 주자는 천하의 큰물[大水] 세 개를 황하·장강·압록강으로 꼽았다. 3개의 큰물은 삼룡과 역상(逆象) 관계이기 때문에 같은 뜻이다.

그러한 중국인들의 생각은 언제부터인가 바뀌었다. 16세기 중엽 중국에서 출간된 풍수서 『인자수지(人子須知)』는 조선을 다녀온 중국 사신들의 말을 빌려 "압록강은 그 근원이 매우 짧고, 조선 지맥은 참고할 것이 전혀 없다"고 평한다. 우리 민족이 강성하던 시기에는 삼룡 가운데 하나를 차지하였던 것인데, 그것이 우리 민족에게서 사라져버린 것이다. 동이족의 다른 부족들이 떨어져나가고 백두산 이남으로 우리의 활동무대가 갇히면서부터다. 남북 분단과 러시아·몽골 등 북룡 주변국들과의 단절로 우리의 근원인 북룡은 움직일 수 없게 된다.

『인자수지』에 나오는 〈중국삼대간룡총람지도〉

　북룡을 깨워야 우리 민족이 비상한다는 것은 단순히 풍수학인의 낭만적 생각이 아니다. 일찍이 정치인과 금융 전문가도 같은 주장을 하였다. 1989년 3월 당시 미(未)수교국인 소련을 비자도 받지 않은 채 들어가 한·소 수교를 위한 기초 작업을 닦은 정치인이 있었다. 당시 야당 소속의 정재문 의원이었다. 우리 고대 민족사에 정통한 김석동 전 금융위원장도 북룡을 따라 성립된 국가들과의 동질성 회복과 교류가 진정 경제 대국으로 가는 길이라고 말한다. 거슬러 올라가면 단재 신채호 선생의 주장과 일맥상통한다.

142

북쪽의 영토를 개발하라

블라디보스토크는 북룡의 한 지맥 끝이자 고구려·발해의 영토였다. 지금처럼 그곳 사람들이 한류에 열광하는 것은 먼 옛날 우리와 조상을 같이하였던 곳이기에 본능적으로 우리 문화에 신명나지 않았을까? 이제 국경은 무의미하다. 시장과 문화에는 국경이 없다.

2014년 조선일보사가 '원코리아 뉴라시아'란 기치를 들고 독일 베를린에서 러시아 블라디보스토크를 거쳐 서울까지 100일간 1만 5,000킬로미터를 자전거로 달리는 행사를 개최했다. 그런데 이 자전거 원정대의 코스는 대체로 북룡과 합치했다. 북룡(고대 우리 민족의 이동 및 활동 통로)의 복원 작업이다. 용(龍)이란 생물을 살리는 기(氣·vital energy)의 통로로서 오랜 기간에 걸쳐 합의된 집단 사유의 결과물이다. 그것은 생태계의 통로이며, 물류 비용과 요소 비용을 최소화하는 통로이다.

일찍이 중국의 정치가이자 사상가였던 관중(管仲)은 말한다.

> 개발되지 않은 영토는 나의 영토가 아니며, 관심 받지 않은 백성은 나의 백성이 아니다.
> ─『관자(管子)』

북룡도 우리가 개발해야 할 영토이며, 그곳에 사는 사람도 관심을 받아야 할 같은 동이족이다. 우리 민족의 비룡상천은 바로 이 북룡을 타고 오름에 있다.

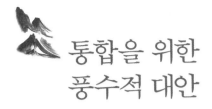

통합을 위한
풍수적 대안

풍수사가 하는 일이 무엇인가. 땅[地]을 살피는[相] 일, 즉 상지(相地)이다. 『조선왕조실록』에 자주 등장하는 용어이며 그 일을 하는 관리를 상지관(相地官)이라 하였다. 상지의 목적은 무엇인가. 땅의 성격을 파악하여 그에 걸맞은 용도를 결정하는 것이다.

　이러한 전제에서 국회의사당이 자리한 여의도를 상지할 때 어떤 특징이 드러날까. 여의도는 산이 없고, 물가에 있으며, 모래 땅이고, 바람이 세다. 전통 농경사회에서는 이와 같은 곳은 살 곳이 못 된다고 보았다. 그렇다고 사람이 살지 않았던 것은 아니고 특수 직업군이 살았다. 지금은 직업에 귀천이 없지만 옛날에는 천대받던 팔천(八賤·조선시대 천대받던 여덟 가지 직업군)에 속했던 사람들이었다. 따라서 한동안 '고향이 여의도'라거나 '여의도 출신'임을 아예 밝히지 않았다. 세상이 바뀌고 직업관도 바뀌면서, 이제는 여의도에 살거나 일하는 것이 자랑스러운 세상이 되었다.

여의도는 산이 없고 물이 많다. 재물의 땅이다. 산은 고요하고 물은 시끄럽다[山靜水動]. 산으로는 도(道) 닦으러 가고 물로는 놀러 간다. 자신의 끼(氣·talent)를 마음껏 발산하고 돈을 버는 연예인들의 터다. 또 인근 지역에 비해 여의도는 바람이 세다. 바람 따라 흘러가는 것이 풍문(風聞)이자 풍설(風說)이다. 방송과 증권가 소식지와 인연이 깊은 것도 우연이 아니다. 또 여의도는 모래의 땅이다. 모래는 흩어지는 성질이 있다. 한 나라의 부(富)가 어딘가 꼭꼭 숨겨져 있으면 안 되고 흩어져야 경제가 활성화된다. 종합하면 여의도는 방송·금융·엔터테인먼트 등의 땅이다.

국회와 여의도의 궁합지수

그렇다면 여의도와 국회는 궁합이 맞는 것일까. 다양한 민원을 입법화하는 것이 핵심 기능이라고 한다면 물·모래·바람 등의 지기를 갖는 여의도와는 어울리지 않는다. 분산시키는 기운으로 인해 그 땅은 국회를 '콩가루 집안'으로 만들려 한다.

풍수적 대안이 있을까. 그 모범적 사례를 2015년 완공된 경상북도 청사 터가 보여준다. 예천과 안동이 공유하는 영산(靈山) 검무산을 주산으로 하여 그 아래 드넓은 터에 청사를 지었다. 풍수적 지혜가 반영되었다. 그 구체적 이점이 무엇일까. 배산임수이기에 전체 지형이 앞은 낮고 뒤는 높아 상하수도 시설을 위한 기초 토목공사가 쉽다(공기 단축과 공사비 절약). 사방을 산이 감싸면서 주로 남향을 하게 되고(쾌적한 기후 조건을 만들어 냉난방 효과가 탁월), 주산이 분명하여 도시 건설에 중심축이 분명해진다(자연과 조화 및 접근성 용이).

최근 세종시로 국회를 옮기면 어떻겠느냐는 의견이 일각에서 제기되고 있다. 행정중심도시를 만들겠다고 관련 기관들을 옮기기는 했지만 실제로는 껍데기에 불과하고 비능률과 비상식이 지배하는 꼴이 됐기 때문이다. 특히 '무소불위' 권력에 취해버린 국회는 세종시 공무원들을 언제나, 맘대로 서울로 불러올려 일을 제대로 못 하게 한다는 비판도 거세다. 그래서 나온 말이 이럴 거면 차라리 국회도 세종시로 옮기자는 것이다.

반듯하고 웅장한 산은 그러한 심성을 북돋워준다. '상지'라는 관점에서 봤을 때 세종시 지역은 국회와 궁합이 나쁘지 않다. 주산인 원수산도 반듯하고 주변을 아우르는 데다 그 앞에는 금강이 흐른다. 국회의원은 국민을 위해 확연대공(廓然大公·우주만큼이나 넓은 공평무사함)한 심성을 함양해야 한다. 그들이 그런 심성을 갖지 못하겠다면 국회가 땅의 정기라도 받게 자리를 옮기는 건 어떨까.

분열과 갈등을 치유하는 풍수학적 해법

시대 언어는 그 시대의 본질을 표상한다. 이 시대에는 종북/종박, 경상도/전라도, 정규직/비정규직, 강남/강북, 보수/진보, 탈북자 등등의 언어가 난무한다. 갈등과 분열을 표상하는 언어들이다.

민족성 탓인가 아니면 그 민족이 발을 딛고 있는 터의 잘못인가? '산천이 이리저리 갈라지고 험한 탓에 인심 또한 그러하다'는 말은 아주 오래전부터 있어왔다. 7세기 자장 법사, 9세기 도선 국사, 12세기 무신 정권의 실력자 최충헌 등이 그와 같은 발언을 하였다. 분열된 인심을 통일하기 위한 이들의 해결책은 비보진압풍수였다. 우리 시대의 분열과 갈등을 풍수적으로 해결할 수는 없는가? 부분적으로 가능하다.

행정구역을 개편하여 인심을 바꾸고 나아가 국토 개조와 민족성 변화를 유도할 수 있다. 풍수가 분석과 관찰의 대상으로 삼는 것은 산과 물이다. 그런데 산과 물이 어떻게 인심을 바꾸는가?

산악인이자 의사인 조석필 선생은 말한다.

> 강은 흐른다. 흐르는 강은 길이라는 속성을 통해 인간을 이동시킨다. 인간의 이동은 필연적으로 언어와 문화의 이동을 동반한다. 결과적으로, 하나의 강에 의해 형성되는 문화는 균일하다. …… 그런가 하면 산은 장애물이다. 정착이 불가능한 곳일 뿐 아니라 이동에도 걸림돌이다. 산은 사람을 가둔다. 구획하고 분리하는 경계선이 된다. …… 강은 흐르게 하고, 산은 가둔다. 강이 동질성을 푸는 동안 산은 이질성을 키운다.
> ─『태백산맥은 없다』

산은 인심을 둘로 나누고, 강은 하나로 합친다. 강과 바다를 공유한 지역을 하나의 행정구역으로 묶는다. 금강과 서해를 공유한 전북·충남·경기 일부, 섬진강과 남해를 공유한 전남·경남·제주도, 한강을 공유한 충북·경기 일부·강원 일부, 동해를 공유한 경북·강원 일부·독도를 묶어 거대 행정구역을 만든다. 이러한 거대 행정구역을 관장하는 청사는 바닷가에 두어 각각 중국·미국·러시아 등을 담당하게 한다. 자잘한 행정구역들은 없앤다.

> 탄환만 한 작은 나라에 작은 고을들을 무엇 때문에 나누어 설치하였는가. 중국 제나라의 땅은 컸지만 70여 개의 성에 지나지 않았다. …… 내 생각은 300에 관계없이 합쳐서 줄이고 싶다.

1599년(선조 32년) 2월 선조가 '300개의 고을 수를 줄이기 어렵다'는 신하들의 말에 반박하여 한 말이다. 당시 조선은 전국을 팔도로 나누고 그 아래 300개가 넘는 행정구역을 두었다. 지금의 행정구역은 그때 그것들의 잔재다. 교통과 인터넷이 발달한 지금은 그렇게 많은 행정구역이 필요 없다.

산이 아닌 물(강과 바다)을 중심으로 행정구역을 개편할 때의 이점은 너무 많다. 국토의 70퍼센트가 넘는 산을 더 이상 파괴하지 않고 보존할 수 있는 것은 물론이고, 금수강산을 관광 상품으로 세계에 내놓을 수 있다. 더 이상 '전라도'와 '경상도'는 없어진다. 또 강과 바다의 중요성이 새로이 인식된다. 특히 바다가 중요한 영토라는 인식은 심리적 영토 확장 효과를 가져다준다. 바다를 무대로 하는 조선업(그리고 이에 필요한 철강 및 IT산업)을 더욱 발달시킬 수 있다. 해양 국가가 될 수 있고, 덤으로 해군력 강화에 기여할 수 있다. 마음만 먹으면 세계 군사 강국으로 나아갈 수 있다. 옛날의 풍수 현인은 분열과 갈등을 치유하여 국운을 바꾸었다. 자장 법사와 도선 국사가 그랬다.

세계적인 갑부의
절묘한 풍수

홍콩은 아시아에서 가장 먼저 서구화되어 금융과 국제 무역의 중심지가 된 곳이기도 하지만 동시에 풍수를 가장 강하게 믿는 곳이다. 홍콩에선 생활 자체가 풍수이다. 사업상 홍콩인들을 만날 때 "풍수 미신" 운운해서는 안 된다. 홍콩은 왜 이렇게 풍수를 적극적으로 믿게 되었을까? 궁금하지 않을 수 없다. 홍콩에 '현상'하는 풍수는 어떤 것일까?

홍콩의 주산에 해당되는 빅토리아 산정에 부자들이 산다. 산은 용(龍)이고, 용은 황제이며, 황제는 바로 산이기 때문이다. 비싼 공동묘지에는 수맥이 흐른다. 산은 인물을, 물은 재물을 주관하기에 물이 흐르면 돈이 굴러온다고 믿는다. 일부러 수맥이 흐르는 곳에 묘지를 정하며, 부자들은 공동묘지를 보고 집을 짓는다. 건물 외벽의 칠은 잘 하지 않는데, 들어오는 복이 페인트칠에 막혀 되돌아가기 때문이다. 아파트 건물에는 큰 구멍을 내어 용의 통로를 만든다. 용은 황제이므로 그곳의 아파트 값이 더욱 비싸진다.

해적의 소굴에서 동방의 명주로

영화배우 청룽[成龍]의 집은 용의 얼굴에 자리한다. 그래서 영화계의 황제가 되었다. 등산 코스로는 홍콩의 산인 드래건스 백(Dragons Back·龍脊山)을 선호한다. 권력의 기운을 탄다고 믿기 때문이다. 홍콩인들이 좋아하는 3색이 있는데 모두 풍수 때문이다. 홍색은 재물을, 녹색은 건강을, 황색은 권력을 가져다준다고 믿는다. 홍콩 도심부를 운행하는 택시 색깔이 빨간색인 것도 이 때문이다. 홍콩에서는 손거울을 선물하는 경우가 많은데 명품점에서도 VIP 고객에게 이를 증정하기도 한다. 귀신이 들어오다가 손거울에 비친 자신의 모습을 보고 놀라 도망친다고 믿어 호신용 풍수 소품으로 활용한다. 홍콩의 지룽반도[九龍半島]가 아홉 마리 용이라면 홍콩섬은 여의주가 되어 구룡쟁주(九龍爭珠)의 명당이다. 영국령 홍콩을 중국이 그토록 돌려받으려 한 것은 회룡고조형(回龍顧祖形·자신이 출발한 조산을 되돌아보는 형국)의 명당이기 때문이었다.

이처럼 홍콩에서는 풍수 이야기들이 끝이 없다. 아시아의 여성 갑부 니나 왕[龔如心]이 지관 토니 챈[陳振聰]을 신뢰한 나머지 내연관계로 발전하고, 그녀의 상속 소송이 발생하게 된 것도 결국은 풍수 때문이었

청룽의 집

용의 얼굴에 자리한 홍콩 영화배우 청룽의 집

다. 니나 왕은 생전에 토니 챈에게 24억 홍콩달러를 자문료로 주었다(1억 홍콩달러는 원화 약 140억 원). 그런데 그것도 모자라 2007년 니나 왕이 죽고 난 뒤 토니 챈은 유언장을 위조하여 1,000억 홍콩달러 유산을 가로채려 하였다. 한때 세계적 뉴스거리가 된 사건이었다. 그는 12년형을 언도받고 현재 수감 중이다.

이러한 홍콩의 풍수 현상을 어떻게 해석해야 할까? 그들의 '어리석은 미신' 숭배 탓인가? 아니다. 홍콩의 지형 지세, 즉 풍수 때문이다. 풍수상 길지라는 말인가? 그렇지 않다. 아편전쟁 직후 중국(청나라)이 영국에 땅을 내줄 때 가장 척박한 땅이었던 홍콩섬을 내주었다. 사람이 살수가 없는 해적들의 소굴로 중국이 '버린 땅'이었다. 당시 영국의회에서조차 이 땅의 효용성에 대해 격렬한 논쟁이 붙었다.

공항에서 홍콩 시내로 들어가는 차창 너머로 주변을 몇 번만 둘러 만 보아도 쉽게 파악할 수 있을 만큼 홍콩은 풍수적으로 문제가 많다. 그러한 빈곤의 땅이 어떻게 '동방의 명주(明珠)'가 되었으며, 세계적인 부호 리카싱[李嘉誠]을 배출할 수 있었을까?

물과 부의 관계

홍콩 최고의 갑부인 리카싱이 존경받는 이유 중 하나는 어려서 아버 지를 여읜 뒤 찻집 종업원부터 시작한 자수성가의 전형이기 때문이다. 그는 온갖 역경을 딛고 일어서 지금은 '다국적기업의 황제', '세계 화상 (華商) 가운데 가장 성공한 사업가', '성공과 기적의 대명사' 등의 찬사를 받는다. 리카싱 같은 기업인에게도 풍수가 어떤 의미를 가질 수 있을까?

리카싱의 발언을 모아놓은 책 『리자청에게 배우는 기업가 정신』에 이 런 말이 등장한다. "사람들이 풍수를 믿어도 좋지만 결국 '일이라는 것은 사람의 노력에 달렸다.'" 이 말은 아무리 힘든 일이 있더라도 포기하지 말 고 최선을 다해야 한다는 '당위'를 강조하기 위한 것이리라. 하지만 눈으 로 확인한 것은 그에게 풍수는 경영의 중요한 요소임이 틀림없다는 점이 었다.

홍콩의 청쿵실업[長江實業]은 리카싱의 핵심 기업이며 그의 집무실 이 있는 곳이다. 이 빌딩에서 가장 먼저 눈에 띄는 것은 빌딩 뒤에 조성 된 '청쿵공원'과 빌딩 옆에 자리한 인공 연못이다. 시민들에게 개방된 작은 공원에는 흙과 바위, 초목으로 산이 만들어져 있고 그 사이로 물

청쿵실업의 일지삼산에 물을 붓고 있는 여직원

이 흐른다. 공원 좌측 아래에 조성된 그리 크지 않은 장방형 연못 안에
는 다시 작은 섬이 3개 있고, 그 섬에는 각각 나무가 한 그루씩 심겨져
있다. 중국의 전통 원림(園林·정원) 수법 가운데 하나인 '일지삼산(一池
三山·하나의 연못에 3개의 산)'이다. "바다 가운데에 3개의 산(영주·봉래·
방장산)이 있어 그곳에 사는 신선들은 늙지도 않고 죽지도 않는다"는
전설을 믿었던 진시황 이래 수많은 중국 황제가 추구하였던 세계다.

11세기에 쓰인 일본의 정원 및 풍수에 관한 책『작정기(作定記)』는 산을 임금으로, 물을 인민으로 설정하였다. 현대 풍수에서 산은 인물을, 물은 재물을 주관한다고 본다. 이 모든 것을 종합하면 이 연못은 권력과 부, 불로불사(不老不死)를 기원하는 배치라고 하겠다.

청쿵실업 건물의 특이한 점은 또 있다. 연못에서 장화를 신은 한 여직원이 끊임없이 두레박으로 물을 길어 작은 섬에 붓고 있었다. 필자는 동행한 통역에게 그 이유를 물어보라고 했다. 통역이 다가가 말을 걸자 그 여직원이 필자를 쳐다보며 뭐라고 한다. 통역은 "'반복적으로 물을 길어서 섬에 뿌리는 이유를 알고 싶어 한다'는 말을 전했더니 '저 사람 풍수사 맞지? 어디서 왔나?'라고 하더라"고 말했다.

물을 끊임없이 붓는다는 것은 이 회사에 돈이 마르지 않게 하겠다는 풍수적 행위다. 그 행위를 알아본 필자가 신기했던 것이다. 그 여직원은 "청쿵실업이 이 건물을 지을 때 당대 최고의 풍수사를 초빙하였으며, 이후 회사는 더욱더 부자가 되었다"고 말했다. 그 풍수사는 1922년생인 채백려(蔡伯勵)로 알려지고 있다.

청쿵실업 본부 건물은 주변 풍수도 고려했다. 이 건물을 지을 때 크게 두 가지 조건이 건축사에게 제시되었다. "그곳 건축법규와 풍수원칙들을 따를 것"이었다. 핵심은 청쿵실업 양옆에 자리한 거대 은행 두 개, 즉 중국은행(Bank of China·367.4m)과 홍콩상하이은행(HSBC·180m)의 '풍수대전(風水大戰)'에 대한 리카싱의 풍수 대응이다.

중국은행은 창(槍) 모양이고, 홍콩상하이은행은 대포(大砲)처럼 생겼다. 이 둘이 서로 겨누는 중간에 청쿵실업 건물이 끼이게 됐다. 리카싱이 초빙한 풍수사는 양측 건물의 꼭대기를 잇는 가상의 선을 긋고,

창과 대포 사이의 청쿵실업 본부

그 선에 닿지 않을 정도의 높이(283m)까지만 빌딩을 짓도록 했다. 두 건물이 서로 으르렁대는 틈에서 건물의 높이를 낮추어 싸움에서 빠져 버린 것이다. 리카싱의 인생관의 한 단면이자 풍수의 절묘한 활용이다.

회장님 집무실과 책상 배치

2015년 말 롯데 측은 신격호 총괄회장과 신동빈 회장이 제2롯데월드 최고층으로 집무실을 옮길 계획인데 "그만큼 안전하고 위대하다는 것을 말하자는 것"이라고 발표하였다. '회장님 집무실은 몇 층 어느 방향으로 해야 할까? 새 지도자가 취임할 때 측근 참모가 은밀히 해결해야 할 중요한 문제 가운데 하나다. 문제를 푸는 핵심 키(key)는 지도자의 권위와 영도력을 극대화할 수 있는 '위치와 좌향'이다.

풍수적인 관점에서 최고지도자의 집무실 배치는 몇 가지 원칙에 따른다. 첫째, 깊숙한 곳[深處]이어야 한다. 왕이 거주하던 구중심처(九重深處)를 생각해보라. 둘째, 높은 곳[高處]으로 심리적·물리적으로 모든 것을 통제할 수 있는 곳(사옥의 고층)이 좋다. 셋째, 벽에 등을 대는 배벽(背壁)의 원칙이다. 책상은 벽을 등져야 하지 창문에 등을 대서는 안 된다. 넷째, 방향은 북서쪽[건좌(乾坐): 북서쪽은 팔괘상 건좌로서 하늘·임금·아버지를 상징]을 향한다. 물론 이러한 원칙들은 총론일 뿐이다.

장제스[蔣介石] 총통 이야기다. 중국 난징[南京]에 가면 1949년까지 그가 집무했던 총통부가 그대로 보존되어 있다. 특이한 것은 총통 집무실의 위치와 책상 배치다. 집무실은 건물 2층 동남쪽 모서리에 있는데, 책상도 집무실 내 동남쪽 모서리를 등지고 있다. 일반적으로 풍수사들이 말하는 임금 자리인 북서쪽(건좌)과 반대되는 곳에 위치한다. 풍수 총론과 사뭇 다른 배치다. 장 총통 고유의 풍수설 때문이다.

장 총통이 풍수설을 선호한 것은 잘 알려진 사실이다. 1921년 어머니 왕(王) 씨가 죽자 장제스는 당시 상하이에 머물던 샤오시엔[肖萱]이라는 풍수사를 찾아가 묘지 선정을 부탁한다. 샤오시엔은 장제스와 함께 고향 펑화(奉化) 현 시커우(溪口) 진에 가서 길지를 잡아준다. 이후 여러 군벌들을 제압하고 권력을 강화한 장 총통은 이것이 명당 덕이라 생각하여 더욱더 풍수를 굳게 믿는다.

총통부 건물의 동남쪽에 집무실을 정한 것은 바로 선영의 명당 기운을 받으려 함이었다. 선영은 난징 동남쪽 수백 킬로미터 떨어진 시커

건물 2층 동남쪽 모서리에 위치한 장제스 총통 집무실. 집무실 내 동남쪽 모서리를 등지도록 배치한 장제스 총통의 책상이 있다.

우진에 있다. 또 책상이 집무실 동남쪽 모서리를 등지고 있는 것도 같은 이유였다. 이때 책상이 바라보는 쪽은 북서쪽이다. 풍수에서 말하는 좌(坐)는 등쪽(뒷쪽)을 말하며 향(向)은 앞쪽을 말한다. 좌는 과거·어른·조상의 기운을 주관하며, 향은 미래·아랫사람·후손의 기운을 주관한다. 책상이 북서쪽을 향하고 있음[乾向]은 그가 지향하는 세계를 말한다. 팔괘상 건(乾)은 하늘·임금 등을 상징한다고 앞에서 말하였다. 장 총통이 장차 천자가 되겠다는 뜻이자, 동시에 북서쪽에 있는 홍군(마오쩌둥 군대)을 진압하겠다는 의도였다. 장 총통은 이러한 풍수 행위를 공공연하게 함으로써 자신의 권력은 조상의 명당을 매개로 하여 하늘에서 주어지는 것, 즉 '왕권신수설(王權神授說)'을 국민에게 심어주고자 한 것이다.

'그렇게 명당발복을 받은 장 총통이 왜 타이완으로 밀려났는가?'라고 반문할지 모른다. 이에 대해 경제학 교수였으며 동시에 역학·풍수·중국 권력사 등에 조예가 깊은 장화수 전 중앙대 교수는 의견을 달리한다.

> 장 총통은 분명 명당 덕을 보았다. 1920년대 후반부터 승승장구하여 1945년 8월 유엔안보리 상임이사국의 지도자가 되었다. 타이완을 경제대국으로 만들었으며, 아들 장징귀[蔣經國]가 뒤를 이음으로써 2대 제왕의 집안이 되었다.

풍수적으로 회장의 집무실을 사옥의 몇 층, 어느 방향으로 하느냐에 대한 하나로 정해진 논의는 없다. 회장의 철학이 반영되어 구성원들로 하여금 회장에 대한 무한한 신뢰와 자부심을 갖게 함이 중요하다.

4장

권력은 언제나
풍수를 이용한다

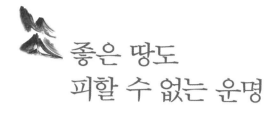

좋은 땅도 피할 수 없는 운명

유언비어는 더러 시대의 진실을 표현하기도 한다. 대통령이 바뀔 때마다, 그리고 측근 비리가 터질 때마다 "청와대 터가 문제"라는 이야기가 나돌았다. 오죽하면 집권 초기 이명박 전 대통령의 언론사 간부 초청 간담회에서 뜻하지 않은 '청와대 풍수 논쟁'이 붙었을까. 내용은 이렇다. '청와대 터가 나쁘다. 그래서 일제 총독들은 하나같이 말로가 불행했다. 이승만 대통령은 쫓겨났고, 박정희 대통령은 시해됐다. 김영삼 대통령은 IMF로 나라를 거덜냈고, 김대중 대통령의 아들은 감옥에 갔다. 노무현 대통령은 자살했고, 높은 지지율로 시작했던 이명박 대통령에 대한 평가는 지금 어떠한가.

과연 그러한가? 박정희 대통령이 청와대에 있으면서 우리나라는 절대 빈곤을 해결했다. 우리 생활수준도 이때 북한을 추월했다. 노태우 대통령 때는 올림픽을 치러 국력을 과시했다. 김대중 대통령은 노벨평화상을 받아 우리의 '국격'을 높였고, 월드컵 4강 신화를 만들었다. 노무현 대통령은 서민 대통령으로서 대통령이 '제왕'이 아님을 보여주었고, 반기문 유엔 사무총장을 탄생시켰다. 근대화에서 민주화로 그리고 세계화로 우리나라는 진보해왔다. 대통령 개인의 불행이 있었으나 국가의 불행은 아니었다.

그럼에도 왜 풍수 타령인가? 풍수지리 없이 우리 역사를 말할 수 없기 때문이다. 삼국시대부터 터 잡기에 풍수지리가 활용되었다. 지금의 청와대 터가 역사의 전면에 등장한 것은 고려 문종 때다. 천 년 전이다. 이후 풍수에 최고의 실력과 경험을 갖춘 장군, 승려, 술사[日官] 들이 앞다투어 이곳을 새로운 도읍지나 신궁(新宮) 터로 추천했다. 당시 풍수지리는 군사지리면서 정치지리였다. 지기(地氣)가 다했으니 도읍지를 옮겨야 한다는 주장의 뒤에는 권력 강화나 권력 쟁탈의 의도가 숨어 있었다.

청와대 터는 길지인가

청와대 터는 풍수상 길지인가 흉지인가? 이런 질문을 하는 사람들에게는 대개 흉지라는 답변을 듣고자 하는 의도가 엿보인다. 청와대 터는 경복궁의 일부였으므로 경복궁 터를 풍수적으로 이야기하고자 한다. 경복궁 터에 대한 풍수논쟁은 오래되었다. 경복궁 터 흉지론을 처음 제기한 사람은 1433년(세종 15년) 당시의 풍수학인 최양선(崔揚善)

이었다. 그는 경복궁 터가 아니라 현재 가회동 일대가 혈처라고 임금에게 아뢴다(대권을 꿈꾸는 정치인들이 가회동을 선호하는 것도 이와 무관하지 않은 듯하다). 최양선의 주장에 대해 세종은 영의정 황희(黃喜) 등 대신들과 풍수학인들로 하여금 남산과 북악산을 직접 올라가서 살피게 한다. 의견은 경복궁 터가 길지라는 다수파와 흉지라는 소수파로 나뉜다. 그런데 소수파가 승복을 하지 않자, 며칠 후 세종이 직접 북악산을 올라가 살피고는, "오래 살피고, 찬반양론을 듣고, 또 반복해서 살핀 결과 지금의 경복궁이 제대로 된 명당이다"라고 결론짓는다.

이렇듯 경복궁 명당론이 '확정'되었음에도 흉지론이 떠도는 것은 무슨 까닭인가? 풍수학자 최창조 교수의 발언을 오해함에서다. 최 교수는 경복궁의 후원에 해당되는 청와대 터가 '신들의 거처'라고 평한 적이 있다. 그 터가 사람이 살기에 부적합하다라기보다는 큰 교회·사찰·성당이 들어서면 더 좋았을 것이라 하였다. '호지무전미(好地無全美)'라는 풍수 격언이 있다. 제아무리 좋은 땅이라도 완벽하지는 않다는 뜻이다. 경복궁 터도 흠이 없는 것은 아니다. 조선 초 이곳에 궁궐을 짓던 건축가들(정도전·김사행 등)은 이 점을 알고 있었다. 그렇다면 그들은 그러한 흠을 풍수적으로 어떻게 보완하였을까?

경복궁 중심축을 북악산 정상에서 동쪽으로 약간 비켜서 잡았다. 왜냐하면 북악산이 동쪽으로 약간 고개를 돌린 데다가 험석(險石)이 많아 그 아래 건물을 세우면 권위적으로 느껴질 수 있기 때문이다. 이에 대해서는 몇백 년 후 서울을 찾은 서양의 건축학자도 같은 이야기를 하였다. 지금으로부터 30년 전인 1986년 경복궁을 찾은 독일 하노버대학교 건축학과의 란트체텔(W. Landzettel) 교수는 북악산과 경복궁의

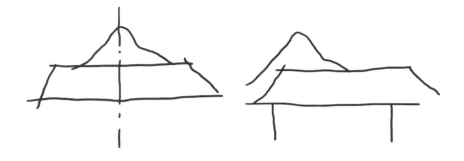

청와대 본관을 중심축으로 잡은 모습(왼쪽)과 경복궁 중심축을 북악산 정상에서 동쪽으로
약간 비켜서 잡은 모습(오른쪽)

입지를 보고 다음과 같이 말했다.

북악산은 궁의 설계를 맡은 건축가에게 불운이었을 것이다. 뾰족한
산 모양이면서도 동시에 좌우 반듯한 대칭을 하지 않았기 때문이다.

동시에 그는 험한 산 아래에 궁궐을 지어야 했던 조선 건축가의 위대
함을 보았다. "마치 '무게 곱하기 길이'로 저울의 좌우균형을 맞추듯 높
고 뾰족한 북악산과 동쪽으로 길게 흐르는 능선을 이용해 균형을 맞
추어 궁궐 터를 잡은 것"은 탁견이었다고 평한다.

또 다른 풍수적 보완책이 있다. 북악산은 험한 바위가 많다. 이러한
곳은 소나무를 심어 그 강기(剛氣)를 완화시킨다. 고려 태조 왕건의 조
상이 송악산에 소나무를 심어 암석이 드러나지 않게 하고 동시에 왕기
를 키웠다는 건국설화와 맥을 같이한다. 관련하여 현재 청와대 본관을
훗날 증·개축(혹은 신축)할 때 풍수적 지혜를 활용함도 하나의 방법이

164

다. 콘크리트로 지어진 청와대 본관을 소나무 목재를 활용하여 한옥으로 바꾸는 것이다. 그곳에 거주하는 이들의 심성이 달라질 수 있을 것이다. 건물에 따라 사람의 심성이 바뀔까? 영국의 수상이었던 윈스턴 처칠은 말했다.

우리가 건물들을 짓지만, 건물들이 다시 우리를 만든다.

"집이 길하면 사람이 영예롭다"고 한 『삼원경(三元經)』과 같은 말이다. 청와대가 한옥으로 지어지면 거침없이 확산되는 한류 수출 품목에 한옥을 추가할 수 있을 것이다.

청와대 터와 우리 민족의 역사

사람도 오래 살다 보면 별 험한 꼴 다 보듯 좋은 땅도 역사가 오래되면 험한 꼴을 당할 수밖에 없다. 경복궁(청와대 터 포함)에는 불행도 많았다. 단종은 숙부에게 왕위를 빼앗기고 죽임을 당했고, 연산군은 패륜을 했었으며, 임진왜란으로 궁궐이 불타 270여 년 동안 잡초에 묻힌 적도 있었다. 이와 같은 것들만 보면 태종의 발언이 옳아보인다. 1404년(태종 4년) 당시 임금 태종은 조준(趙浚), 하륜(河崙) 등의 대신들과 당대 최고의 풍수사 이양달(李陽達), 윤신달(尹莘達) 등을 불러 이곳 터를 잘못 잡았음을 질책한다.

내가 풍수책을 보니 '먼저 물을 보고 다음에 산을 보라'고 하였더라. 만약 풍수책을 참고하지 않는다면 몰라도 참고한다면 이곳은 물이 없는 땅이니 도읍이 불가함이 분명하다. 너희가 모두 풍수지리를 아는데, 처음 태상왕(이성계)을 따라 도읍을 정할 때 어찌 이 까닭을 말하지 않았는가. ―『태종실록』1404년 10월 4일(태종 4년)

맞는 말이다. 경복궁(청와대) 터에 물이 없는 것, 험한 바위가 보이는 것, 북서쪽(자하문)에 황천살(함몰처)이 낀 것도 사실이다. 그럼에도 정작 태종 본인은 이곳에 터를 잡고 나라를 다스렸다. 그의 재위 시절에 국방과 중앙집권제도의 틀이 잡혔고, 그 뒤를 이은 세종은 우리 영토를 백두산까지 확장시켰다. 지금의 한반도 모습이 갖추어진 것도 이때였다. 또한 한글이 만들어졌다. 우리 문자를 만듦으로써 우리 민족으로 하여금 '자기의식(自己意識·한 개인 혹은 한 공동체가 갖는 자기정체성에 대한 확신)'을 갖게 했다. 우리 민족사에 이보다 더 큰 업적이 또 있을까. 그런데 청와대 터가 좋다는 말인가 나쁘다는 말인가? 결론부터 말하면 청와대 터는 이미 그 용도가 다했다.

⌐ 나라를 지킴은 도에 있지, 땅이 아니다

조선조 관리 선발에 지리학 분야가 있었다. 풍수전문가인 지관을 선발하는 기술직이다. 이 시험에 합격하기 위해서 반드시 읽어야 할 풍수책들이 있는데, 그 가운데 『탁옥부(琢玉斧)』가 있다. 제목을 풀이하면 '옥을 다듬는 도끼'라는 뜻인데, 여기서 옥(玉)은 산천을, 다듬는다[琢]는 것은 땅을 고르는 것을, 도끼[斧]는 술서(術書)를 의미한다. 대지를 옥으로 간주하는 땅의 미학이다. 이 책은 "풍수지리가 가장 중시하는 것은 나라를 세우고 도읍지를 정하는 것"이라고 단언한다. 우리 역사에서 건국과 풍수는 뗄 수 없는 관계를 맺어왔다. 후삼국 통일의 당위성과 새로운 왕조 출현을 예언하였던 도선 국사, 황제국 선포를 주창하였던 묘청, 공민왕 개혁의 선봉이었던 신돈 등이 모두 명풍수가였다. 조선 건국에 기여하였던 무학 대사와 하륜 역시 풍수에 능했다. 물론 『탁옥부』는 "제왕의 창업은 덕(德)에 있지 무력이 아니며, 그 수성은 도(道)에 있지 땅이 아님"을 전제한다. 그러면서도 도읍지와 국운 사이에 풍수적 상관관계가 분명함을 중국의 역대 도읍지들로 예시하고 있다.

앞서 청와대 터를 다루었다. 천 년 가까이 도읍지(궁궐) 역할을 하면서 우리 역사에 기여한 공로는 무시하고 불행한 일들만 들춰내는 세속의 야박함을 이야기하였다. 동시에 필자는 청와대 터가 그 용도를 다했다는 말로 마무리하였다. 왜 그럴까?

집무처 청와대를 떠나려고 했던 전직 대통령이 둘 있었다. 국운을 생각할 때 청와대를 옮기는 것이 옳다고 판단한 것이다. 박정희와 노무현 전 대통령이 그들이다. 특히 박 전 대통령의 수도 입지에 대한 고민은 진지했다. 그는 한국전쟁 직후 이승만 정권이 새로운 곳에 수도를 건설하지 못한 것을 아쉬워했고, 그 자신이 대덕 연구단지를 만들 때 그곳을 행정수도로 생각하지 못한 것을 후회하였다. 그러한 고민 끝에 1977년 '임시행정수도' 건설을 발표했다. 당시로서는 충격적인 긴급뉴스였지만 박 전 대통령의 입장에서는 오랫동안 구상한 일이었다. 그가

세종시의 2004년(위) · 2014년의 모습(아래)

새로이 행정수도를 옮기고자 한 까닭은 인구집중, 국토의 불균형발전 등 복합적인 이유가 있었지만 북한의 사정거리 안에 서울이 들어 있다는 것이 가장 큰 이유였다. 임시행정수도 건설을 위한 기획단(단장 오원철)이 구성되었고, '백지계획'이란 암호 아래 준비가 진행되었다. 2년 후인 1979년 5월 대통령에게 최종안이 보고되고, 재가를 받아 실행만을 남겨둔 상태였다. 충남 공주시 장기면 일대가 그 예정지였다. 그러나 1979년 대통령의 급작스러운 서거와 함께 '백지계획'은 문자 그대로 백

경상북도청사의 2008년(위) · 2014년의 모습(아래)

지화되고 말았다.

그로부터 20여 년 후인 2002년 당시 노무현 민주당 대선후보는 국가 균형발전을 위해 충청권에 '신행정수도건설' 공약을 내세웠다. 대통령에 당선된 뒤 노 대통령은 신행정수도건설추진단(단장 이춘희)을 만들게 하였다. 그러나 헌법재판소의 위헌판결로 행정수도 이전은 좌절되었다. 대신에 행정부처만 옮기는 '행정중심복합도시건설안'으로 축소·변경되어 지금의 세종시가 탄생하게 된다. 흥미로운 것은 박 전 대통령이 잡은 공주 장기면과 지금의 세종시가 인접하면서 금강변에 자리한다는 점이다.

청와대로부터 벗어나고자 하였던 두 대통령의 천도론이 무산되면서 '서얼'들이 태어났다. 과천정부청사, 대전정부청사, 세종시 그리고 혁신도시들이 그들이다. 이제 대통령 집무처만 경복궁 후원인 청와대에 남고 국가 중추기관이 대부분 떠나게 된 셈이다. 국무총리실도 세종시로 자리를 옮겼다. 풍수의 핵심은 땅의 기운이 흩어지지 않고 모이게 하는 것인데, 땅의 기운이란 것도 결국은 사람이 있음으로써 그 모이고 흩어짐도 의미가 있는 것이다. 청와대는 그 용도가 다했다고 한 것은 사람이 흩어지고 기운이 흩어졌기 때문이다.

용호상박의 한양론은 봉건사회의 관념일 뿐이다

　　최창조 교수는 "청와대 터의 풍수적 상징성은 그곳이 살아 있는 사람들의 삶터가 아니라 죽은 영혼들의 영주처이거나 신의 거처"라고 요약했다. 조선조에 이곳은 과거 시험장, 무예 훈련장, 임금이 농사체험을 하거나 제사를 지내는 곳 등으로 활용되었다. 사람이 살지 않았던 곳이다. 최 교수는 왜 이곳을 신들의 거주지라고 하였을까?

　경복궁(청와대)의 주산인 북악산을 보자. 봉우리 하나가 단정하게 솟아 있는 것처럼 보인다. 그러나 자세히 보면 사천왕의 부릅뜬 눈과 같은 험한 바위들이 곳곳에 보인다. 또한 적지 않은 골짜기들이 패여 있다. 『감룡경』은 이와 같은 터를 신단(神壇)으로 적당하다고 적고 있다. 큰 교회나 대성당이 들어서면 좋다는 이야기다. 사람마다 재능과 적성이 같지 않아 그 쓰임이 다르듯, 땅도 저마다 성격이 달라 그 쓰임이 같지 않다는 것을 전제한다. 땅의 성격을 파악하는 것만이 풍수의 전부가 아니다. 일정한 공간을 어떻게 배치하느냐에 따라 권력과 자본의 흐름이 달라진다는 것이 풍수이론이다.

청와대가 용도를 다했다고 한 것은 대통령만 남고 대부분의 행정부처가 세종시로 이전하기에 사람도 흩어지고 그에 따라 지기도 흩어지기 때문이라고 하였다. 중들은 떠나고 주지 스님 홀로 남은 꼴이다. 게다가 청와대 터는 경복궁 후원이었으니, 홀로 남은 주지 스님이 산문을 폐쇄한 꼴이다. 권력을 움직이는 주요 건물의 공간 배치가 엉망이 되고 말았다. 우리나라는 의회민주주의 국가인 만큼 국회가 중요하다. 국회는 혼자 움직이는 것이 아니다. 국무총리와 장관들이 국회에 빈번하게 참석해야 한다. 이들은 지방에서 서울로 올라와야 하고 홀로 오는 것이 아니라 보좌진과 실무진이 함께 움직인다. 이럴 바에는 국회를 세종시로 옮기는 것이 더 효과적인 공간 배치가 될 것이다. 이미 그곳에는 최적의 인프라가 갖추어졌다. 다른 한편으로 세계화가 추세인 지금의 서울은 이미 '세계도시(global city)'가 되었다. 국내외 주요 행사들이 주로 서울에서 개최된다. 이를 위해 정부부처 책임자들은 청와대와 조율을 하면서 행사를 준비해야 한다. 세종시 말고 서울에 제2의 집무공간이 필요하다. 두 집 살림하는 꼴이다. 이렇게 흩어지는 기운을 어떻게 추슬러야 할까?

수도를 옮기지 않고 대통령 기를 살리는 방법

풍수적 관점에서 두 가지를 이야기할 수 있다. 하나는 경복궁을 대통령궁으로 활용하는 것이다. 높은 곳에서 낮은 곳으로 내려오는 것이다. 또한 군자대로행(君子大路行)이라 하였으니, 광화문을 통해 당당하게 대통령과 관리들이 대통령궁으로 들어가고, 우리나라를 방문하는 외국의 대통령과 사절들도 여기서 맞게 한다. 품격 있는 공간이 확보되면 그에 걸맞게 사람들이 채워진다. 청와대에만 들어가면 세상과 격리되어 소통이 되지 않는 것은 기가 막혔기 때문이다. 원래 이곳 지명이 '숨은골[大隱岩洞]'이었다는 것도 이 땅의 성격을 말해주는 단서가 될 것이다. 경복궁 앞문(광화문)과 뒷문(신무문)을 모두 열어 새 세상과 세

경복궁과 청와대

계화에 부응하는 공간 배치를 하는 것이다.

두 번째 안은 세종시로 이전하게 되면서 텅텅 비게 되는 과천정부청사를 대통령궁과 국회의사당으로 활용하는 안이다. 웅장한 관악산을 주산으로 하여 그 아래에 대통령궁과 국회의사당이 들어선다면 경제대국에 걸맞은 공간 배치가 될 것이다. 특히 과천정부청사 옆의 '중앙공무원교육원'은 별다른 보수 공사 없이 대통령 집무실과 관저로 활용할 수 있다. 수도를 옮기지 않고 대통령의 기를 살릴 수 있는 방법이다.

터의 기운에 따른 땅의 재능

박근혜 대통령에게 청와대 터는 각별한 의미가 있을 것이다. 젊은 시절 18년 동안 살았던 곳으로 돌아가는 셈이니 귀향이나 마찬가지다. 독일 속담에 "고향을 떠나지 않는 자 고향에 돌아올 수 없다"고 하였다. 그러나 다시 돌아온 고향은 옛날의 그 고향은 아니다. 박근혜 대통령에게 비치는 고향은 어떠할 것이며, 그와 청와대는 어떤 궁합일까.

청와대 터의 길흉과 그 미래에 대한 궁금증의 역사는 아주 길다. 북악산 정기를 받는 청와대와 경복궁 터에 대해서 1433년(세종 15년) 청주 목사 이진이 세종 임금에게 상소를 올린 데서 비롯한다. 이진은 박학다식한 데다 정치적 능력도 탁월하여 조정에서 신임을 받은 유신(儒臣)이었다. 그가 한양 터에 대해 말한다.

대체로 궁궐을 짓는 데 먼저 사신(四神)의 단정 여부를 살펴야 합니다. 이제 현무인 북악산은 웅장하고 빼어난 것 같으나 감싸주지 않고 고개를 돌린 모양이며, 주작인 남산은 낮고 평평하여 약하고, 청룡인 낙산은 등을 돌려 땅 기운이 새어나가며, 백호인 인왕산은 높고 뻣뻣하여 험합니다.

『동림조담(洞林照膽)』을 근거로 한 말이다. 그 뒤 대제학을 지낸 성현 (成俔)은 "한양은 백호(인왕산)가 높고 청룡(낙산)이 낮은 까닭에 장남보다는 차남이 잘된다"고 하여 한양에서 인왕산 기운이 강함을 이야기하였는데, 그러한 관념은 몇백 년이 흘러도 바뀌지 않았다. 십여 년 전 최창조 교수는 모 방송에서 "풍수적으로 고대와 연대 터는 각각 좌청룡과 우백호에 해당하는 셈인데, 고대는 법학과 계통이 강세를 이루고 연대는 상경 계열 학과가 상대적으로 돋보인다"고 하였다가 해당 대학 동문들의 쏟아지는 비난에 곤욕을 치른 적이 있다. 물론 그것은 최 교수의 의견이 아니라 풍수사들 사이에 전해지는 내용이었다. 대체로 청룡은 남자·명예·벼슬의 기운을 주관하고, 백호는 여자·재물·예술을 주관한다고 보기 때문이다. 청룡의 기운을 받는 고대와 백호의 지배를 받는 연대, 이대, 서강대, 홍대의 차이를 그렇게 말한 것일 뿐이다. 이것은 한양의 지세를 청룡과 백호라는 두 세력 간의 용호상박(龍虎相搏)으로 보는 호사가들의 관전평이기는 하지만, 과거 봉건사회 관념이 전제된 해석이다. 청룡보다 백호가 더 크고 웅장한 것과 맞아떨어진 것이다.

박근혜 대통령은 취임 초 '국민행복', '경제부흥', '문화융성' 등 국정 3대 목표를 제시하였다. 청와대는 백호(인왕산)가 더 강하며, 백호는 여자·재물·예술을 주관한다고도 하였다. 여성 대통령으로서 '문화융성'에 힘을 쏟을 때 그녀의 통치력이 더욱 빛을 발할 것이다. 세종이 청와대 아래 경복궁에 있으면서 한글창제 등 문화예술에 탁월한 업적을 남긴 것도 바로 이 터가 예술(문화) 발흥에 적절하였기 때문이다.

백범은 효창원에 터를 잡았다. 효창원 역시 한양의 백호(인왕산) 지맥에 해당하며 백범이 꿈꾼 대한민국의 미래는 문화대국이었다고 말하였다. 효창원 주봉(主峰)의 옛 이름이 연화봉이었다. 이 연화봉의 어머니는 어디일까? 1464년(세조 10년) 풍수학 훈도(정9품) 최연원(崔演元)이 세조에게 지금의 경복궁·청와대 터가 최고의 길지임을 아뢰면서 북악산은 연꽃봉오리와 같다고 하였다. 연꽃봉오리인 북악산에서 인왕산으로 그리고 다시 효창원 주봉인 연화봉이 수미상관(首尾相關)으로 일맥상통한다. 꽃은 예술이자 문화이자 재물인데 백호도 예술이자 재물이자 여자의 기운을 주관한다. '배신자'란 비난을 받으면서도 김지하 시인은 2012년 대선 때 여성 후보를 지지하였다. 갑자기 마음을 바꾼 것이 아니고, '어린이와 여성이 대접받는 사회가 오면 그것이 바로 후천개벽이다'는 평소 지론에 따른 것이다. 백범과 김지하가 말한 문화대국과 후천개벽, 그리고 재물의 기가 발하는 금융 도시가 한양의 터와 맞는다. 물론 풍수보다 더 중요한 것은 중국의 강희제가 말했듯이 "국운이 흥하고 쇠함은 군주의 덕에 있지 풍수에 있지 않다"는 것이다.

바다를 지배하는 자가
세계를 지배한다

　　일반인이 풍수적으로 좋은 터를 살피고 활용하는 쉬운 방법
이 있다. 터와 그 주변에 있는 '조경물'을 눈여겨보는 것이다. 청와대 터
의 기가 무엇인지를 주변 조경물로 이야기하고자 한다.

　청와대의 드무(청동으로 된 큰 물그릇)·경복궁 향원정 연못·경회루
연못·광화문 앞 해치 석상·숭례문 현판·남지(南池)는 청와대에서 남
쪽으로 직선상으로 이어지는 것들이다. 남지는 숭례문 남서쪽에 있었
으나 지금은 없어지고 표지석만 남아 있다. 드무, 향원정 연못, 경회루
연못 그리고 남지는 물을 담고 있다는 공통점이 있다. 지금의 해치 석
상은 흥선대원군이 관악산 화기를 제압하기 위하여 세웠다. 숭례문
(崇禮門) 현판이 세로로 달린 것은 불[火]을 세워 놓음을 상징한다.
숭례문의 가운데 글자 '예(禮)'는 오행상 불을 상징하는데, 이는 관악

경복궁의 강한 불기운을 중화시키기 위해서 만들어진 향원정 연못(위의 왼쪽)과 비보진압 풍수의 한 예인 경회루 연못(위의 오른쪽), 불을 세워 놓음을 상징하려고 세로로 세워 놓은 숭례문 현판(아래의 왼쪽)과 숭례문(아래의 오른쪽)

산 화기를 막기 위해 숭례문에 '맞불'을 지펴놓은 것이다. 결국 이 모든 조경물이 화기를 제압하기 위해 만들어진 것이다(이명박 전 대통령이 청계천, 4대강 등 물에 지나친 관심을 보인 것도 화기를 잡으려 한 것은 아닐까).

부국을 만드는 터와 기운을 주목하라

화기가 나쁜 것인가? 꼭 그렇지만은 않다. 단점이라면 목조건물에 쉽게 화재가 발발할 수 있고, 지나치게 건조하면 건강에 영향을 줄 수 있다. 그렇다고 옛날처럼 억지로 연못을 파거나 불을 제압할 수 있는 '부적'을 붙일 필요가 없다. 지금의 발달된 토목·건축 기술과 의술이 이를 충분히 조절하고 해결할 수 있다. 반면에 화기가 가져다주는 장점도 적지 않다. 화기가 강한 터에 사는 사람들은 의욕과 성욕이 강해지고 기분이 고양되거나 말과 생각이 많아질 수 있다. 전 세계를 놀라게 한 붉은 악마들의 응원전, 촛불집회, 시청 앞에서의 '강남스타일' 공연에 신명나는 관객들을 움직인 주류는 남성이 아닌 여성이었다. 이 모두가 북악산 화기의 폭발적 감응이다. 『주역』에서 불을 상징하는 괘는 이괘(離卦)다. "이괘는 자연에서는 불을, 인문에서는 밝은 관계의 지혜를 상징한다. 또한 그것은 찬란한 문화를 의미한다"라고 김기현 교수는 풀이한다. 경복궁에 거처하면서 화기를 활용한 왕들은 국운을 흥하게 하였는데, 세종·세조·성종 등이 바로 그들이다.

청와대 터뿐만 아니라 우리나라 산세가 전반적으로 그러하다. 금강산·설악산·삼각산·팔공산·계룡산·모악산 등의 산봉우리들은 북악산처럼 화강암으로 양명(陽明)하면서도 '웅(雄)'하고 '장(壯)'하다. 산 높고 물 곱고, 그 위를 비추는 아침 해는 선명하다. 이런 터에 큰 무당들이 몰려들고 큰 종교들이 자리를 잡은 것도 우연이 아니다. 큰 무당은 여성들이며, 이와 같은 터에 쉽게 감응하는 것은 문화예술이다. 최근 세계적으로 주목을 받는 우리나라 인물들 가운데 문화·예술·체육계 인사가 많은 것은 우연이 아니다.

한류는 우리 국토가 갖는 화기가 환희용약(歡喜踊躍·기뻐 날뛰는 모습)하는 현상이다. 따지고 보면 박 대통령이 제시한 3가지 국정과제 중 경제부흥과 문화융성은 '국민행복'을 위한 수단이다. 그 가운데 무엇이 우선이어야 할까? 청와대 터는 문화융성이 더 궁합과 맞는다. 괴테(Goethe)는 "영원히 여성적(das Ewig-Weibliche)인 것이 우리를 고양한다"고 했다. 물론 여성적인 것이 여성은 아니다. 그러나 박근혜 대통령은 여성이기에 그 여성성과 문화를 통해서 세계대국을 만들 수 있다는 것이다.

비룡상천의 목포가 주는 힌트

2011년 어느 날 김지하 선생이 해운대 동백섬과 부산을 풍수형국으로 어떻게 보는지를 물었다. 이렇게 특정한 장소를 지목할 경우에는 직접 현장을 밟아봐야 한다. 동백섬을 다녀와 김 시인에게 우편으로 답사기를 보내드렸다.

그곳은 영구망해(靈龜望海)입니다. 신령스러운 거북이 멀리 바다를 바라본다는 뜻이지요. 동백섬 자체가 거북이 머리처럼 생긴데다 그 표면이 거북이 등처럼 쩍쩍 갈라진 바위로 구성되어 있습니다. 또한 바다를 향해 머리를 내밀고 있기에 그렇게 이름 지은 것입니다.

그로부터 1년 후인 2012년 여름. 폭우가 며칠 이어지던 어느 날 김 시인이 산촌에 있는 필자에게 전화를 걸어와 물었다. 시인의 고향인 목포 앞바다에 있는 압해도라는 섬이 있는데, 그 섬을 염두에 둘 때 목포의 형국이 풍수적으로 어떠냐는 것이었다.

해운대 동백섬과 달리 목포 압해도는 대중교통으로 답사하기가 어렵다. 산촌에서 텃밭을 가꿀 때 사용하는 낡은 트럭을 몰고 압해도로 들어갔다. 김 시인에게 이번에도 우편으로 답사 내용을 보내드렸다.

그곳은 비룡상천이자 회룡고조입니다. 용이 하늘로 날아오른다는 뜻이자 곤륜산을 출발한 지맥이 목포에 도달하여 다시 곤륜산으로 웅비(雄飛)한다는 뜻입니다. 목포 인근과 압해도의 마을 지명에 '용(龍)' 자가 들어간 곳이 많습니다. 용과 깊은 관련이 있다는 뜻입니다. 압해도는 용의 머리, 목포시는 용의 몸통, 특히 유달산은 용의 등 쪽에 솟은 비늘, 전남도청사 일대는 용의 꼬리에 해당됩니다. 목포 인근에 무안국제공항이 있는 것도 비룡상천과 무관하지 않습니다.

며칠 후 김 시인이 다시 전화로 목포를 비룡상천이라 말하면 되었지, 왜 또 회룡고조를 덧붙였는지 그 이유를 묻기에 다시 이야기를 해드렸다.

풍수논리에 좌향론이란 것이 있습니다. 등을 기대고 앉아 있는 쪽이 좌(坐)이고, 마주 보는 쪽을 향(向)이라고 합니다. 좌는 과거를, 향은 미래를 이야기합니다. 회룡고조가 지향하는 미래를 이야기하고자 하는 것입니다.

김 시인은 "그렇다면 해운대의 영구망해와 목포의 회룡고조는 그 지향하는 바가 다를 수 있다는 것인가?"라고 거듭 묻기에 "모두 바다를 근거로 한다는 점에서 같지만 바다로 나아가는 것과 곤륜산으로 돌아가는 것에서 차이가 있습니다"라고 답했다. 답변을 듣던 김 시인이 결론 삼아 총평했다.

영구망해는 '미국이 지배하는 태평양을 넘겨본다'는 것이고…… 회룡고조에서 말하는 조(祖)란 전설의 땅 곤륜산을 말하겠지. 아득히 먼 옛날 우리 조상들이 출발한 땅일 수도 있겠고. 그 조상의 땅으로 되돌아가는 거야. 중국과 러시아의 땅으로. '창조적 복귀'이자 새로운 시장 개척을 위해서. 세계 경제의 중심이 서양에서 동양으로 이동하면서 그 허브가 장차 우리나라가 된다는 뜻이야.

이런 대화가 있은 지 1년이 흘렀다. 2012년 4월 부산상공회의소와 목포상공회의소 공동 주최·주관으로 '태평양을 열어 장보고의 길'이란 대토론회를 개최한다는 초청장이 왔다. 여기에 김 시인이 어떻게 관여를 했는지 알 수 없으나 분명 '보이지 않는 손'으로 작동한 것 같다. 동아시아 최강국 고구려 이후 동아시아 해상강국을 꿈꾸었던 '장보고'를 두 해양 도시가 주제로 삼은 것이다. '영구망해와 회룡고조'는 장보고의 정신으로 바다를 장악해야 우리 민족이 미국·중국·러시아와 어깨를 겨루는 강국이 될 수 있다는 메시지다. "언제나 진정한 세계 강국은

바다를 지배하는 나라였다"고 말한 독일의 지리학자 라첼(F. Ratzel)의
명언은 지금 우리에게 절실한 말이다.

좋은 바위 하나는
산 하나의 가치가 있다

풍수 속설에 바위명당과 거지명당이 있다. 거지명당은 거지
가 따뜻한 봄볕 쬐다가 죽은 자리를 말한다. 바위명당은 바위를 중심
으로 주변에 있는 길지를 말한다. 그런데 바위명당은 가끔 그 터를 잡
는 지관에게 재앙을 가져다주기도 한다.

조선시대 지관 선발 고시 과목 가운데 바위가 흉물이라고 말한 풍
수서가 문제였다. 『동림조담(洞林照膽)』은 터에서 돌이 나올 때의 재앙
들을 구체적으로 소개하면서 그것들을 두려워해야 한다고 적고 있다.
이는 훗날 상대방 정적을 제거하는 데 결정적 근거로 인용된다.

1901년(고종 38년) 4월 고종황제는 상지관(相地官) 6인에게 많게는
종신형에서 적게는 10년의 유배형을 내린다. 유배지는 추자도·임자도·
고군산 등 한양에서 멀리 떨어진 외딴 섬이었다. 이렇게 풍수관리들

에게 극형을 내린 것은 1897년(고종 34년)에 조성된 명성황후 무덤(현 서울 청량리 국립산림과학원 소재)이 불길하다 하여 1901년 군장리(현 남양주시 금곡동 군장리)로 천릉지를 정하고 능역 조성 작업을 하는 과정에서 바위 흔적[石痕]이 나왔기 때문이다. '산릉에 바위가 드러난 것은 전에 없던 일로…… 해당 상지관들은 용서할 수 없는 죄를 범'한 것이었다.

권력은 바위도 놓치지 않는다

왕릉 조성 과정에서 바위가 나오는 것은 흔한 일이다. 몇백 년을 거슬러 올라가 1537년(중종 32년)의 일이다. 당시 상지관 조윤(趙倫)·성담기(成聃紀)·황득정(黃得正) 등이 곤장을 맞아 죽는 사건이 발생한다(조윤은 이미 죽었으나 사후 능지처참형을 받았다). 이유는 20여 년 전에 잡은 중종의 비인 장경왕후의 무덤(희릉)을 팔 때 돌이 나왔음에도 이를 속였다는 이유이다.

그런데 사실 중종도 20년 전의 일을 기억하고 있었고, 광중(壙中·관이 들어가는 자리)을 팔 때 돌이 나오자 그 아래로 파게 한 장본인이었다. 본디 상지관들을 죽이려 한 것이 아니라 당시 장례의 총책임(총호사)을 맡았던 정광필(鄭光弼) 일파를 내치기 위한 빌미였다. 이들을 내친 뒤 중종의 발언에서 그 의도를 엿볼 수 있다.

망령되고 어리석음은 풍수설에 구애될 것이 아니라 정리와 예에 있어 온당함을 요한다.

정치적 이유로 풍수를 이용하였음을 암시하는 대목이다.

그런데 그로부터 300년이 훨씬 지난 1901년 '바위 흔적'이 보였다는 이유로 '용서할 수 없는 죄'를 물은 것이다. 바위도 아니고 바위 흔적이었다. 정말 그럴까. 경춘선을 타고 남양주의 금곡역에서 내려 10여 분 걸으면 천릉 후보지(남양주시 금곡동 군장리)가 나온다. 주산을 중심으로 좌우 산들이 포근하게 감싸고 있으며, 토질은 단단하고 토색은 양명(陽明)하였다. 문제가 된 바위 흔적은 아마도 흙도, 돌도 아닌 비석비토(非石非土)였을 것이다. 그것은 길지의 특징이지 흉이 될 수 없다.

그렇다면 풍수에서 바위는 정말로 흉한 것인가? 풍수에서 바위의 기능을 명확하게 정리한 것은 『명산론』이다. 이 책에서는 "흙은 살이 되고 돌은 뼈가 되고 물은 피가 되고 나무는 모발이 된다"고 했다. 바위가 없으면 뼈가 없는 것처럼 그 땅이 바로 설 수가 없다. 좋은 바위 하나는 흙으로 된 산 하나와 맞먹는다. 무덤이나 집 주변의 좋은 바위는 강한 기운을 신속하게 가져다준다고 하여 바위를 함부로 하지 못하게 하였다.

명성황후의 천릉 과정은 구한말 지도자들이 중종 때보다 그 깨달음의 수준이 떨어졌음을 보여주는 것이다. 조선 말엽(대한제국)의 풍수는 혼란스러움 그 자체였다. 조선(대한제국)의 운명을 암시하는 한 단면이었다. 결국 명성황후릉은 1919년 고종황제가 승하하고 나서야 현재의 금곡 홍릉 자리로 합장하게 된다.

흥선대원군과 전설의 풍수사

　2013년 일본에서 노자키 미쓰히코[野崎充彦] 오사카시립대 교수가 「풍수 대가를 통해서 본 한국 풍수의 특질」이란 논문을 『술의 사상[術の思想]』이란 책을 통해 발표했다. 노자키 교수는 한국 풍수의 특징을 '실천 풍수'로 규정하고 그 주역들로 도선, 하륜, 박상의(朴尚義), 정만인(鄭萬仁) 등의 인물을 꼽았다.

　도선과 하륜은 익히 알려진 인물이다. 일반인들에게 상대적으로 덜 알려진 박상의는 선조와 광해군 때 조정에서 활약한 지관이었다. 임진왜란 당시 명나라 군대를 따라 조선에 왔던 중국의 풍수사들과 당당하게 어깨를 겨루었고 서울 종로구 숭인동에 있는 동묘 터를 잡은 인물

정만인이 터를 잡고 이장해준 충남 예산군 덕산면 흥선대원군의 아버지 남연군 묘

이다. 단재 신채호 선생은 그에 대한 소설을 쓰기도 했다. 해방 이후 최초의 풍수학자인 고(故) 배종호 교수(연세대 철학과)는 박상의를 "국풍(國風)의 지위에 앉음으로써 조정 고관, 부귀 권세가의 존숭을 한몸에 모았던 사람"으로 평했다. 현재 그의 무덤은 전남 장성군의 장성호 호숫가에서 잘 관리되고 있는데, 박상의가 한 시대를 풍미했음을 보여주는 흔적이다.

문제는 노자키 교수가 '실천 풍수'의 대가로 소개한 정만인이다. 그는 분명 실존 인물이었다. 충남 예산군 덕산면에 있는 '두 명의 천자가 나올 터[二代天子之地]'를 흥선군에게 소개했고, 그 명당 발복으로 고종과 순종이 태어나게 했다는 주인공이다. 정만인은 흥선군의 아버지 남연군 묘를 이곳에 이장해주고 "계해년(癸亥年·1863년)에 흥선군의 둘째 아들이 국왕이 된다"고 예언했다. 동시대를 살았던 황현과 윤효정 같은 지식인과 관리가 남긴 기록에 언급되어 있는 것을 보면 뜬소문이라 할 수 없다. 황현은 그의 친구 이건창(李建昌)에게서 이에 대해 들었는데, 이건창은 흥선대원군에게 직접 들었다고 한다.

천자국의 기회를 놓치게 만든 죄

그런데 지금으로부터 150여 년밖에 거슬러 올라가지 않은 19세기에 실존했던 정만인의 흔적이 없다는 점이 무언가 이상하다. 남연군 묘는 1868년 독일인 오페르트가 도굴을 시도한 일로 당시 조선을 깜짝 놀라게 했다. 도굴범 오페르트는 훗날 독일로 귀국한 뒤『굳게 닫힌 나라 조선 여행(*Ein Verschlossenes Land, Reisen nach Korea*)』(1880년)이라는 책을 출간해 당시 자신의 도굴을 변명했다. 그렇게 유명한 남연군 묘를 잡아준 당사자가 정만인이었다. 쉽게 세간의 관심에서 멀어질 인물이 아니었다. 내포지역(충남 서북부 가야산 주변을 통칭하는 지역) 사람이라고 그곳 향토사지는 기록하지만 전설임을 전제한 글이다.

최창조 교수는 그가 여진족이라고 확신한다. 만주로 귀향했기 때문에 흔적이 없다는 것이다. 권력을 잡은 흥선대원군이 천기누설을 우려해 그를 죽였다는 이야기도 전해진다. 죽임을 당했다 하더라도 그 후손은 남아 있지 않을까? 만약 스스로 자취를 감추었다면 그 이유가 무엇일까? 후배 풍수학인의 입장에서 필자가 선배 풍수사 정만인의 입장을 헤아려 다음과 같이 변명해본다.

소생 정만인은 2명의 천자가 나올 자리를 흥선군에게 잡아드렸습니다. 일본과 중국에 휘둘리지 않는 당당한 천자의 나라 조선이 되기를 바라는 마음에서였습니다. 그러나 권력을 잡은 그는 세계화의 흐름을 읽지 못했고, 부국강병보다 권력 지키기에 급급한 모습이었습니다. 천자국의 기회를 놓친 것입니다. 후회하였습니다. 하여 소생은 가족과 함께 흔적을 감추었습니다.

조선 풍수사(風水史)에서 정만인의 실종은 최대 미스터리다.

5장

풍수로 땅을
치료한다

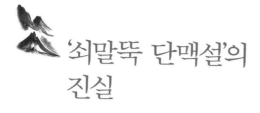

'쇠말뚝 단맥설'의 진실

　'일본놈들'은 정말로 쇠말뚝을 박았을까? 오랫동안 필자는 전국의 '쇠말뚝' 현장을 답사하였다. '이여송이 맥을 잘랐다'는 것과 '일본놈들의 쇠말뚝' 이야기가 많았다. 왜 쇠말뚝을 박을까? '산의 파괴는 인간의 비극[山破人悲]'이라는 풍수설 때문이다.

　'쇠말뚝[鐵杙]'이란 말을 맨 처음 꺼낸 이는 조선의 학자군주인 정조였다. 사연은 고려 공민왕까지 거슬러 올라간다. 당시 공민왕은 기울어져가는 원나라를 버리고 새로이 개국한 명나라 주원장과 관계를 튼다. 이에 주원장은 1370년(공민왕 19년) 도사 서사호(徐師昊)를 고려에 파견하여 명산대천의 신령들에게 제사를 지내게 한다. 이유는 간단하였다. '고려가 명에 복속된 만큼 천자가 산천에 제사를 지냄에 고려의 산천 또한 빼놓을 수 없기 때문'이었다. 그 당시 주원장은 원나라를 북쪽으로 몰아내고 새로운 나라를 세웠지만, 천하를 완전히 평정한 것이 아니었다. 원의 사위국인 고려를 함부로 할 수 없어 주원장은 초기에 고려와 공민왕에게 매우 호의적이었다. 제후국의 산천에 제사를 지내는 것은 나라를 세운 천자로서 관례였다. 쇠말뚝을 박을 상황이 아니었다. 그러나 공민왕은 도사 파견에 '압승술(壓勝術·주술을 쓰거나 주문을 외어 음양설에서 말하는 화복을 누르는 일)'을 쓰지 않을까 두려워한다.

그로부터 15년이 지난 1385년(우왕 11년)의 일이다. 이때는 공민왕의 피살, 고려와 원의 관계 복원 움직임 등으로 명나라와는 매끄럽지가 못했다. 명나라가 사신 장보(張溥)를 보내 서사호가 세운 비(개경 남쪽·양릉정에 위치)를 확인하게 한다. 비석이 세워진 뒤 병란, 수재, 한발 등이 잇따르자 고려 조정은 비를 넘어뜨려 버렸다. '압승비(碑)' 때문이라고 의심한 것이다. 이 소문이 명나라까지 전해지자 장보로 하여금 확인케 한 사건이다. 그로부터 400여 년이 지난 1797년(정조 21년) 정조는 "서사호가 단천 현덕산에 다섯 개의 쇠말뚝을 박고 떠난 이후 북관(北關)에 인재가 나오지 않는다"는 '쇠말뚝 단맥설'을 꺼낸 것이다. 그러나 서사호는 맥을 자르지 않았다.

누가 조선 땅에 쇠말뚝을 박았는가

물론 실제로 지맥을 자른 크고 작은 사건들이 있었다. 전주시 금상동에는 회안대군(懷安大君) 이방간(李芳幹)의 무덤이 있다. 회안대군은

이방원이 산에 뜸을 놓고 맥을 자르게 한 회안대군 이방간의 무덤(전주시 금상동)

2차 왕자의 난에서 동생이자 훗날 태종이 된 이방원에게 패한 인물이다. 그는 전주에서 유배 생활을 하다가 이곳에 묻힌다. 문제는 그 자리가 '늙은 쥐가 밭으로 내려오는 형국[老鼠下田形]'의 길지였다는 점이다. 나중에 이를 안 이방원은 산에 뜸을 놓고 맥을 자르게 하였다. 지금도 그 흔적 일부를 확인할 수 있다. 이후 회안대군 후손들은 자신들이 '호미 자루를 쥐고 살 수밖에 없었다'고 믿게 된다. 맥이 잘린 것은 사실이다. 그러나 길지 자체가 파괴되지는 않았다. 지금도 이곳은 호남의

조선의 후예로 명나라의 요동지방 군벌에 올라 임진왜란에 참전한
장군 이여송의 초상화(일본 덴리대학교 소장)

길지로 소문이 나서 찾는 이들이 끊이지 않는다.

조선 땅에 또 쇠말뚝을 박은 이들은 누구일까? 이여송과 일본인들이 '주범(主犯)'으로 알려져 있는데, 이여송은 조선의 후예로서 그의 집안은 명나라의 명문가였다. 아버지 이성량은 명나라를 지켜주는 동북(요동)지방의 최대 군벌이었는데, 아들 이여송이 조선에 출병할 때 "조상의 고향이니 구원에 힘쓰라"고 했다고 한다.

『명사(明史)』에 의하면 그는 1593년 1월 평양성을 탈환하였다. 하지만 벽제관 전투에서 패하여 평양으로 후퇴하였다가 그해 9월에 귀국하였다고 한다. 반면 『조선왕조실록』에는 이여송이 1593년 5월 문경까지 내려갔다가 9월에 귀국한 것으로 기록되어 있다(이여송이 직접 출전하지 않고 그 휘하 부대가 문경까지 갔을까?). 확실한 것은 그가 조선에 머문 것은 1년이 채 안 된 짧은 기간이었다는 점이다. 이여송에 대한 조선 조정의 태도는 어떠했을까. 조선의 입장에서 이여송은 조선을 재건시켜준 '재조조선(再造朝鮮)'의 은인이었다. 심지어 평양에 생사당을 세워 그를 기렸고, 조선이 멸망할 때까지 그 후손을 챙겼다(이여송은 조선에서 금씨 여인을 취해 후손을 남겼다). 그러한 이여송이 조선의 맥을 잘랐다는 것이다. 서길수 교수(전 서경대 경제학과)는 '이여송이 강원, 충청, 전라, 경상도 등에서 40개 이상의 지맥을 자른 것'으로 조사하였다. 이여송이 밟지 않은 지역들이다.

피해 의식의 산물

'일본놈들의 쇠말뚝' 설은 또 어떠한가? 곳곳에 그러한 전설이 전해진다. 부분적으로 개연성이 있는 곳도 있다. 그런데 쇠말뚝의 입지나 유형들이 너무 달라 일제가 전국적 차원에서 조직적으로 저질렀다고 보기 어렵다. 다음 두 가지 이유에서다.

첫째, 19세기 후반 조선을 침략하기 위해 주변 열강들이 가장 먼저 한 것이 측량이다. 1875년 운요호사건도 일본의 조선 연안 측량에서 비롯된다. 1895년에는 일본은 200명 이상의 측량사를 보내 전국을 측량한다. 이에 대한 반발로 많은 조선인이 희생된다. 1912년 일제가 삼각측량 실시에 즈음하여 시달한 주의사항 가운데 "삼각점 표석 밑에 마귀를 묻었기 때문에 재액이 닥쳐올 것이라는 유언비어에 속지 말

것"이라는 내용이 눈에 띈다.

이후 측량사업은 식민지 건설(도로·철도·신도시 등)로 더욱더 빈번해질 수밖에 없었고 나라를 빼앗긴 이들의 입장에서 '마귀를 묻었다'고 오인하였다. 특히 조상 산소 뒷산에 삼각점이 박힐 경우 '쇠말뚝'으로 여겨 분노를 자아내기에 충분하였다.

둘째, 한·중·일 삼국 모두 산악숭배 사상이 지대하여 명산대천을 함부로 하지 않았고 심지어 벼슬을 내리고 제사를 지냈다. 800만 이상의 신을 상정(想定)하는 일본도 마찬가지다. 신이 계시고[神の坐す], 신이 강림하고[神が降り立つ], 혼이 소생하는[魂が蘇る] 곳이 바로 산이다. 명나라가 고려를 속국으로 할 때 그 산천에 제사를 모셨듯, 이미 일본 땅이 되어버린 조선의 산천을 함부로 하지 않았다. 영산으로 알려진 곳에 그들의 신사를 지어 신성시하였다.

결국, 쇠말뚝 이야기는 나라를 빼앗긴 자의 '주인의식 결여와 피해의식'의 산물이다. 지금은 어떠한가? 전국의 영산 정상마다 수십 미터 높이의 육중한 송수신 탑이 무수하다. 더 큰 쇠말뚝이다. 굴착기를 동원하여 산을 평지로 만드는 것은 식전 해장거리도 안 된다. 더 큰 맥 자르기이다. 흐르는 강물을 막고, 산줄기를 무 자르듯 하여 생태계를 교란시킨다. '이여송·일본놈 쇠말뚝'에 분노하는 이들 가운데 정작 이것을 우려하는 이는 드물다. 이 또한 자기 땅을 소중히 여기지 않는 주인의식의 결여는 아닌가?

바람을 갈무리하고
물을 얻는다

"아버지를 죽여라!"

20세기 초 독일 표현주의 문학의 모토 가운데 하나다. 아버지로 상징되는 기성세대를 부정하는 것이 당시 표현주의 흐름이었다. 왜곡, 과장, 분노 등을 특징으로 한 표현주의는 문학뿐만 아니라 다른 예술 분야에서도 동시다발적으로 짧은 기간에 분출하였다가 사라졌다. 건축에서도 표현주의의 광기를 벗어나기 어려웠다.

반데어로에(Ludwig Mies van der Rohe)는 그 대표적 건축가였다. 주로 철골과 유리로 고층 건물을 지어 기존의 독일 건축 양식과 전혀 다른 모습을 보여주면서 이름을 날렸다. 1930년대 미국으로 건너간 그는 그곳에서도 표현주의 건축으로 명성을 얻었다. 수많은 투명 유리 건물이 그의 설계로 만들어졌는데, 그 가운데 하나가 판즈워스 주택

용산구청사, 성남시청사, 한강 세빛섬은 풍수원칙에 위배되는 대표적인 건물들이다.

(Farnsworth House)이다. 1946년에 지어진 이 집은 철강과 유리로만 만들어졌다. 그러나 주택으로서의 수명은 그리 길지 못했다. 여름에는 너무 덥고, 겨울에는 너무 추워서 살 수가 없었다. 또 차갑고 삭막한 데다 투명 건물 속에 사는 사람들로 하여금 '다람쥐에게 감시당하는 느낌'이 들게 하였다.

화가 난 집주인은 손해배상을 청구하였다. 주택으로서 생명은 5년 만에 끝이 났고 주인이 바뀌었다. 그럼에도 지금도 어떤 이들은 말한다. 그것은 '정신과 물질이 하나가 된 세계적인 예술품'이라고. 건축주가 들였던 비용과 시간 그리고 그가 겪었던 분노와 고통은 아무렇지 않다는 듯.

이와 같은 표현주의 건축을 우리 주변에서 어렵지 않게 찾아볼 수 있다. 서울시청사, 용산구청사, 성남시청사, 한강의 세빛섬 등등이다. '정부 세종청사' 역시 최근에 지어진 대표적 사례다.

정부 세종청사의 '급선무'

세종시는 본래 노무현 대통령 때 '신행정수도' 건설을 위해 선정된 터였다. 그런 만큼 여러 조건이 고려된 길지였다. 당연히 풍수지리도 입지 선정에 반영되었다. 주산 원수산을 중심축으로 앞으로 금강이 흐르는 전형적인 배산임수의 땅이었을 뿐 아니라 그 사이에 장남평야라는 드넓은 명당이 펼쳐진 곳이었다.

이제 그 들녘에 '세종호수'라는 국내 최대의 인공 호수가 들어서면서 주변의 부드러운 산들과 함께 연화부수형(蓮花浮水形)의 명품 세종시가 생겨났다. 연화부수형이란 물 위에 떠 있는 연꽃과 같은 형국을 말한다.

그렇게 좋은 땅 위에 세워진 '정부 세종청사'의 풍수는 어떠한가? 하나의 건물이 아주 길게 구불거린다. 어지럽다. 청사의 1층은 기둥만 덩그러니 서 있다. 쓸모가 없다. 청사 사방이 모두 유리로 덮여 있어 여름에는 덥고, 겨울에는 춥다. 동선이 복잡하고 긴 것은 말할 것 없고 어디가 출입구인지 알 수 없을 만큼 혼란스럽다.

주변의 부드러운 산들과 함께 연화부수형을 이루는 세종시 호수(위)
'은하철도 999'를 연상시키는 정부 세종청사(아래)

서양 건축의 비조로 여겨지는 고대 로마 건축가 비트루비우스
(Vitruvius)는 『건축십서』에서 이렇게 말한다.

건축가는 그 지역의 토양과 대기의 특성, 지역 특성 그리고 물의 공
급 등과 관련된 의술을 알고 있어야 한다.

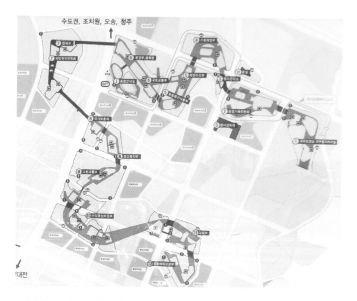

작대기로 후려 맞은 뱀 형상인 타사출초형의 세종시 기관 배치도

　서양 건축을 배우고 이곳을 설계했을 이들은 최소한 이 말조차도 알지 못했을까? 알 수 없는 운명의 미래를 향해 불안하게 달리는 '은하철도 999'를 연상케 하는 건물이다. 작대기로 얻어맞은 뱀이 풀 속을 뛰쳐나와 고통스럽게 꿈틀거리는 타사출초형(打蛇出草形)이다. 공무원들이 편안하게 일을 볼 수 없다. 놀란 뱀을 안정시켜줄 수풀이 필요하다. 추가 공사를 중단하고 이미 완성된 건물을 리모델링하여 에너지 절약과 공간 활용도를 높이는 것이 바로 놀란 뱀에게 수풀을 제공하는 것이다. 풍수에서는 이를 비보풍수라고 한다. 정부 세종청사의 '급선무'는 바로 비보풍수이다.

도참과 풍수는 다르다

1394년(태조 3년) 8월, 태조 이성계의 "개성의 지기가 쇠한 것을 모르는가" 하는 질문에 종4품의 풍수학인 유한우(劉旱雨)는 "신은 단지 지리만 배워서 도참은 모릅니다"는 말로 지리(地理)와 도참(圖讖)을 구분하고 자신은 지리가임을 밝히는 대목이 나온다.

'지리'와 '도참'에는 어떤 차이가 있는가. 지리란 풍수를 말하며, 도참이란 미래를 문자나 구술로써 예언하는 것을 말한다. 예컨대 신라 말엽에 유행했다는 '곡령(개성 송악산)의 소나무는 푸르고 계림(경주)은 잎이 누렇다[鵠嶺松靑 鷄林葉黃]'고 하여 신라의 몰락과 고려 왕조의 출현을 예언한 것은 도참의 한 유형이다. 이와 같이 지리와 도참은 다르지만 서로 쉽게 결탁하여 '풍수도참' 또는 '도참지리'와 같은 단어가 생기기도 하였다. 모두 땅을 이야기하기 때문이다.

2014년 7월 시진핑 중국 주석이 방한하여 '새만금 한중 경협단지 조성에 관심을 표명'하면서, 전라북도가 꿈에 부풀어 있었다. 이번이 처음이 아니다. 그동안 굵직굵직한 투자자가 수없이 다녀갔으며 '양해각서(MOU)가 체결되었다'고 지방 언론에서는 대서특필하곤 하였다. 그때마다 전북은 금방 무엇인가 이루어질 듯 들썩였다. 그사이 대통령과 도지사가 몇 번 바뀌었지만 늘 그러하였다. 국민에게 기약 없는 희망을 주는 것이 정치만은 아니다. 도참도 여기에 한몫 거든다.

새만금 도참은 어떤 것이 있을까. '군창만리(群倉萬里)'가 대표적이다. 이 말은 군산 앞바다에 만 리가 되는 창고가 생긴다고도 해석할 수 있다. 창고가 아주 길게 이어진다면 큰 도시가 분명하다. 문제는 시간인

만경강과 동진강의 물이 흘러들어 가는 새만금

데, 짧아도 백 년, 길게는 천 년이란 세월을 기약하는 것이 도참이다.

반면 풍수는 새만금을 어떻게 보는가. 문자 그대로 풍수, 즉 바람과 물을 살피면 된다. 풍수란 장풍득수(藏風得水)의 준말인데, 이 가운데 물을 얻는 것(득수)이 바람을 갈무리하는 것(장풍)보다 더 중요하다고 하였다. 만경강·동진강의 물이 새만금으로 흘러들어 가기에 물을 얻기는 쉽다. 그러나 수량보다는 수질이 더 중요하다.

송나라 때 황묘응(黃妙應)이 쓴 풍수서 『박산편(博山篇)』은 물의 맛과 색을 4등급으로 분류한다. "푸른색에 단맛이 나며 향기로운 물이 최상의 물이며…… 시고 떫고 밥이 상하는 냄새가 나는 것은 최악으로, 논할 바가 아니다"라고 하였다.

새만금 수질은 어떠한가. 새만금 유역의 하천 72개 지점의 수질 조사 결과 6등급(매우 나쁨)이 23곳, 5등급(나쁨)이 2곳, 4등급(약간 나쁨)이 11곳으로 절반이 나쁜 등급이었다(2013년 전라북도보건환경연구원 발표). 나쁜 등급이 집중된 곳은 동진강과 만경강 하류, 즉 모두 새만금 땅이다. 『박산편』이 언급한 대로 아예 논할 바가 못 되는 땅이다.

새만금 사업이 성공하기 위해서는 수질 개선이 관건이다. 그러나 새만금 유역의 오염원(축산 등) 때문에 수질 개선이 현실적으로 쉽지 않다. 이것이 해결되지 않고는 아무것도 이룰 수 없다는 것이 '도참가'가 아닌 '지리가'의 견해다.

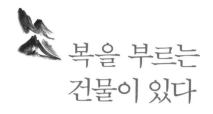

복을 부르는
건물이 있다

고려가 원나라에 복속된 이래 이민족의 침략과 지배에 시달리며 근근이 연명하던 우리 민족이 문화강국으로 부상한 것은 '한류' 덕분이다. 고구려 이후 처음 있는 일로 세계를 달군 한류의 주종목은 가무(歌舞·K-pop)이다. 우리 민족 본래의 재능을 부활시킨 것이다.

『후한서(後漢書)』가 우리 민족이 "음주 가무를 즐겼다"라고 서술한 이래 중국 정사마다 이를 언급한다. 원로 심리학자 이부영 명예교수(서울대 의대)는 "소리 높여 노래하고 춤을 추며 신나게 노는 우리 민족성은 집단 무의식 속에 여전히 살아 있다"고 한다. 김지하 시인은 이를 '신명'으로 표현하였다.

이러한 우리 민족성을 상품화하여 세계 무대에서 성공시킨 주역은 연예기획사(엔터테인먼트)들이다. 덩달아 수많은 연예기획사가 부침을 거듭하고 있다. "현재 1,000개의 연예기획사가 있으나 실질적으로 30여 개가 명맥을 유지한다. 그 가운데 가장 잘나가는 빅3로 SM(이수만), YG(양현석) 그리고 JYP(박진영)를 꼽는다"(이기진·전 SBS 연예담당 PD). 성공하는 연예기획사들의 입지는 풍수적으로 어떤 곳일까?

연예계 빅3의 입지조건

흔히 배산임수가 풍수의 기본 전제로 알려졌지만 이는 절반의 진실이다. 그것은 농경 사회의 취락 입지다. 상업과 문화 예술이 번창하는 곳은 전통적으로 '삼왕(三旺)의 땅'이었다. 삼왕이란 왕지(旺地), 왕포(旺鋪) 그리고 왕재(旺財)를 말한다. 벌이가 잘되는 지역을 '왕지', 장사가 잘되는 점포를 '왕포', 그리하여 재물이 불어남을 '왕재'라 한다.

이러한 삼왕의 기본 전제는 무엇인가? 뒤로는 물이 있고 앞으로는 거리가 있는 이른바 '배수면가(背水面街)'의 땅이어야 한다. 일찍이 중국 송나라 때부터 "배수면가는 장사가 잘된다[背水面街生意旺]"는 노래가 있을 정도였다. 청계천변에 대형 시장과 기업 사옥이 즐비한 것도 같은 이유에서다. '배수면가'라 하여 모두 성공하는 땅은 아니다. 물이 감싸 도는 곳[環抱]이면서 주산에서 뻗어오는 맥으로부터 지기를 받는 곳이어야 한다.

공교로운 것은 연예계 빅3의 사옥이 모두 이 조건에 부합한다는 것이다. 청담동과 압구정동에 있는 JYP와 SM 사옥(각각 사옥이 2개씩 있음), 그리고 합정동에 있는 YG 사옥이 모두 한강이 환포하면서 멀리 우면산과 인왕산 지맥의 끝자락에 있다. 게다가 이곳 청담동과 합정동은 옛날에 '맑은 연못[清潭]'과 '조개우물[蛤井·나중에 合井으로 바뀜]'이 있던 곳이다.

'산은 인물을 주관하고 물은 재물을 주관한다'는 풍수설이 이들 연예기획사의 성장과도 관련이 있을까? 이기진 전 PD(SBS)의 "한때 연예기획사들이 여의도에 있다가 강남과 홍대 쪽(한강의 환포지역)으로 나뉘어 갔다. 같은 강남이라도 압구정과 청담동 쪽으로 간 기획사들만 성공했지 다른 쪽으로 간 회사들은 거의 망했다"라는 말이 흥미롭다. 우연일까 미신일까? 미신이라 할지라도 문화대국이 된다면 버릴 필요가 있을까?

금융계의 '타이쿤(신화적 인물)' 존 피어폰트 모건(J. P. Morgan)도 '우연'을 함부로 하지 않아 다음과 같이 말했다.

> 백만장자는 점성술을 쓰지 않지만, 억만장자는 점성술을 활용한다

밤하늘의 별을 보고 점을 치는 것이 서양의 점성술이라면, 대지에 대한 직관을 통해 길흉을 논하는 것이 풍수이다. 하늘은 멀고 땅은 가깝다. 점성술보다 풍수가 더 구체적인 '믿음'을 줄 수도 있지 않을까?

복을 부르는 건물 상

미즈노 남보쿠[水野南北]라는 사람이 있었다. 이발소에서 3년, 목욕탕 때밀이로 3년, 화장터에서 3년을 일하면서 관상을 익혀 일본의 전설적 대가가 되었다. 그가 보았던 것은 단지 얼굴만이 아니라 알몸 그리고 시신의 전신이었다. 걸음걸이만 봐도 그 사람의 운명을 말할 정도였다.

풍수에도 가상(家相)이란 것이 있다. 이른바 '건물 모양의 축복과 저주'이다. 관상에 길상(吉相)과 흉상(凶相)이 있듯 가상에도 길상과 흉상이 있다. 『양택십서(陽宅十書)』는 "건물 전체 모습이 아름답지 못하면 내부가 풍수에 맞더라도 끝내 길하지 못하다"고 책머리에서 강조하였다. 이러한 가르침은 대기업의 사옥 건축에도 영향을 미치고 있다.

봄비 내린 뒤의 죽순을 형상화한 중국은행

세계적인 건축가 아이 엠 페이(I. M. Pei·貝聿銘)가 중국은행(Bank of China)으로부터 홍콩 사옥 설계를 의뢰받았을 때의 일이다. 그때 그는 3가지 즉, 건축비용·지리적 위치·풍수를 고려하였다. 지리적 위치와 풍수는 비슷한 개념이므로 결국은 건축비용과 풍수 두 가지가 설계의 핵심 사항이었다. 그는 단순히 은행 건물 하나를 짓는 것이 아니라 홍

용이 승천하는 비룡상천을 형상화한 상하이타워

콩의 번영과 중국인들의 포부를 형상화하고자 했다. 풍수를 참고한 것
은 "풍수를 잘 모르지만 풍수에 어떤 이치가 있다는 것을 믿었기" 때
문이었다. 그리하여 완성된 설계안은 우후춘순(雨後春筍), 즉 '봄비 내
린 뒤의 죽순'이었다. 중국은행뿐만 아니라 중국이 죽순 자라듯 번창하
기를 바라는 마음이었다.

중국은행 사옥뿐만이 아니다. 중국에서 가장 높은 건물(632미터)인
상하이타워(Shanghai Tower)는 용이 승천하는 비룡상천(飛龍上天)을
형상화했다. 용의 나라 중국의 미래를 상징한 것이다. 이렇듯 대기업의
사옥은 소유주와 건축사의 철학뿐만 아니라 그 국가의 운명을 선취하
곤 한다. 건축사와 그룹 경영자가 가져야 할 '시대복무정신'이다.

서울에서도 그러한 철학이 반영된 사옥들을 드물지 않게 볼 수 있

이병철 회장 당시의 삼성생명 본사 빌딩

다. 삼성 창업주 이병철 회장은 당시 삼성생명 본사를 지을 때 제일미관(第一美觀)을 강조했다. 풍수적으로 가장 아름다우면서 동시에 세계 제일의 기업이 되고자 함이었다. 제2롯데월드 외형이 문방사보(文房四寶, 종이·붓·벼루·먹) 가운데 으뜸인 붓을 형상화하는 것도 마찬가지다.

한때 주요 정객의 만남의 장소였던 곳이 남산 외교구락부였다. 현재 숭의여자대학 별관이 들어서 있다. 당초 학교 별관을 설계할 때 애국가에 등장하는 '남산 위의 저 소나무', 재단을 소유한 창업주 백성학(白聖鶴·영안모자 회장)의 이름에서 뽑은 백학(白鶴), 알(卵)에 비유되는 학생, 이 세 가지를 참고해 청송백학포란(青松白鶴抱卵)을 상징화했다. '푸른 솔에 흰 학이 알을 품는 형국'의 건물이다.

대도시를 답사하다보면 이렇듯 건물주와 건축사의 염원이 반영된 길상의 건물들이 많다. 대개 뾰족하거나 둥글거나 네모반듯하면서 균형 잡힌 건물들이다.

그러나 흉상의 사옥들도 적지 않다. 기울었거나 함몰되거나 갈라지거나 깨져 있어 보기에도 불안한 건물들이다. 이러한 흉상들은 "아무런 문화적 의미가 없는 건물과 과도한 상징과 개인적 표현주의로 충만

212

청송백학포란을 형상화한 남산의 구 외교구락부(현재 숭의여대 별관)

한 건축"(이상헌 건국대 교수·건축학)이다. 그러한 사옥은 경영자뿐만 아니라 구성원 전체의 전망을 흐리게 한다. 대기업이 무너질 때마다 풍수술사들이 흉상인 '건물의 저주' 탓이라고 수군거리곤 하는데, 전혀 틀린 말은 아니다. 균형과 조화를 갖추지 못한 건축물들로 만들어진 도시는 기업과 국가가 지향하는 보편적인 선(善)이 없음을 말하는 것이다.

상하이와 서울의 랜드마크와 풍수

랜드마크(land mark)는 땅(land)에 세워진 이정표(mark)로서 멀리서 그 위용이 뚜렷한 건축물이다. 강한 포스(force)로 인해 의미 충만한 현상으로 사람들에게 인식되어진다고 송하엽 교수(중앙대 건축학부)는 풀이한다. 고층건물 이전에는 주산이 그 역할을 하였다. 주산은 신령스러운 기운이 있어 그곳 사람들의 의지처가 되는 산이다. 랜드마크와 주산의 존재론적 의미가 같다. 물론 초고층 건물이나 높은 산이 모두 랜드마크나 주산이 되는 것은 아니고, 의미론적 해석이 가능해야 한다. 고층 건축물이 랜드마크의 지위를 얻는 데는 풍수가 한 역할을 한다. 전통문화로서 풍수가 수용되는 나라에서 그렇다.

재미 건축가 우규승 교수(MIT대)는 "화상(華商·중국계 기업인)의 의뢰를 받은 건축 설계에는 대부분 풍수를 반영한다"고 언젠가 그 경험담을 들려주셨다. 필자는 이를 확인하기 위해 중국 최대의 상업 금융 도시인 상하이를 답사하였다. 외국답사를 할 때는 가장 먼저 공항을 사진으로 남기는데, 답사의 시작을 물증으로 남기기 위함이다. 상하이 푸동[浦東]공항을 사진으로 찍는데 그 모습이 새 날개를 연상시켰다. 가이드에게 물었더니 '푸동공항은 두 개의 청사(터미널)가 있는데 갈매기의 두 날개를 형상화하였으며, 그 사이를 달리는 고속 자기부상열차는 머리를 상징한다'고 설명한다. 갈매기처럼 자유롭게 비상하는 푸동공항의 염원을 형상화한 것이다. 랜드마크로서 충분하다. 여기서 그치지 않는다.

푸동은 상하이를 가로지르는 황푸[黃浦] 강 동쪽에 형성된 금융 중심지로 고층 건물들이 경쟁하듯 들어서고 있다. 건물의 입지와 형상에는 풍수가 반영된다. 푸동구(區) 세기대도(世紀大道) 88번지에 위치한 진마오빌딩[金茂大廈]은 88층이며 빌딩의 맨 꼭대기는 상하이 시화(市花)인 백옥란(白玉蘭) 꽃을 형상화하였다. 중국인들이 좋아하는 숫자

8(八)에 맞추어 지번과 층수, 그리고 '돈[金]을 많이 벌어라[茂]'라는 의미의 건물명[金茂]까지 풍수를 반영한 것이다. 1999년에 완공된 진 마오빌딩은 한때 상하이의 랜드마크였다. 그런데 이제 그 역할을 '상하이중심(上海中心·Shanghai Center)'에게 물려줄 처지이다. 거의 완공단계인 '상하이중심'은 632미터 높이로 상하이 최고층 건물이다. 높다고 모두 랜드마크가 되는 것이 아니다. 용의 나라가 중국인데, '거대한 용이 곧장 구름을 뚫고 하늘로 치솟는(巨龍直冲雲霄)', 이른바 비룡상천을 형상화하였다. 중국 전체의 랜드마크가 되기에 손색이 없다.

상하이중심에 견주는 서울의 랜드마크는 무엇일까? 남산타워에 이어서 63빌딩이 지금까지 그 역할을 하였다. 그러나 앞으로는 제2롯데월드가 서울의 랜드마크가 될 듯하다. 그렇다면 제2롯데월드도 '상하이중심'처럼 의미론적 존재 이유를 갖고 있을까? 설계회사(KPF)와 홍보관의 설명에 따르면 몇 번에 걸쳐 건물 모양이 바뀌었다고 한다. 한옥·고려청자·대나무 등등 우리 전통문화에서 그 모습을 취하려다가 최종적으로 붓 모양이 되었다. 왜 붓인가? 서성(書聖) 왕희지의 「필진도(筆陣圖)」가 이를 설명한다. 왕희지는 종이를 진지(陣地), 붓을 칼, 먹을 투구와 갑옷, 벼루를 성지(城池)에 비유한다. 이 문방사보가 모두 갖추어져야 완벽한 필진도가 형성된다. 그 가운데에서도 붓(칼)이 가장 중요하다. 잠실 땅은 종이, 석촌호수는 성지, 붓은 555미터의 중심 건물, 그 옆의 롯데월드몰은 투구에 해당된다. 상하이가 비룡상천형을 내세운다면, 서울은 당분간 필진도형을 랜드마크로 내세울 것 같다. 언젠가 다시 새로운 초고층의 랜드마크가 들어서기 전까지는.

동아시아에서 풍수는 아주 오래된 터 잡기 예술이었다. 풍수지리의

필진도 형인 제2롯데월드

역사가 오래되다보니 당연 풍수서적은 문자 그대로 한우충동(汗牛充棟)이다. 수레에 실으면 소가 땀을 흘릴 정도이고, 쌓아올리면 대들보에 닿을 정도로 풍수서가 많다. 그만큼 풍수이론도 다양하고 때로는 상충되기도 한다. 그 가운데 극히 일부분만 진실된 내용을 담고 있다. "(풍수술은) 대부분이 거짓이고 극히 일부만 참되다"고 『사고전서(四庫全書)』에 풍수서를 수록할 당시 편찬자가 말할 정도였다. 따라서 참된 풍수이론을 수용하는 것은 개인에서 국가에 이르기까지 매우 중요한 문제였다. 중국의 대학자인 주자와 정자(程子)도 이에 대해 주의를 환기시켰고, 조선의 경우 세종은 풍수지리의 올바른 수용에 대해 당시

216

집현전 학자들로 하여금 본격적으로 그 진위 여부를 토론하게 할 정도였다. 풍수의 올바른 수용이 한 집안 뿐만 아니라 국가의 흥망성쇠와 밀접한 관련이 있다고 믿었기 때문이다. 남·북한, 중국, 일본 등의 풍수수용을 보아도 그렇다. 국가 지도자 혹은 국가 자체의 풍수 수용에 상당한 차이를 보여준다. 그럼에도 불구하고 그 목적은 같다. 즉 국가의운명을 크게 성하게 함이 목적이다. 왜 목적은 같은데 수단이 다른가?나라마다의 문화·풍토·지정학적 위치에 따라 달라질 수밖에 없다.

일본 정원에 담긴 철학

아사다 지로[淺田次郎]의 『백년의 정원』이란 소설의 한 문장이다. 정원에 대한 일본인의 지론이다. 정원은 그들에게 집주인 세계관의 표현이다.

사람은 사십 년을 살아야 그럴듯한 얼굴을 가질 수 있지만, 정원은백 년이 지나야 겨우 제 모습을 드러낸다.

일본의 정원 문화는 세계적 수준이다. 15세기에 이미 아시카가 쇼군[足利將軍·최고 권력자]가에서는 정원사 젠아미[善阿彌]를 정원 장인(匠人)으로 지정할 만큼 정원에 관심을 기울였다. 이뿐만 아니라 이미11세기에 정원을 어떻게 만들고 관리할지를 정리한 『작정기』는 동양삼국에서 가장 오래된 정원서다. 이토록 세계적 고전이 된 『작정기』는 많은 부분이 풍수를 근거로 한다.

『작정기』가 훌륭한 것은 정원 조성의 철학과 구성요소를 분명히 하고 있기 때문이다. 정원사는 기존의 훌륭한 정원을 참고하되 의뢰한 집주인의 의도와 취향(意趣)과 자신의 풍정(風情)을 대전제로 해야 한다. 정원 조성의 3가지 요소로 '흙과 물 그리고 바위'가 중요한데, 흙은 임금, 물은 백성, 바위는 신하를 의미한다. 흙(임금)이 약하면 물(백성)이 흙을 붕괴시킬 것이고, 흙이 가로막으면 물은 흐르지 못하여 또한 흙을 밀어낼 것이다. 이때 바위(신하)가 흙(임금)을 받쳐주면 완전하게 된다. 흙(임금)과 물(백성) 그리고 바위(신하)가 조화를 이룰 때 아름다운 정원(국가)이 이뤄진다는 것이다. 따라서 하나의 정원을 보면 그 정원을 통해 구현하고자 하는 작정자(作庭者·집주인과 정원사)의 철학을 엿볼 수 있다.

그런데 이러한 일본의 정원과 풍수는 어디에서 유래한 것일까? 바로 우리나라였다. 일본 역사서 『일본서기』에 서기 612년 정원 장인 노자공(路子工)이 백제에서 귀화하였다는 대목과 602년 백제 승려 관륵(觀勒)이 역서·천문·지리·방술의 책을 전했다는 기록이 있다. 여기에 언급된 지리서가 풍수서임은 이후 일본의 도읍지 선정 과정이나 음양사(陰陽師·고려의 일관이나 조선의 지관과 같음)의 기록 등에서 엿볼 수 있다. 추측이 아니다. 와타나베 요시오[渡邊欣雄] 교수(도쿄도립대 인류학과) 역시 같은 견해이다.

일본에 전해졌다는 정원과 풍수의 흔적을 우리나라 어디에서 찾을 수 있을까? 노자공의 흔적은 백제의 옛 땅 그 어디에서도 찾을 수 없다. 반면 백제를 멸망시킨 신라의 수도 경주의 안압지와 일본 정원들을

경주 안압지의 거북 모양 석조물(위)
경주 안압지 정원 풍수에 영향을 받은 일본 아스카무라의 거북 모양 석조물(아래)

비교해보면 유사함이 많다. 특히 안압지의 거북 모양 석조물과 한때 일본의 수도였던 아스카무라[飛鳥村]에 있는 거북 모양 석조물은 매우 흡사하다. 우리나라 정원의 원형이자 한·일 문물 교류에 하나의 고리인 셈이다. 이렇듯 우리는 풍수와 정원에서 일본에 지대한 영향을 끼쳤다. 그런데 지금의 우리 정원과 풍수는 일본에 비해서 어떠한가?

2014년 8월 서울에서 '한·중·일 옛 정원 원형 연구를 위한 국제심포 지엄'이 열렸다. 비교적 소장 전문가들의 발표여서 그런지 한국 정원의 철학을 대변하지 못하였다. 마치 기존 백과사전에 수록된 내용을 그대로 읽은 느낌이랄까? 필자만의 생각이 아니라 당시 토론자로 참석한 이창환 교수(한국전통조경학회 회장)는 "발표자들의 내용에 혼(魂)이 없었다"고 평했다. 이유는 무엇인가? 『작정기』와 같은 철학이 없기 때문이다. 정원을 인문학(문학·역사·철학)에 바탕을 두어 해석하려 하지 않고 드러난 현상만을 측량하여 '논문화'하려는 '실증주의적' 분위기 때문이다. 아니면, 아주 옛날 우리의 좋았던 조경과 풍수술이 일본으로 건너간 뒤 그 껍데기만 남은 탓일까?

6장

리더의 통찰력이
국운을 좌우한다

가까이서 세 번,
멀리서 일곱 번 보라

박근혜 대통령, 시진핑[習近平] 주석, 아베 신조[安倍晉三] 총리로 대표되는 한·중·일 지도자와 풍수는 어떤 관계가 있을까? 세 사람 사이에는 공통점이 많다. 집권 시점이 한두 달 간격으로 비슷하고, 나이도 한두 살 차로 동년배다. 또 하나 우연히도 이들 모두 최고 권력자의 후손이라는 점이다. 시진핑 주석은 중국의 황태자였다. 아버지 시중쉰[習仲勳]이 개국 공신이자 공산당 원로였다. 아베 총리는 어떠한가?

아베 총리는 야마구치[山口] 현을 정치적 고향으로 둔 명문가 출신이다. 총리를 지낸 외할아버지 기시 노부스케의 고향이 야마구치다. 기시 노부스케의 동생 사토 에이사쿠 역시 총리를 지냈다. 아베 총리의 아버지(아베 신타로)도 야마구치 출신이다. 10선 의원으로서 '정계의 황태자'라고 했지만 아쉽게도 그는 자민당 총재 후보에 만족해야 했다.

야마구치(옛 이름은 조슈[長州])는 일본 정치사에서뿐만 아니라 우리 나라와도 짓궂은 인연을 가지고 있는 곳이다. 19세기 '조선을 정벌하자'는 정한론자들과 한일병탄 후 조선을 통치하였던 주요 인사들이 바로 이곳 출신으로 이토 히로부미도 그 가운데 하나이다.

일본의 국민 작가 시바 료타로[司馬遼太郎]도 야마구치의 풍수에 주목한다.

> 보통 '조슈 타입'이란 말이 있는데, 이 말은 머리가 좋고, 분석 능력이 뛰어난 사람을 가리킨다. 또한 행정 능력이 뛰어나고, 정치적이며, 권력 행사 특히 인사에 능숙한 사람을 지칭할 때 쓴다. 메이지 이후 대표적 인물로서는 이토 히로부미가 있고, 2차대전 이후에는 기시 노부스케, 사토 에이사쿠 두 총리가 있다. …… 이곳에서 배출된 인물들을 볼 때, 그 땅의 유전자라든가 혹은 특별한 바이러스가 있는 것은 아닐까 하고 생각되기도 할 정도다.　　　　　　　　　　　　　—『명치라는 국가』

지·수·화·풍 가운데 가장 무서운 것은 땅

지금까지 야마구치에서 총리가 10명 배출되었다. 이들의 총리 재임 기간이나 횟수에서도 일본 47개 현 가운데 압도적이다. 야마구치현의 중심 도시는 지금의 야마구치시가 아니라 하기시였다. 번주(藩主) 모리(毛利) 가문이 머물던 성이 있던 곳이다(지금은 주춧돌만 남음). 시

수중돌출의 땅 야마구치현 하기시

바 료타로가 '조슈 타입'이라 말한 것도 이곳 하기시를 염두에 둔 말이다. 동·남·서쪽이 산으로 막히고 겨우 북서쪽이 황량한 바다로 이어져 바닷바람이 드세다. 산과 물로 갇힌 산(山) 감옥·수(水) 감옥의 땅이다. 감옥은 감옥이되 바닷가에 산[시즈키야마(指月山)] 하나가 수중돌출(水中突出)하였다. 절처봉생(絕處逢生)의 땅이다. 모리 가문은 이곳에 성을 쌓고 도쿠가와 막부를 무너뜨릴 때까지 200년 넘게 '칼을 갈았다'.

조선 병탄의 주도적 인물 이토 히로부미, 가쓰라 다로[桂太郎], 명성황후 시해 당시 공사였던 이노우에 가오루[井上馨], 조선 총감을 지낸 야마가타 이사부로[山縣伊三郞], 그리고 이들의 스승으로서 일찍이 정한론을 주창했던 요시다 쇼인도 이곳 출신이다. 일본이 조선을 병탄한

정한론을 주창했던 요시다 쇼인의 묘

것이 아니라 야마구치가 조선을 병탄했다고 해도 과언이 아니다.

지금 아베 총리는 동아시아 침략의 책임을 외면하고, '일본의 주권 회복'을 내세우며, "천황 만세"를 외치고 있다. 야마구치가 그의 정치적 고향이란 점을 염두에 둔다면 '그들' 입장에서는 너무나 당연한 일인지 모른다.

이러한 야마구치 풍수는 역사적으로는 임진왜란을 일으킨 도요토미 히데요시까지 거슬러 올라가며 "우주를 구성하는 4대 요소 지·수·화·풍 가운데 가장 무서운 것이 땅"(『방장기(方丈記)』)이라는 일본인의 대지관과도 연결된다.

땅에도 유전자가 있는가

고향이란 우리에게 어떤 의미일까? "조상님 뼈 가서 묻힌 곳"이라고 시인 김소월은 노래하였다. 아베 총리는 도쿄에서 태어났지만, 고향은 야마구치다. 그의 지역구가 야마구치일 뿐만 아니라 윗대 조상과 외할 아버지인 기시 노부스케 전 총리 등이 모두 야마구치에 묻혀 있기 때 문이다.

2012년 12월 아베 총리가 총선에서 승리하자 곧바로 선영을 찾아가 '정권 탈환을 보고'한 데에서도, 그리고 조상이 살던 집이 지금도 그곳 에 온존하고 있다는 사실에서도 그의 고향은 야마구치다.

풍수에서는 '조상님 뼈 가서 묻힌 곳'을 어떻게 해석하는가? 성리학 자 정자는 「장설(葬說)」에서 말한다.

> 땅이 좋으면 조상의 신령이 편안하여 그 자손이 번창하는데, 마치 나무뿌리를 잘 북돋워주면 그 가지와 잎이 무성해지는 것과 같은 이 치이다.

아베 총리의 고향을 가는 길은 쉽지가 않다. 대중교통을 이용하려면 기차와 버스 그리고 택시를 번갈아 갈아타야 한다. 우리나라에서 이곳 을 가려면 후쿠오카공항이 가장 빠르다. 후쿠오카공항에서 자동차로 3시간을 달려야 아베 총리의 고향인 야마구치현 나가토[長門] 시 유야 [油谷]라는 마을에 도착할 수 있다. 우리나라 산들과 다를 바가 없지 만 좀 더 무거워 보인다. 유야는 분지인데, 서쪽으로는 바다로 이어지고

야마구치에 있는 아베 총리의 고택

나머지 삼면은 병풍처럼 산들이 둘러싸고 있다. '아베가묘소[安倍家墓
所]'라는 푯말이 길이 꺾이는 곳마다 박혀 있어 선영을 찾기는 어렵지
않다.

묘역 앞 한쪽에 방문객들의 명함을 받는 석함(石函)이 있다. 석함에
필자의 명함을 넣고 무덤 앞으로 간다. 무덤 앞에는 바로 전에 누군가
가 다녀갔는지 싱싱한 생화들이 묘비 양쪽에 꽂혀 있다. 빈손으로 온
것이 미안하다.

무덤에서 뒷산(주산)을 바라보고, 다시 몸을 돌려 앞산(안산)을 바
라본다. 안산은 큰 코끼리 모습과 똑 닮았다. 몸통과 머리 그리고 긴 코
의 모습이 선명하다. 코끼리 코가 물을 마시는 형국, 즉 상비음수형(象
鼻飮水形)이다.

안산과 무덤 사이에는 넓은 들판, 즉 명당이 펼쳐진다. 명당 사이로
흐르는 강(명당수)이 선영을 감싸 돌아 바다로 흘러간다. 조선 풍수가

아베 선영에서 바라본 코끼리가 물을 마시는 형국인 상비음수형의 안산

그대로 이식·수용된 것 같다. 무덤 뒤 주산까지 올라가본다. 이번에는 강 건너에서 선영을 바라다본다. '근삼원칠(近三遠七)'이란 말이 있다. 땅을 볼 때 '가까이서 세 번, 멀리서 일곱 번' 보라는 뜻이다. 그래야 그 땅의 전체 모습을 제대로 파악할 수 있다. 강 건너에서 바라본 선영의 형국은 활짝 핀 모란꽃과 같다. 이른바 모란만개형(牧丹滿開形)이다.

동일한 터에 대해 보는 관점과 입장에 따라 두 개 혹은 그 이상의 이름을 붙일 수가 있다. 마치 안동 하회마을을 행주형(行舟形)과 연화부수형(蓮花浮水形)으로 말하는 것과 같다. 외할아버지 선영보다 더 큰 풍수적 '포스'를 보여준다. 외가보다 친가의 풍수가 더 힘이 세다는 뜻이다.

상비음수형과 모란만개형의 함의는 무엇일까? 코끼리는 뭇 짐승의

활짝 핀 모란꽃과 같은 모란만개형의 아베 선영

왕이며, 모란은 뭇꽃 가운데 으뜸이다. 풍수에서 물은 재물을 상징한다. 코끼리가 물을 마신다는 뜻의 의미다. 활짝 핀 모란꽃은 어느 날 비바람에 '툭!' 땅으로 떨어질 것이다. 그러나 꽃잎을 내보낸 그 자리에는 까만 씨가 영글 것이다.

잠룡 시중쉰, 비룡 시진핑

'장안을 얻으면 천하를 얻는다[得長安得天下]'는 말이 전해진다. 장안은 시안[西安]의 옛 이름이다. 천자(天子)의 도시이다.

『감룡경』은 시안(장안) 일대가 태미원(太微垣)의 정기가 서려 있기에 천자의 도읍지가 되었다고 말한다. 중국 고대 천문학에서는 하늘을 셋으로 나눠 삼원(三垣), 즉 자미원, 태미원, 천시원으로 이뤄져 있다고 했는데, 그중에 태미원은 천제(天帝)가 정치를 펼치는 곳이다. 태미원 정기가 서린 시안의 풍수상 특징은 무엇인가? 네 가지 형세를 갖추고 있다. '관중(關中)', '백이산하(百二山河)', '기국(碁局·바둑판)', 그리고 '팔요수(八繞水)'가 바로 그것이다.

'관중'이란 '관(關)의 한가운데[中]'란 뜻이다. 동쪽에는 함곡관(函谷關), 남쪽에는 요관무관(嶢關武關), 서쪽에 대산관(大山關), 북쪽에 소관(蕭關)이 있는데, 시안은 바로 이 4관 한가운데에 있다. '백이산하'란 산하가 험난하여 군대 2만 명이면 적군 100만 명을 당해낼 수 있다는 말이다. 기국(바둑판)이란 네모반듯한 시안의 지세를 말함이다. '팔요수'란 시안을 중심으로 사방에 여덟 개의 하천[八河]이 감싸[繞] 흐른다는 뜻이다. 중국인들이 좋아하는 팔(八)이란 숫자에다가 풍수상 물(水)은 재물을 뜻하니, 얼마나 좋은 길지라고 여기겠는가?

시안 말고도 도읍지가 될 만한 곳으로 뤄양[洛陽], 난징[南京], 베이징[北京] 등의 터가 풍수사에서 언급된다. 이 가운데 난징은 진시황이 천자의 기운이 서린 것을 보고 맥을 잘라버렸기에 도읍지로서는 크게 성공하지 못했다. 난징은 왕조가 망했을 때 가는 도읍지였다.

태미원의 대길지 시안은 중국 여러 왕조의 도읍지가 되었으며, 천하를 도모하였던 수많은 영웅호걸이 시안을 취하려다 명멸했다. 시안은 시진핑 주석의 고향이다. 일본의 아베 총리가 야마구치를 바탕으로 하였다면, 시 주석은 시안을 딛고 천하를 얻었다. 단순히 그의 고향이라서가 아니다.

산시성에는 시안 말고도 푸핑[富平] 현, 옌촨[延川] 현 등이 시중쉰·시진핑 부자와 풍수적으로 깊은 인연이 있다. 어떤 인연일까?

2002년 5월 24일 중국 공산당 개국 원로 시중쉰이 89세 나이로 생을 마감한다. 5월 30일 베이징 바바오산[八寶山] 혁명공묘(革命公墓)에서 장례식이 거행된 후 그곳에 안장되었다. 정확하게 세 번째 기일인 2005년 5월 24일 아침 유족이 시중쉰의 유골을 들고 시안역에 도착한다. 미리 와 있던 아들 시진핑은 아버지 유골을 푸핑현 타오이촌[陶藝村]에 안장한다. 묘지는 푸핑현 중심지에서 2킬로미터쯤 떨어진 곳에 있는데, 가는 길목마다 "산시성 애국주의 교육기지"라는 안내판이 있어 어렵지 않게 찾을 수 있다. 시중쉰 묘역을 가리키는 안내판이다. 시진핑은 아버지를 이곳에 이장 후 주석이 되었다고 한다.

이곳은 평지에 자리하기에 땅을 보기가 쉽지 않다. 그러나 후덕한 내룡이 어슴푸레 평원 위에 나타남을 알 수 있다. 이른바 '현룡재전(見龍在田)'의 땅이다. "나타난 용이 밭에 있음"(『주역』 건괘)을 말한다. 이곳은 산이나 언덕조차 없는 허허벌판이다. 그러한 허허벌판에 숨어 있던 용이 자신의 모습을 드러낸 것인데, 이제 자기를 인정해주는 세력이 있어 밭에 나타난 것이다. 이러한 '현룡재전'의 앞뒤에 잠룡(潛龍·숨은 용)과 비룡(飛龍·하늘로 승천하는 용)이 시간과 공간을 달리하여 나타난다. '현룡'이 아버지 시중쉰이라면 잠룡과 비룡은 아들 시 주석을 뜻한다.

2013년 5월 25일 시진핑 주석의 선영과 고향을 찾아 중국 시안으로 출발한 것은 거의 같은 시기에 집권한 한·중·일 세 지도자(박근혜, 시진핑, 아베 신조)의 권력 향방을 풍수를 통해서 엿보고 싶었기 때문이었다. 지도자의 운에 따라 그 나라 운명이 달라지는 것은 당연한 일. 더구나 시중쉰 묘 이장 소식을 들었기에 그 의도가 궁금하여 가보지 않을 수 없었다.

땅을 살핌에 산악 지역과 평지가 다르다. 산악 지방에서는 내룡과 사신사가 분명하지만 평지에서는 구름 속의 기러기처럼, 재[灰] 속에 놓인 실처럼, 풀 속의 뱀처럼 식별하기가 어렵다. 그러나 제대로 된 혈인 경우 멀리서 보면 왕성한 형세가 은근히 움직이고 있음을 알 수 있다. 이렇게 평지에 혈이 맺히면 물도 덩달아 모인다(「장설」). 시중쉰 묘 바로 앞을 환포하는 웬첸하[溫泉河]와 스촨하[石川河]가 바로 그들이었다. 시안 공항에서 2시간 남짓 걸려 드디어 '현룡재전'의 땅에 도착하였다.

이렇게 평지(밭)에 나타난 용을 찾아 이장한 이유는 무엇일까? 답사 출발 전에 '야후 중국'에 들어가 시중쉰 묘와 풍수 관련 검색을 하였지만 "풍수상 아주 좋다"는 문장만 있을 뿐, 왜 이장을 하였으며, 무엇이 좋은지에 대한 설명이 없었다. 하지만 이런 의문은 시중쉰 묘역에 이어 생가를 답사하면서 어렵지 않게 풀렸다.

생가는 묘에서 자동차로 20분 정도 걸리는 단춘향[淡村鄉]에 있다. 묘역과 달리 생가 안내판이 전혀 없어 근처를 배회하면서 물어물어 찾았다. 안내판이 없는 것은 시 주석이 못하게 하였기 때문이라고 생가에 거주하는 시 주석의 당숙모(73세)가 설명한다. 왜 이장을 하였으며, 이 마을 근처 선영이 아닌 지금의 곳에 자리 잡았는지 아느냐 물었으나 '잘 모른다'는 답변이다. 생가 대문 위 현판 '후덕재물(厚德載物)'은 무슨 뜻이며, 누가 붙인 것인가를 물었다. 질문을 이해하지 못한 것인

시진핑 주석의 아버지 시중쉰 생가 대문에 씌어진 후덕재물

지 아니면 답변을 회피하는지 답을 얻을 수 없었다. 하지만 사람이 말하지 않아도 땅과 그 위에 서 있는 것들이 말해준다.

평지에선 용 머리에 무덤을 쓰면 안 된다

후덕재물은 『주역』 곤괘(坤卦)에 나오는 말이다. 김기현 교수는 이를 '군자가 대지의 후덕한 정신을 배워서 인류를 품어 안는다'라고 풀이한다. 시 주석의 모교 칭화대[清華大]의 교훈이자 2013년 6월 중국을 방문한 박근혜 대통령이 칭화대 연설 시 인용했던 문장이기도 하다. 생가를 곤괘의 후덕재물로 보았다면, 시 주석 부친의 묘는 건괘(乾卦)의 현룡재전으로 본 것이다. 곤괘는 보필자의 미덕을 이야기함에 반해 건괘는 창조적 지도자의 미덕을 말한다. 하늘의 창조적 역량(건괘)은 땅의 후덕한 보필(곤괘)을 통해서야 비로소 새로운 세계를 만들어낼 수 있다.

건괘에서 말하는 용이 자신을 나타냄이란 무슨 뜻일까? 널리 덕을 베풀어 대중을 제도하겠다[博施濟衆]는 뜻과 자신의 풍문을 듣고 함께 일어나주기[聞風興起]를 바라는 염원이다. 이는 설핏 시중쉰의 부인 치신[濟心]이 이장하던 날 유족 대표로 행한 발언에서 엿볼 수 있다.

> 시중쉰 동지가 마침내 광활한 황토의 땅인 고향으로 돌아왔습니다. …… 우리는 그의 유지를 떠받들어 각자의 업무에 최선을 다하여 혁명 후손들을 양성할 것입니다.

시중쉰 묘역이 '나타난 용'이라면 그 가운데 어느 부분에 써야 할까? 평지에서는 용맥을 찾고[尋龍], 혈을 정할 때[定穴] 용의 머리 부분을 찾아야 한다. 그 가운데에서도 용의 이마나 코에 써야 한다. 그러나 용 머리에 무덤을 썼다 할지라도 평지이기 때문에 그 모습이 제대로 드러나지 않는다. 묘역 조경을 통해 이를 드러내야 한다. 고도의 풍수 행위다.

실제로 보니 우선 시중쉰의 유해와 석상이 안치된 뒤쪽에 나무를 겹겹이 심어 주산을 만들었다. 멀리서 보면 균형이 잘 잡힌 실제 산과 같다. 일종의 비보(裨補) 숲이다. 주산 뒤로는 용이 머리를 들이민 입수(入首)의 흔적을 뚜렷하게 살렸다. 주산 좌우로 또 숲을 조성하여 청룡·백호를 만들었다. 안치된 유해와 석상 앞에 평평한 공간, 즉 명당을 만들었다. 명당은 본디 제후가 천자를 알현하는 공간인데, 지금은 수

현룡재전형인 시중쉰의 묘

많은 방문객이 이곳에서 참배를 한다. 그 앞으로 주작대로가 길게 펼쳐졌다. 비보 숲에 식재된 나무 종류들도 중요하다. 소나무, 향나무, 측백나무가 주종을 이루어 묘역을 감쌌고, 조금 떨어진 곳에는 모란이 군락을 이뤘다. 소나무는 '명당의 기둥'이며 현무(玄武)를 상징하고, 향나무는 사당과 무덤에 심는 신목(神木)이다. 측백을 무덤가에 심는 것은 벌레가 침범하지 못하게 함이지만 불로장생의 신선나무[仙樹]를 상징하고, 모란은 뭇꽃의 우두머리다. 이렇게 용의 머리 부분을 완벽하게 드러냄으로써 현룡재전임을 확신케 한다. 화룡점정(畵龍點睛)이다.

묘역 참배와 답사를 마치고 정문으로 나와 멀리서 바라보니 진시황릉과 그 분위기가 너무 흡사하다. 최초로 중국을 통일하였던 진시황 천하관의 재현일까? 중국의 어느 풍수학인이 이렇게 사라진 풍수를 완벽하게 복원하였는지 조선의 풍수학인으로서 그를 한번 만나보고 싶다. 바로 이 현룡(시중쉰)은 굴 속의 잠룡(젊은 날의 시진핑)이 비룡(지금의 시진핑 주석)이 될 것이라는 '세례 요한'과 같은 선지자였다.

'장군 안검형'의 박근혜 대통령 선영

이병도 박사는 풍수에도 능하여서 그의 명저 『고려시대의 연구』는 풍수적 관점에서 고려사를 서술한 것이다. 그는 "한 집안과 한 나라의 행복과 번영을 도모하기 위해서는 생기가 충만한 곳을 가리어 집[宅]을 지어야 하는 것"으로 풍수를 이해했다. 여기서 집이란 산 사람을 위한 양택과 죽은 사람을 위한 음택 모두를 가리킨다.

박근혜 대통령의 선영은 어떤가. 박 대통령의 선영은 두 군데다. 동작동 현충원의 박정희 전 대통령 묘역과 구미시 상모동에 있는 증조부모 및 조부모 묘역이 그것이다. 현충원의 박정희 전 대통령의 묘에 대해서는 말이 많다. 이에 대해서는 뒤로 미루고 박 대통령 집안 명당발복의 근원인 구미 선영을 소개한다. 이곳이 박 전 대통령뿐만 아니라 그의 셋째 형 박상희(김종필 전 국무총리 장인) 등에게 결정적 영향을

동작동 박정희 대통령 부부 묘

끼쳤기 때문이다. 지금의 박근혜 대통령 또한 적지 않게 선친의 음덕으로 대통령이 되었기에 구미 선영이 더 중요하다. 구미 선영은 박정희 전 대통령 생가에서 2킬로미터쯤 떨어진 금오산 끝자락(정천골)에 자리한다. 생가나 선영 모두 금오산을 진산으로 한다. 풍수에서 진산, 곧 주산은 그 생활공간의 특징을 규정한다. 금오산(金烏山)은 고려 때 남숭산(南崇山)이라 하여 북한 해주의 북숭산(北崇山)과 짝을 맞추었다. 또한 금오산에는 후삼국 통일의 당위성을 설파한 도선국사의 전설이 서린 도선굴이 있다. 금오산은 관점에 따라 필봉(筆峯), 적봉(賊峯), 음봉(淫峯), 와불산(臥佛山), 거인산(巨人山) 등 여러 이름을 갖는데, 이는 산의 속성들이 다양한 이름으로 '현상(現象)'한 것이다. 이러한 현상들 속에 숨은 본래 모습(본질)은 어떤 것일까?

박정희 전 대통령 선영에 오르면 가장 먼저 눈에 띄는 묘소 앞의 2미터 높이 험석. 지금은 사진 왼쪽 것만 남겨 놓고 오른쪽에 보이는 바위들을 모두 없애버렸다.

경부고속도로 하행선을 타고 구미시를 관통할 즈음 우측을 바라보면 금오산이 보인다. 바위로 된 산 정상이 장군의 투구와 같다. 강기(剛氣)가 흐른다. 박 전 대통령 생가를 지나 선영에 오르면 가장 먼저 눈에 띄는 것이 묘소 앞 2미터 높이의 험석이다(20년 전 필자가 이곳을 답사했을 때에는 이것 말고도 많은 험석이 보였으나 무슨 말을 들었던지 지금은 모두 묻어버렸다). 곧추세운 칼이다(매몰된 바위들도 작은 칼이다. 이것들을 매몰한 것이 잘한 것인지 모르겠다. 크고 작은 칼들은 저마다 쓸모가 있는 법이다). 선영 앞으로 구미시가 펼쳐지고 그 너머로 일(一) 자 모양의 천생산이 눈에 띈다. 탁자와 같은 모습이다. 풍수상 천생산은 선영을 향해 절을 하는 조산(朝山)이다. 서울에 비유하자면 삼각산(금오산)-청와대(구미 선영)-관악산(천생산)과 같다. 천생산 자락에서 많은 장군이 태어났다. 진산 금오산과 칼바위가 있는 선영 그리

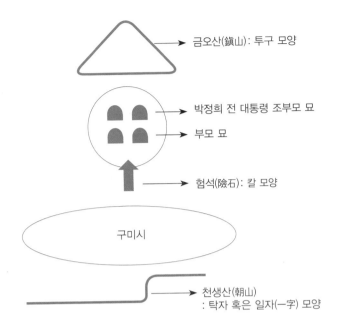

금오산(鎭山) : 투구 모양

박정희 전 대통령 조부모 묘

부모 묘

험석(險石) : 칼 모양

구미시

천생산(朝山)
: 탁자 혹은 일자(一字) 모양

박 대통령 구미 상모동 선영도

고 조산 천생산이 일직선상에 있으면서 하나의 형국을 이룬다. 장군(금오산)이 칼(무덤 앞 바위)을 손에 쥐고 부하 장수들을 불러 회의(탁자 모양의 천생산)를 하는 이른바 장군안검형(將軍按劍形)이다.

장군이 칼을 뽑았으니 내리쳐야 한다. 잘 쓰면 아도(衙刀)가 되나 잘못 쓰면 살도(殺刀)가 된다. 잘 활용하면 내가 적을 베지만, 여차하면 내가 적에게 베일 수 있다. 장군안검형의 지기가 그렇다는 말이다. 아베 총리의 모란만개형, 시진핑 주석의 현룡재전형 그리고 박 대통령의 장군안검형의 풍수 삼국지(三國志)가 지금의 한·중·일 삼국의 형세다.

북한, 땅이 아무리 좋아도
사람만 못하다

1194년 성리학의 대학자 주자는 당시 송나라 황제 영종(寧宗)에게 「산릉의장(山陵議狀)」이라는 풍수론을 올린다. 선황이 죽은 지 몇 년이 지났는데도 그때까지 좌향(방위)론 때문에 능 자리를 잡지 못한 상황이었다. 이에 주자는 「산릉의장」을 통해 풍수의 요체를 설명한 것인데, 이런 주자의 풍수론이 조선을 지배했다. 「산릉의장」의 핵심은 '형세상 좋은 땅에 조상을 안장하여 자손 번영의 '구원지계(久遠之計)'로 삼으라'는 것이다. 동아시아 봉건왕조에서 풍수가 유행했던 이유이다.

2011년 12월 28일 김정일 위원장이 금수산 모란봉 기슭에 안장되었다. 아버지 김일성 주석이 안장된 곳이기도 하다. 어떤 사람이 살던 집터나 무덤을 보면 그 사람의 세계관이나 염원뿐만 아니라 후손의 길흉화복까지를 예단할 수 있다는 것이 풍수설이다. 길흉화복까지는 아니더라도 사람의 염원 정도는 읽어낼 수 있다. 김일성·김정일 부자는 무엇을 염원했을까?

김일성 부자 묘에 담긴 북한의 염원

『동국여지승람』은 금수산을 평양의 진산으로 적고 있다. 모란봉은 금수산 제일봉으로 주맥에 해당된다. 이곳에 오르면 평양이 한눈에 들어올 뿐만 아니라 그 앞에 흐르는 대동강으로 인해 명승을 이룬다. 이러한 까닭에 고려 이후 수많은 시인 묵객이 이곳을 찾아 작품을 남겼으며, 명나라 사신 주지번(朱之蕃)은 '천하제일강산'이라 칭찬할 정도였다. 그러한 빼어난 땅이자 평양의 진산 아래 혈처를 정하고 집무처와 음택으로 삼았다는 것은 평양을 수호하는 신이 되겠다는 의미이다. 동시에 후손의 무궁한 번영과 존속을 염원한 터 잡기였다.

진산과 혈처는 자손의 번창을 주관한다고 풍수서는 해석한다. 김일성 주석이 풍수를 알았을까? "평양의 명당 핵심 자리는 바로 인민대학습당 터"라는 생전의 김 주석 발언이나, 그의 사후 그가 안장된 곳에 대해 평양방송이 "금수산(모란봉)의 생김이 풍수설에서 일등 진혈로 여기는 금거북이 늪에 들어가는 모양인 금구머리형국이다"라고 보도한 점을 보면 그가 풍수를 알고 있었음은 분명하다. 이 점에서 사회주의를 표방하는 북한은 '조선'과 다름없는 봉건왕조임이 분명하다. 주자의 풍수론이 그대로 고수되고 있다.

242

또 금수산에서 북으로 20리를 채 못 가 대성산(구룡산)이라는 명산이 있는데, 금수산의 좌청룡 지맥에 해당된다. 이곳 대성산에는 '혁명열사릉'이 있을 뿐만 아니라 근처에는 대화궁(大花宮) 유적지가 있다. 대화궁은 고려 때의 풍수승(風水僧) 묘청(妙淸)이 서경(평양) 천도론을 주창하며 반란을 일으켰던 역사의 중심지였다. 고구려 장수왕이 국내성에서 평양으로 도읍을 옮겨 처음 궁궐(안학궁)을 지은 곳이기도 하다. 고구려와 고려의 무인정신이 깃든 대성산 지맥을 좌청룡으로 삼아 혈처 금수산을 보호하겠다는 것이다. 북한이 주창하는 '강성대국'과 무관하지 않다. 문제는 그러한 좌청룡 대성산 지맥이 금수산 지맥보다 훨씬 짧다는 점이다.

한편 금수산 앞에 드넓게 펼쳐지는 벌판을 풍수 용어로 '명당'이라고 한다. 그 명당에 평양시가 자리한다. 그런데 금수산에서 바라본 평양시는 배가 떠나가는 행주 형국이다. 평양이 행주형이라는 것은 옛날부터 모두가 동의하는 내용이다. 배에 화물을 가득 싣고 드나들어야 그 땅이 번창한다. 장사나 무역에 맞는 땅이다. 교역을 통해 부국(富國)을 이뤄야 그 공동체가 지속될 수 있다는 뜻이다.

이 세 가지를 종합해보자. 김일성이 평양의 진산 아래 혈처를 정해 안장되었다는 것은 자손의 번영을 염원함이다. 좌청룡 대성산 지맥을 중시한 것은 그 땅의 기운인 무인적 기질로 혈처를 보호하겠다는 뜻이다. 행주형의 땅은 무역을 통해 부국이 되어야 할 속성을 지닌다. 이 세 가지가 어떻게 조화를 이루어 북한을 운명지을지 궁금하다.

대동강 문명론과 백두산 혈통론의 문제

북한은 풍수를 '봉건도배의 묏자리 잡는 술'로 비난하면서도, '민족지형학'으로서 풍수를 주요 건물의 입지 선정에 활용하고 있다. 2012년 4월 14일 발사를 하였으나 실패로 끝난 광명성 3호 발사기지인 철산군 동창리와 핵시설의 중심지인 영변(철옹성)은 예부터 군사적 요새였다. 우연히 그렇게 터를 잡은 것이 아니다. 『풍천유향(風泉遺響)』에서 '험한 지형을 이용해 방어하면 수비가 견고하고, 방어를 이용해 공격하면 전투에 반드시 승리한다'라고 말하는 이른바 풍수상 장풍국(藏風局)의 이점을 활용한 것이다. 장풍국이란 사방이 산들로 겹겹이 둘러싸인 분지형을 말한다.

이러한 대지관은 북한의 역사관과도 밀접한 관련이 있다. 북한은 1990년대 후반부터 '대동강 문화론'을 주장해왔다. 대동강 유역, 특히 평양이 고대 문명의 발상지인 동시에 고대 문화의 중심지라는 것이 핵심이다. 고조선, 고구려, 발해의 활동 중심지가 드넓은 만주 땅이 아니라 평양이라는 것이다. 그들의 주장에 따르면 평양은 우리 민족의 성지가 되며 우리 역사의 정통성은 당연히 남한이 아닌 북한에 있게 된다. 대동강 문화론의 근거가 풍수설이다. "예로부터 위인은 산 좋고 물 맑은 곳에 태어나는 법이며…… 평양은 산수 수려하여 단군과 같은 성인이 태어날 수 있고 국가가 세워져 도읍할 수 있으며 민족이 기원할 수 있는 최상의 적지"(권오영의 논문 「단군릉 사건과 대동강문화론의 전개」에서 재인용)여서 평양을 중심으로 하는 대동강 문명이 발생했다는 주장이다. 평양이 단군조선을 낳았듯이 김일성 왕조를 낳았다는 것으로 귀결시키려는 것이다.

지금으로부터 80여 년 전인 1931년 무라야마 지준은 『조선의 풍수』 서문에서 다음과 같이 말했다.

조선의 풍수는 조선 사회의 특질을 더하는 것이며, 그 특질이 멀리 삼국시대로부터 신라, 고려, 조선이라고 하는 유구한 세월을 거쳐 살아서 오늘에 이르렀으며, 그 심원한 깊이와 강한 보급력은 장래에도 변함 없이 생활상 영향이 클 것이다.

그의 예언대로 풍수는 해방 이후 남북한 그 어느 곳에서도 사라지지 않았다. 남한에서는 묘지 풍수가 지속적으로 수용되다가 점차 소멸되어 가는 양상이지만, 그 대신 건축과 인테리어에 풍수가 습합(褶合)하는 모습을 보여준다. 반면 북한에서는 풍수를 '봉건 도배의 무덤자리 잡기 욕심'으로 부정하였다. 그렇다고 북한에서 풍수가 사라진 것은 아니다. 오히려 북한이야말로 풍수를 통치 이데올로기에 십분 활용하였다.

그렇다면 북한이 풍수를 활용하는 구체적인 모습은 무엇인가? 크게 세 가지이다. 첫째, 백두산 주산론에 근거한 '백두혈통론'이다. 둘째, '철옹산성'(영변읍성의 다른 이름) 지하에 입지한 영변 핵시설의 입지이다. 셋째, 김일성 주석과 김정일 위원장 무덤의 입지이다.

문제는 백두산 주산론과 백두혈통론이다. 남북한 모두 백두산을 우리 주산으로 여기는데, 이는 고려 말 이후 유학자들에 의해 형성된 폐쇄적 국토관에서 기인한 것임을 앞서 이미 소개하였다. 풍수에서 땅을 봄에 있어서 가장 먼저 하는 일이 산의 얼굴[面]과 등[背]을 밝히는 일이다. 산에도 얼굴과 등이 있다. 예컨대 북악산 정상 남쪽이 산의 얼굴이라면 그 반대쪽은 등에 해당된다. 실제로 산의 얼굴과 등 쪽은 부동산 가격에 있어서 현격한 차이를 보여준다. 어떻게 산의 얼굴과 등을 가리는가? 산의 얼굴 쪽은 완만한 반면 등 쪽은 가파르다. 당연히 산에서 발원하는 물길도 얼굴 쪽에서는 아주 유장(悠長)하게 많은 수량을 이끌고 흘러간다. 반면 산의 등 쪽으로 흐르는 물길은 가파르게 바람을 일으키며 짧게 흘러간다.

그렇다면 백두산의 얼굴은 어디일까? 물길의 흐름을 보면 쉽게 이해가 간다. 백두산 천지에서 발원하는 물길 가운데 가장 긴 것이 송화강이다. 송화강은 만주 일대를 휘감아 돌며 연해주를 거쳐 타타르해협과 오호츠크해로 나간다. 우리 고조선과 고구려 조상들의 활동무대인 셈이다. 그러한 옛 무대를 버리고 백두산 이남으로 우리 터전을 한정지었던 것은 발해 멸망 이후였다. 산의 얼굴에 터전을 잡지 않고 산의 등 쪽으로 숨어든 것이다. 고려 왕조만 하더라도 고구려를 계승한다는 기본 정신을 잃지 않았다. 조선왕조와 그 이후에 들어선 남북한 모두 백두산을 한민족의 주산, 우리 영토의 북방 한계선으로 언젠가부터 상념하고 있다. 폐쇄적 국토관으로 우리 민족의 활동 영역을 스스로 축소시켜버렸다. '백두혈통론' 역시 그러한 결과물의 하나이다.

과연 북한의 김정은 위원장이나 그의 이복형 김정남이 백두산 정기를 받고 태어난 것일까? 김정은 위원장의 외갓집 선영은 '여러 신하가 임금에게 조례를 올리는 군신봉조형(群臣奉朝形·제주시 봉개동)'에, 김정남의 외갓집 선영은 이른바 '향기로운 난초가 토끼를 마주하는 방란임토형(芳蘭臨兎形·경상남도 창녕군 성산면 방리)'에 자리한다. 어느 곳이 더 나을까?

‘뼈대 있는 집안’의 조건

‘뼈대 있는 집안’이란 말이 있다. ‘의미론적’ 유래는 풍수다. 좋은 땅에 조상의 유체가 안치되면 살은 무화(無化)되고 깨끗한 황골(黃骨)만 남는다. 파묘할 때 손마디 하나까지 깔끔하게 보존된 유해를 보면 아름답다는 생각이 들 정도다. 그런데 이 ‘뼈대 있는 집안’은 동기감응설을 전제해야 비로소 온전해진다. 이를 『금낭경』은 “부모의 유해가 생기를 얻으면 그 자손이 음덕을 입는 것”으로 정의한다. 이 문장에 대해 정자(程子)는 “땅이 좋으면 조상의 신령이 편안하고 그 자손이 번창하는데, 마치 나무의 뿌리를 북돋워주면 가지와 잎이 무성하게 되는 것과 같은 이치”라고 풀이했다. 이는 이미 이야기한 바다.

경상남도 창녕군 대지면 면사무소 뒤에는 창녕 성씨의 시조 묘가 있다. 평지돌출한 작은 동산에 자리한 시조 묘 앞으로 드넓은 들판이 펼쳐지고, 그 사이로 토평천이 감싸 흐른다. ‘물고기가 물결을 희롱하며 노는 형국’인 유어농파형(遊魚弄波形)이다. 북한 김정일 국방위원장의 부인 성혜림의 시조 묘다.

이곳에서 그리 멀지 않은 창녕군 성산면 방리 마을 앞산에는 성혜림의 조부인 성낙문 묘가 부인과 합장되어 있다. 해외에서 망명 생활을 하는 김정남의 외가 선영이기도 하다. 한 촉의 난이 산비탈에 꽃을 피우려는데 굶주린 토끼가 이를 뜯어 먹는 방란임토형이다. 비록 난의 줄기와 꽃이 뜯겼다 해도 뿌리는 상하지 않았다.

김정은 북한 노동당 제1비서 어머니 고영희의 선영은 제주에 있다. 제주시 봉개동에 가족묘 형태로 자리하는데, 뒤로는 한라산을 주산으

제주시 봉개동에 있는 김정은 위원장 외가 선영(왼쪽)
경남 창녕에 있는 김정남의 어머니 성혜림의 조부모 묘(오른쪽)

로, 앞으로는 제주시와 바다가 시원스럽게 내려다보인다. 좌청룡·우백
호도 선연하다. 제주에는 여섯 개의 음택 명혈과 양택 명혈이 있다고
전해지는데, 그 가운데 하나가 이곳일까? 아무튼 뭇 신하가 임금에게
조례를 올리는 군신봉조형의 길지다. 거슬러 올라가면 고영희의 시조
는 제주의 삼성혈(三姓穴)에 자리한다. 역시 제주의 '뼈대 있는 집안'이
다. 결국 김정은 위원장과 그의 이복형 김정남 모두 남한의 혈통인 셈
이다.

유감스럽게도 김정은 위원장의 외가 선영이 2014년 1월 몇몇 언론에
보도된 뒤 그 외할아버지 허총(虛塚)이 사라졌다. 일부 '극성스러운 사
람들'의 해코지가 무서워 친척이 치웠다고 한다. 창녕에 있는 성혜림의
조부모 선영도 잘 조성되고 관리되었던 듯하나 지금은 잡초에 묻혀 있
는데, 상태로 보아 남북한 관계가 경색된 이후 방치된 듯하다.

2014년 1월 박근혜 대통령이 언급한 '통일 대박론'이 한동안 화두가 되었다. 1990년 독일이 통일될 당시 필자는 그곳에 유학 중이었다. 눈앞에 펼쳐진 통일 현장에 전율이 일었다. 그때 동서독 사람들은 "우리는 같은 민족이다(Wir sind das Volk)"와 "우리는 하나다(Wir sind eins)"를 외쳤다. 진정 '통일 대박'이 되려면 '남북한이 하나'라는 동질감에서 출발해야 한다. 남과 북은 동기(同氣)다. 이들이 서로 감응할 때(동기감응) 명당발복이 이뤄진다. 북한의 지도자 집안은 혈연적으로 남한과 하나다. 미래의 그 어느 날 남북 정상회담이 제주에서 열리고, 거기에 참석한 김정은 위원장이 잠시 짬을 내어 외가 선영을 참배하는 장면을 상상해본다. 상상만 해도 통일이 금방 될 것 같다.

북한 2인자의 묏자리

명문가들에는 좋은 터를 잡기 위하여 적선과 정성을 몇 대에 걸쳐서 쏟았다는 이야기 하나쯤 전해져 내려온다. 전라북도 고창에는 평해(平海) 황씨가 대대로 명문을 이루며 살았다. 호남이 배출한 18세기 큰 학자 황윤석이 대표적인 인물이다. 유기상 박사(전 전북도청 기획실장·역사학)는 "황윤석뿐만 아니라 그 윗대 조상과 후손들이 모두 풍수설을 숭상했다. 황윤석의 무덤이 고향에서 멀리 떨어진 화순 천운산, 증손자인 황중섭의 묘가 순창 회문산 오선위기혈, 그리고 이 평해 황씨 선영들이 도처의 길지에 자리한 것이 그 단적인 예다"라고 했다.

여기서 필자의 호기심을 끈 것은 회문산 오선위기혈이다. 어린 시절

회문산 오선위기혈에 안장된 황병서의 조상 황중섭 묘(위)
황중섭 묘에서 바라본 장군의 투구 모양을 한 바위(왼쪽)
황중섭 후손으로서 유명 서예가인 황욱이 쓴 비문(오른쪽)

순창 고향집 사랑방에 임씨 성을 가진 떠돌이 지사(풍수쟁이) 한 분이
머물곤 하였다. 필자가 물심부름을 하였는데 가끔씩 옛날 이야기를 해
주었다.

조선 말에 흥선군이 있었는데 회문산에 오선위기란 천하의 명당이
있다는 걸 알았지. 그런데 그 명당이 절터에 있었던 거야. 그래서 그 절

을 빼앗아 무덤을 썼고 그 명당발복으로 그 아들이 임금이 되었단다.

당시 어린 필자가 제대로 이해할 리 없었다. 나중에 국사를 배우면서 '흥선군이 아버지 남연군묘를 예산 가야산으로 옮길 때 가야사를 불태우고 무덤을 썼던 사건'을 그 지사가 잘못 이해한 것으로 여겼다. 그런데 최근에야 그 지사의 이야기가 전부 틀린 것은 아님을 알게 되었다.

> 회문산 오선위기혈은 만일사라는 절터에 있었다. 평해 황씨 후손이 황윤석의 글 「이수신편」을 흥선대원군에게 바치면서 만일사 터를 간청하였고, 흥선대원군이 허락하여 마침내 증손인 황중섭이 그 자리에 안장되었다.
> ―유기상 박사

하나의 명당을 얻기 위하여 황씨 문중이 몇 대에 걸쳐 적선과 정성을 기울인 결과이다. 명당발복은 이렇게 오랜 과정을 거쳐 이루어진다. 황씨 후손들은 이곳이 오선위기혈이 틀림없다고 믿는다.

황중섭 묘는 풍수상 어떤 곳일까? 주산과 청룡·백호가 빼어남은 다른 길지와 다를 바 없다. 두드러진 특징은 혈처(기가 모이는 곳) 끝 부분에 바위가 튀어나왔고, 저 멀리 앞산에 투구처럼 생긴 큰 바위가 사방을 압도하고 있다는 점이다. 혈처 끝부분의 바위와 투구바위, 그리고 무덤의 향(向)이 일직선으로 이어진다. 풍수에서 향은 자손의 미래를 주관한다고 본다. 땅의 전반적 특징은 무인적이며 권력지향적이다. 혈처 끝부분에 솟은 바위에는 한 자 남짓의 작은 비석이 세워져 있고 거기에는 '복원향화만세(伏願香火萬世)'라는 글귀가 새겨져 있다. "엎드려 바라노니 만세에 걸쳐 향불이 끊이지 않기를"이란 뜻으로 후손이자 서예의 대가였던 고 황욱이 쓴 글이다.

지금 이 무덤의 후손들이 여러 분야에서 활발하게 활동하고 있다. 최근 북한의 이인자로 등장한 황병서 총정치국장도 이 후손이라고 전해진다. 흥미로운 것은 도선 국사가 쓴 것으로 전해지는 풍수 비서(秘書) 『옥룡자유세비록(玉龍子遊世秘錄)』(최창조 교수 소장본)의 「회문산」 편에 이 자리를 염두에 둔 한 문장이 나온다는 점이다. 국한문 혼용 고어(古語)이기에 이 대목 일부를 풀어 소개하면 다음과 같다.

산중턱의 저 장군! 갑옷 입고 투구 쓰고, 진(陣) 밖을 나와 저 홀로 분주하네. 투구 벗어 팔에 걸고 사생(死生)을 맹세하니, 장군 모습 완연하네.

과연 이곳이 전해지는 대로 북한 황병서 총정치국장의 선영이라면 이곳 풍수가 그에게 어떤 영향을 미쳤을까. 풍수학자로서 관심을 갖고 지켜보게 된다.

연세대에서 동양철학을 강의했던 고 배종호 교수는 풍수를 한국 사상의 한 분야로 편입시킬 만큼 한국 풍수에 큰 기여를 했다. 그는 풍수들을 범안(凡眼)·법안(法眼)·도안(道眼)·신안(神眼)의 4등급으로 분류했다. 풍수 등급이 무슨 대수인가 반문할지 모르지만 요즘 연예인을 A·B·C급으로 나누는 것 이상의 의미를 갖는다. 연예인에겐 이런 등급이 출연료 책정의 기준이 된다면 풍수에서는 어떤 풍수를 쓰느냐에 따라 집안의 흥망성쇠가 달라진다고 믿던 시절이 있었기 때문이다.

고창에 있는 북한 2인자 황병서 총정치국장 부친 황필구 묘(왼쪽)
8대 조상이자 풍수에 관심이 많았던 이재 황윤석 묘(오른쪽)

　고창의 황윤석(黃胤錫)은 순창의 신경준, 장흥의 위백규(魏伯珪)와
더불어 18세기 호남 3대 천재 학자로 불렸다. 영조·정조 두 임금이 직
접 그들을 불러 학문을 논할 정도였다. 황윤석은 풍수에 관심이 많아
전국의 지사(地師)들을 거의 다 만났는데 그 수가 60명이 넘었다. 그는
이들을 지(知) 풍수·능(能) 풍수·통(通) 풍수·명(明) 풍수·업(業) 풍
수 등으로 분류했다. 이러한 정성 덕에 황윤석 집안은 고창에 호승예
불형(胡僧禮佛形), 순창에 오선위기형(五仙圍碁形), 화순에 장군대좌형
(將軍對坐形) 등의 길지를 차지해 지금까지 전해지고 있다.
　황윤석의 후손으로 독일 베를린대에서 학위를 받은 황병덕 박사(전
통일연구원 선임연구원)는 황남송이란 필명으로 예언서 『송하비결(松下
秘訣)』을 써서 한때 베스트셀러가 되었고, 『삼원지리풍수(三元地理風

水)』라는 책을 내기도 했다. 이쯤이면 '집안의 풍수 DNA' 운운할 만하다.

2015년 8월 22~25일에 열린 남북 고위급 회담 전후 호사가들은 김관진 국가안보실장과 황병서 총정치국장의 동갑설(1949년생)과 동향설(김관진·전북 임실, 황병서·전북 고창)에 큰 관심을 가졌다. 그런데 회담 직후 황병서가 1940년생이라는 주장이 나와 호사가들의 맥이 풀렸다. 1940년생이면 황병서의 아버지로 알려진 간첩 황필구의 1959년 체포 당시의 진술, 즉 "북에 열 살 된 아들이 있다"는 말과 맞지 않기 때문이다. 하지만 여전히 황병서가 황필구의 아들이라는 주장이 제기된다. 첫째, 중국의 대표적 웹사이트 바이두[百度]가 황병서를 1949년생으로 소개하고 있다. 둘째, 황필구가 광주에서 간첩으로 암약하던 당시 그를 만났던 친척도 황필구에게서 직접 들었다고 한다. 셋째, 대전교도소에 수감된 그가 면회 온 친형에게 북에 두고 온 가족관계를 전했다고 한다. 이러한 전제하에서 황병서의 부친 묘는 풍수상 어떤 곳일까?

황필구가 1985년 대전교도소에서 전향을 거부하고 자살하자 친형이 선영 모퉁이에 무덤을 만들었다. 무덤은 호남의 명산 방장산 한 자락이 완만하게 내려오다 횡룡결혈(橫龍結穴)한 곳에 자리한다. 횡룡결혈이란 산줄기[龍]가 뻗어가다 90도 각도로 꺾어지면서[橫] 하나의 혈(穴)을 맺는 것[結]을 말한다. 90도 각도로 산줄기가 꺾이면 뒤쪽을 감싸주는 산들이 없을 때 허(虛)하게 보인다. 그 허함을 보완해주는 산들이 있어야 길지가 된다. 가까이에서 뒤를 받쳐주는 작은 산줄기를 '귀(鬼)', 조금 멀리 떨어져 병풍 역할을 해주는 큰 산을 '낙(樂)'이라고 한다. 풍수가사(風水歌辭)에 '횡룡결혈에 귀와 낙이 있으면 귀신도 좋아 춤을 춘다'고 했다.

북한의 풍수가 실패한 이유

땅의 이점[地利]을 최대한 활용하자는 게 풍수다. 그런 점에서 북한은 풍수지리를 '민족지형학'으로 잘 활용하고 있다. 그러나 맹자는 "천시(天時)가 지리(地利)만 같지 못하고, 지리가 인화(人和)만 같지 못하다"고 했다. 그렇다면 북한의 천시와 인화는 어떻게 되는가? 우리 시대의 천시는 세계화다. 아프리카 오지의 추장도 코카콜라를 접대용 음료로 내놓는 세상이다. 인화란 사람들 사이의 화합이다. 인민의 인화는 어디서 나오는가? 배가 불러야 한다.

역시 맹자가 말했다. "먹고살 것이 없으면 떳떳한 마음을 가질 수 없다"고. 이보다 더 진솔하게 독일의 사회주의 극작가이자 시인인 브레히트는 "먹는 것이 우선이고 그다음에 도덕이다"라고 단언했다. 먹는 것이 없는데 어떻게 도덕이 나오고 인화가 나올까?

천시(시대정신)와 인화(인민들의 화합) 없는 폐쇄적 공동체의 운명은 어떻게 될까? 철학자 안광복은 남·북한 운명에 대한 해석이 풍수적 결론과 유사하다.

> 남한은 사실상의 섬나라다. 휴전선으로 북쪽이 막혀 있기 때문이다. 해외 진출과 수출은 살기 위해 걸었던 승부수였다. 북한도 철저하게 섬으로 남았다. 옛 중국이 자신들을 가두었듯 북한도 우리 식대로 살자며 국경을 꽁꽁 가두었다. ─『지리 시간에 철학하기』

1970년대까지 잘나가던 북한이 남한에 추월당한 이유가 바로 그들

자신을 철옹성에 가둔 탓이라는 얘기다. 땅의 이점을 제아무리 잘 활용해도 천시와 인화를 고려하지 않는 공동체의 운명은 험난하다.

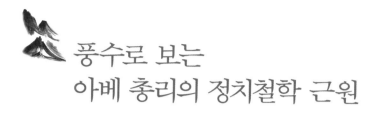

풍수로 보는
아베 총리의 정치철학 근원

       아베 총리의 역사 인식에 문제가 많다고 외국 언론들이 비판한다. 그런다고 아베 총리가 역사관을 바꿀 것인가? 아베 총리의 고향과 선영의 풍수를 살핀 필자로서는 그럴 가능성은 없다고 확신한다. 풍수적 관점에서 아베 총리를 '변명'할 것이다.

  아베 총리의 고향 야마구치의 한자명 '山口'는 문자 그대로 산 어귀를 뜻한다. 산밖에 없다. '산골에서 장수(將帥) 나고 들판에서 고승(高僧) 난다'는 말이 있다. 그런 의미에서 야마구치는 무인(武人)의 땅이다. 그렇다고 야마구치가 산만 있는 것은 아니다. 삼면이 바다로 둘러싸여 있다.

  조선 병탄의 주역을 대거 배출한 하기, 아베 총리의 고향 유야, 그의 외할아버지 기시 노부스케의 고향 다부세[田布施] 모두 바닷가다. '산은 인물을 주관하며, 물은 재물을 주관한다'는 풍수설을 염두에 둔다면 야마구치 풍수의 대략이 짐작될 것이다.

이어서 아베 총리의 선영으로 한정해보자. 앞서 그의 선영을 코끼리코가 물을 마시는 형국인 상비음수형과 모란이 활짝 핀 모란만개형으로 묘사하였다. 둘 다 거시적 관점에서 땅을 보는 방식이다. 하지만 좀더 미시적으로 땅을 살펴야 그 구체적 성격을 말할 수 있다. 미시적 방법 가운데 가장 보편적인 것이 용(龍)·혈(穴)·사(砂)·수(水)를 살피는 방법이다. 정조 임금이 수원 융릉에 아버지 사도세자를 천장하고 기록을 남길 때도 이 순서를 따랐다. '용과 혈을 위주로 하고 사와 수는 그다음으로 중시한다'는 풍수설 체계에 따라 용과 혈을 중심으로 살펴보자.

혈과 후손의 카리스마의 관계

북동쪽에서 바다를 끼고 거침없이 내려오는 지맥[용(龍)]은 아베 총리의 고향 마을 뒤에서 산[雨乞岳, 347미터] 하나를 오롯하게 만든다. 풍수에서 말하는 주산이다. 청와대의 주산 북악산(342미터)과 비슷한 높이지만, 북악산이 강팍한 석산(石山)인 데 비해, 이곳은 단정하면서도 후덕한 육산(肉山)이다.

주산이 단정하고 후덕하면 풍수적으로 무슨 응험이 있을까? 자기 의견이 타인에게 쉽게 수용된다. 그 결과 입지가 강화되며, 윗사람의 인정을 받게 된다. 다시 주산에서 선영으로 이어지는 내룡을 '입수(入首)'라고 하는데, 용이 머리[首]를 들이밀었다[入]는 뜻에서 붙은 이름이다. 아베 총리 선영과 고택의 입수는 일직선으로 곧장 뻗어오는 이른바 직룡(直龍) 입수이다. 용이나 입수 모두 좌고우면하지 않는 땅기운임을 말해준다.

이어서 조상의 유골이 안장된 무덤과 사람이 살게 될 집터를 살펴보자. 무덤과 집이 자리하는 곳을 혈이라고 한다. 혈이란 원시인들의 주거 형태가 혈거식(穴居式)이었음에서 유래한 명칭이다.

지맥을 따라 흘러온 지기가 강을 만나 더 이상 나아가지 못하고 멈추어 뭉치는 곳이 바로 혈이다. 혈은 "풀무질을 하여 공기가 가득 찬 북[若橐之鼓]"과 같은 상태를 이상적으로 여긴다. 여러 대에 걸쳐 아베 총리 선영이 한자리에 있을 수 있던 것도 바로 이와 같이 지기가 크게 그리고 팽팽하게 뭉쳤기 때문이다. 그러고도 쓸 공간이 아직 남아 있다. 혈의 크기와 팽팽함이 그 후손 인물됨의 크기와 '카리스마'를 결정한다고 본다.

일본 총리공관의 귀신 출몰설

집이란 아베 총리(그리고 우리 모두)에게 무슨 존재론적 의미가 있을까? '총리 공저(公邸) 유령 출몰설과 아베 총리의 입주 지연'은 또 어떤 관련이 있을까?

> 사람은 집으로 인해 입신하고, 집은 사람으로 인해 존재하니, 사람과 집이 서로 도우면 천지를 감동시킨다.　　　　　　　　—『황제택경』

풍수가 말하는 집의 존재론적 이유이다. 아베 총리 공관에 유령이 출몰한다는 소문이 돌고 있다. 풍수적으로 아베 총리 공관은 어떠한가? 도쿄는 서쪽에서 동쪽 바닷가로 일곱 용[七龍]이 뻗어가면서 여의주를 다투는 이른바 칠룡쟁주(七龍爭珠) 형국이다. 북쪽의 야타가와[谷田川]에서 남쪽의 노미가와[呑川] 사이에 강 여러 개가 흐르고 그 사이마다 우에노다이[上野台], 요도바시다이[淀橋台] 등 긴 언덕[台] 일곱 개가 이어진다. 바로 일곱 용이다.

일본의 지질학자들은 이렇게 긴 언덕을 후지산[富士山]에서 흘러온 화산재가 오랜 세월에 걸쳐 쌓인 것이라고 설명하지만, 풍수학인의 눈에는 후지산에서 흘러온 지기가 뭉친 결과물로 보인다. 일곱 용 가운데 중심에 있으면서 동시에 가장 왕성한 기운을 갖는 용, 즉 주룡(主龍)이 요도바시다이[淀橋台]이며, 이 주룡이 끝나는 지점에 지금 일왕이 머무는 '고쿄[皇居]'가 자리한다. 여의주에 해당되는 자리이기도 하다.

도쿄의 주맥인 요도바시다이는 행정구역상 지요다[千代田] 구라고 한다. 이곳에 국회의사당, 정부 주요 부처와 총리 공관 등이 자리하여 주맥의 역할을 제대로 하고 있다. 문제는 총리 공관이다. 주맥 위에 자리하고 있다는데 왜 문제가 되는가? 왜 끊임없이 유령출몰설이 나오며, 급기야는 총리가 입주를 꺼린다는 소문까지 도는가?

왜 하필 유령출몰설이 등장했을까. 그 이유를 두 가지 면에서 추측해볼 수 있다.

첫째는 일왕이 머무는 고쿄를 기준으로 총리 공관은 귀문방(鬼門方)에 자리한다. 귀문방이란 귀신이 드나드는 북동쪽과 남서쪽을 말하는데 일본 음양도(陰陽道·풍수, 천문, 역법)에서 매우 꺼린다. 북동쪽을 바깥 귀문, 남서쪽을 안 귀문이라고 하는데 이곳에 건물이 들어서면 죽음과 인연을 맺는다. 귀신이 드나들지 못하게 하기 위한 기제가 진압 풍수이다. 도쿠가와[德川] 막부 초기 에도에 터를 닦을 때 북동쪽 귀문방에 간에이지[寬永寺], 남서쪽에 조조지[增上寺]라는 절을 세워 귀신의 진입을 막았다. 총리 공관 역시 고쿄의 남서쪽 귀문방에 자리한다. 그렇다고 귀문방에 터를 잡는다고 모두 흉한 것은 아니다. 귀문방에 있어도 입지가 평탄하고, 대지 모양이 원만하고, 그 위에 들어서는 건물 모양이 단정하면 문제가 없다.

총리 공관의 입지가 문제가 되는 두 번째 이유는 무엇인가? 총리 공관은 도쿄의 주맥 요도바시다이 남서쪽 가파른 곳에 자리한다. 도쿄 지명에 비탈길, 고갯길이라는 의미의 '사카[坂]'라는 지명이 자주 등장한다. 총리 공관은 북동쪽으로 구미사카[茱萸坂]와 서쪽의 산노자카[山王坂]라는 두 비탈 사이에 있다. 대개 이와 같은 곳은 신들의 거처로 적절하다. 근처에 산노히에[山王日枝]라는 신사가 있는 것도 우연은 아니다. 아베 총리가 이와 같은 사실을 알고 공관 입주를 꺼리는 것일까? 아베 가계는 역사적으로 그 근원이 7~8세기까지 거슬러 올라가는 명문가다. 그 가운데 아베노세이메이[安倍晴明·921~1005년]라는 불세출의 음양사(陰陽師)가 있었다. '귀신 잡는 데' 그 누구도 그를 능가하지 못했다.

1871년 음양도가 폐지될 때까지 아베 가문은 음양술에 관한 한 독점적 권력을 행사하였다. 그러한 DNA가 흐르는 아베 총리가 하찮은 귀신이 두려워 입주를 지연시킬까? 그의 선영과 고택의 강한 기운만으로도 능히 이길 수 있을 것 같은데……. 짐은 무겁고 갈 길은 먼데, 마음이 급한 탓일까?

아베는 결코 진정으로 사과하지 않을 것이다

일본 아베 총리가 가는 길은 거침이 없다. 독도 영유권 주장, 야스쿠니신사 참배 등 한국은 아예 안중에도 없다. 아베 총리의 이러한 정치철학은 일부 일본인들의 생각을 대변한 것이다. 그들은 "세계 각국 수반들이 일본을 방문하면 야스쿠니 신사를 참배하는데 한국과 중국만이 신사참배를 반대한다"(오오하라 야스오·국학원대학 교수)고 말하거나, 한국과 중국의 신사참배 반대는 "후안무치한 내정간섭"(고보리 게이치로·도쿄대 명예교수)이라고 말할 정도다. 반면 소설가 무라카미 하루키[村上春樹] 등은 상처를 준 주변국에 대한 무한한 사과를 촉구한다. 일본 내에서도 서로 다른 의견이 있음이 분명하다. 도대체 한국을 바라보는 일본과 일본인의 본질이 무엇인지 혼란스럽다.

그러나 풍수적 관점에서 보면 명쾌하다. 야마지 아이잔[山路愛山]이란 유명한 역사가 겸 평론가가 있었다. 그는 풍토와 인간과의 상관관계를 다음과 같이 설명한다.

무릇 산골내기는 기상은 강건하나 자칫하면 성질이 비뚤게 흘러서 …… 촌놈 근성을 부리며 분수를 모르고 으스대는 자가 많다. 평지에 살며 여기저기를 자유롭게 오간 사람들은 영리하여 슬기롭고…… 기상이 너그럽고 크며 조화로운 이가 많다.

—『도요토미 히데요시, 일본을 유혹한 남자』

이를 바탕으로 그는 일본의 남과 북을 논한다.

일본 북쪽은 육지의 나라이며 주로 말이 교통수단이며 보수적인데 도쿠가와 이에야스가 그 대표 세력이다. 반면 남쪽은 바다의 나라이며 주요 교통수단은 배이며 진보적이며 그 대표 세력은 도요토미 히데요시이다.

— 같은 책

야마지는 "물이 낮은 데로 흐르듯 무력을 가진 자가 그 무력을 행하는 것은 당연한 일로 강한 일본이 문약(文弱)한 조선을 침략하는 것은 자연스러운 일"이라며 도요토미 히데요시의 조선침략과 일제의 조선 강탈을 정당화한다. 반면 그는 '산골 촌놈'인 도쿠가와 이에야스를 은 연중 무시한다.

야마지가 언급한 일본의 남과 북은 다름 아닌 간사이[關西]와 간토 [關東]를 말한다. 그의 말처럼 두 곳의 지역감정은 너무 대조적이어서 어떤 이는 한반도의 영·호남이 아닌 남·북한과 같은 차이가 있다고까지 말한다. 간사이 지방은 우리와 동·남해를 공유하여 이른바 '한우물'을 쓰는 반면, 간토 지방은 태평양을 접하여 우리와 접촉이 없다.

한우물을 쓰다보면 애증관계가 생기게 마련이다. 임진왜란을 일으켰던 세력은 바로 도요토미를 중심으로 하는 간사이 세력이었다. 당시 도쿠가와를 중심으로 하는 간토 세력은 조선침략에 참가하지 않았다. 도요토미 히데요시 사후 발생한 세키가하라[関ヶ原] 전투(1600년)에서 간토 세력이 승리한 후 도쿠가와 정권이 들어선 후 260년 동안 조선과는 평화공존의 시대였다.

세키가하라 전투에서 패한 간사이 세력(도요토미 후예)은 그 후 어찌 되었을까? 일본의 서쪽과 남쪽 변방으로 쫓겨나 숨죽이며 복수의 칼을 갈았다. 1860년대 발생한 메이지유신은 본질적으로 이들의 도쿠가와 세력에 대한 반격이었다. 이후 권력을 쟁탈한 히데요시 후예들은 막부가 아닌 총리내각제를 통해 지금까지 권력을 장악하고 있다. 그 핵심 가운데 하나가 야마구치 세력이다.

초대 총리 이토 히로부미에서 기시 노부스케를 거쳐 지금의 아베 총리를 배출한 곳이다. 이들 모두의 영원한 스승이 요시다 쇼인도 이곳 출신이다. 아베는 총리가 된 뒤 요시다 쇼인 무덤을 참배하였다. 요시다 쇼인은 당시 메이지유신의 주역들에게 "조선을 꾸짖어 옛날 왕성했을 때처럼 공납하게 하라"고 가르친 인물이다. 훗날 정한론의 맹아가 되었지만, 그것은 다름 아닌 260여 년 전의 도요토미 히데요시의 생각이었다. 다시금 간토 세력이 새로운 '막부'를 세우지 않는 한 간사이 세력의 조선 욕심은 그치지 않을 것이다.

7장

국가 흥망의
핵심적 요인

산을 택한 조선,
물을 택한 일본의 운명

일본에서 수백 년 동안 엄청난 재력을 보유하면서도 존경을 받았던 가문이 혼마[本間] 가문이다. 우리나라 경주 최 부잣집을 연상시키는데 재테크에 관한 한 혼마 가문이 더 뛰어났다. 현재 전 세계 주식시장에서 사용되는 '캔들 차트'나 '사케다 전법'을 만들어낸 '거래의 신' 혼마 무네히사[本間宗久]도 이 집안 출신이다. 후세 사람들은 혼마 가문이 이렇게 엄청난 부를 대대로 유지한 비결을 다음과 같은 가훈에서 찾기도 한다.

만일 가난해져 생계가 어려워지면 우선 의복과 가재도구를 팔고, 그 다음으로 가옥을 팔고, 그리고 맨몸으로 밭을 일구며, 밭은 어떠한 일이 있어도 절대로 팔지 않는다.

보통 사람들은 곤궁해지면 고향의 선산과 전답부터 팔기 시작한다. 곤궁하지 않더라도 사업한답시고 논 팔고 밭 팔고 마지막으로 선산을 판다. 이 점에서 '선산 팔면 망한다'고 풍수사들이 가끔 하는 말도 되새겨볼 만하다. 물론 이것은 농경사회에서 통용되는 것이지 지금과 같은 자본주의 시대에 맞지 않을 수도 있다. 여기서 혼마 가문을 소개한 것은 집안이 몰락하거든 땅 위에서 육체 노동을 통해 다시금 가문을 일으킨다는 대지관을 말하고자 함이다.

또 하나 소개할 대지관은 미국의 알도 레오폴드(Aldo Leopold)의 것이다. 그는 1940년대에 '땅의 윤리(Land Ethic)'를 제창하여 후세인들에게 생태학이나 환경윤리의 선구자로 추앙받는 인물이다. 레오폴드는 오디세우스 이야기를 끌어들여 땅의 윤리를 설명한다. 오디세우스는 트로이 전쟁에서 귀환하여 열두 명의 젊은 여자 노예를 한 가닥 밧줄로 목을 졸라 죽였다. 자신이 전쟁에 나가 있는 동안 부정을 범했다는 의심에서였다.

그런데 이 행위는 윤리적으로 전혀 문제가 되지 않았다. 왜냐하면 당시 여자 노예들은 인격체가 아니라 재산에 지나지 않았기 때문이다. 땅도 지금은 인간의 재산에 지나지 않는다. 그러나 언젠가는 땅도 '인격체'로서 인간과 마찬가지로 동료 구성원이 될 것이다. 동료 구성원(땅)을 존중함은 마땅하고도 필연적이다. 레오폴드가 주장하는 땅의 윤리가 역설하는 핵심 내용이다.

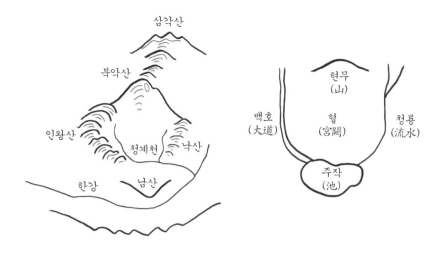

청룡, 백호, 주작, 현무 모두 산으로 상정하는 조선의 사신사(왼쪽)
청룡은 강, 백호는 큰길, 주작은 연못, 현무는 언덕으로 상정하는 일본의 사신사(오른쪽)

렷해진다.

일본에서 가장 오래된 풍수서적은 11세기에 쓰인 『작정기』이다. 본디 정원을 만드는 지침서이지만 그 핵심 내용은 풍수이다. 이 책도 다른 풍수서적들과 마찬가지로 사신사(四神砂), 즉 청룡·백호·주작·현무를 중요시한다. 그런데 조선과 일본의 사신사 내용이 달랐다. 조선의 수도 한양(서울)의 사신사는 북악산(현무)·인왕산(백호)·낙산(청룡)·남산(주작)으로 모두 산이다. 이렇게 사방의 산을 내용으로 하는 조선의 사신사는 지기(地氣)를 저장하는 역할을 한다. 반면 일본의 사신사는 산이 아니다. 현무는 언덕[丘], 백호는 큰길[大道], 청룡은 흐르는 강[流水], 주작은 연못[池]으로 상정한다. 예컨대 천 년 이상 일본의 수도였던 교토[京都]의 청룡은 가모가와[鴨川]라는 강, 백호는 산인도(山陰

道)라는 큰길, 주작은 오구라이케[巨椋池]라는 큰 호수였다. 흐르는 강(청룡), 큰길(백호), 큰 연못(주작)은 수레와 크고 작은 배들이 다니는 통로가 된다. 화물의 운송, 교역, 상업, 조선업, 측량술, 토목기술 등이 발달할 수밖에 없었다. 일본의 사신사는 지기를 북돋워 배가시키는 기능을 한 것이다.

산을 중시하느냐(조선), 물을 중시하느냐(일본)에 따라 훗날 그 국가의 운명은 다른 길을 맞이한다. 일본은 16세기에 이미 유럽과 교역을 하였고(일정 기간 쇄국이 있었지만) 19세기 말엽이면 세계 해상강국이 된다. IMF 당시(김대중 대통령 당선 즈음) 미국 연방준비위원회 그린스펀 총재를 배행하고 한국에 왔던 구자형 박사는 "19세기 말 일본과 조선의 국민총생산(GNP) 비율이 10대 1이었다"고 했다. 그랬던 일본이 1905년 러일전쟁에서 세계 최강의 러시아 함대를 격침시킨 것은 우연이 아니었다. 강과 바다를 재화를 운반하는 통로로 삼고, 큰길을 만들어 교통을 용이케 한 일본 풍수관의 결과였다. 이에 비해 조선은 끝까지 사방을 둘러싸는 산들을 사신사의 이상으로 여긴다. 은둔의 나라가 될 수밖에 없었다.

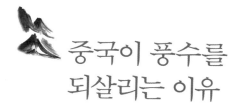

중국이 풍수를
되살리는 이유

서울대 종교학과에서 풍수를 주제로 박사 학위를 한 뒤 캐
나다 밴쿠버 UBC(University of British Columbia)에 방문 교수로 가
있는 이화 박사가 얼마 전 필자에게 보내온 그곳 소식 일부이다.

큰길가에 하우스가 있는 경우 대문 양쪽에 해치(해태)를 설치합니
다. 해치가 있는 집은 반드시 중국인 집이지요. 홍콩 출신이든 대륙 출
신이든. 충살(衝殺, 도로, 바람길, 물길 등이 집과 T자 형국인 곳)이 있는
집은 마켓에 나와도 중국인들은 아예 쳐다보지도 않아요. 우리 동네
대표적인 충살 지역인 타운하우스는 한 번도 중국인이 주인이거나 중
국인 부동산업자가 개입된 적이 없어요. 북부 밴쿠버, 서부 밴쿠버는
중국인들이 꺼려왔어요. 아무리 집이 좋아도 집 안에 큰 나무가 있으

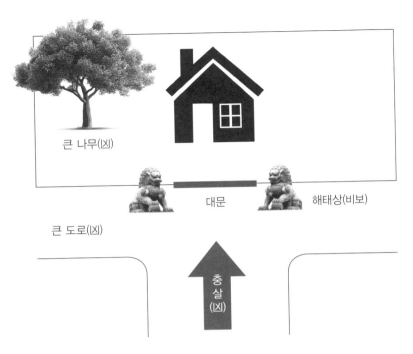

큰 나무(凶)

대문

해태상(비보)

큰 도로(凶)

충살(凶)

서양으로 이민 간 중국인들이 집터를 고를 때 참고한 풍수

면 한자(漢字)로 '困(빈곤할 곤)' 모양이 된다 하여 구입하기를 꺼린답니다. 웬만한 서양 사람들도 펑쉐이(풍수)를 이해하고 있습니다. 생활환경학 정도로요.

홍콩의 중국 반환에 위기를 느꼈던 많은 홍콩인은 영국, 캐나다, 호주 등으로 이민을 갔다. 그곳에 새로 집과 상가를 지으면서 그들의 풍수관 때문에 기존 도시 개발에 변화가 생겼다. 밴쿠버도 예외가 아니었다.

그뿐만 아니다. 삼견(三見)·삼불견(三不見) 설이 있다. 주택 입지가 좋아 구입을 맘먹고 집 안으로 들어가 현관문을 여는데 화장실이 보이거나 부엌이 보이거나 큰 거울이 보이면 발길을 돌린다. 이것이 바로 보여서는 안 될 세 가지, 곧 '삼불견'이다. 반면 집안의 주요 색조가 빨간색, 녹색 그리고 좋은 그림 한 점이 보이면 인테리어가 좋은 집으로 여긴다. 이른바 '삼견'이다. 부엌이 보이면 재물이 나가고, 화장실이 보이면 명예가 추락하고, 거울이 보이면 들어오던 돈이 발길을 되돌린다고 믿기 때문이다. 또한 빨간색이 보이면 기쁨이 두 배가 되고 집안 분위기가 온화해진다. 녹색이 보이면 양안명목(養眼明目)이라 하여 좋아한다. 안목이 좋아져 훌륭한 귀인을 만난다는 것이다. 좋은 그림 한 점은 좋은 기운의 응집과 발산처로 여긴다.

중국인들에게 풍수는 '종교'였다

다양한 풍수신앙 속에 내재하는 중국인들의 풍수 본질은 무엇인가? 중국의 4대 발명품이자 동시에 세계 4대 발명품이기도 한 것이 종이, 나침반, 화약 그리고 인쇄술이다. 그 가운데 나침반은 전적으로 풍수를 목적으로 발명되었고 사용되었다. 명나라 초기 정화(鄭和) 제독이 거대 함대를 이끌고 동남아시아, 인도, 아라비아 반도를 거쳐 아프리카까지 항해할 때를 빼고 중국에서 나침반은 오로지 풍수용으로만 사용되었다. 송나라 이후 청나라 말엽까지 쓰인 20여 권의 나침반 관련 서적 가운데 항해용은 단 1권에 지나지 않는다. 그것을 항해용으로 바꾼 이가 서양인들이었다. 그들은 나침반에 대해 발명자 중국에 아무런 '로열티'도 지불하지 않았다. 나침반으로 항해가 쉬워진 그들은 식민지 쟁탈에 나섰고 급기야는 중국까지 집어삼킨다.

오로지 풍수용 나침반에 집착하였던 중국의 예에서 보았듯 중국인에게 풍수는 단순한 전통문화 그 이상의 '종교'였다. 칼럼니스트 엘트먼(D. Altman·뉴욕대 경제학과) 교수는 말한다.

나라마다 그 나라의 경제성장에 절대적 영향을 주는 딥팩터(deep factors)가 있다. 지정학적 요소, 문화적 전통 등이 바로 그것들이다.

중국인에게 풍수는 결정적 요인, '딥팩터'이다. 타이완이나 홍콩이 아닌 중국 본토에서도 그러한가? 한국이나 일본보다 더 큰 국가 성장의 동력으로 활용한다.

풍수를 국가 성장 동력으로 활용하는 중국

한 집안이나 기업 혹은 국가의 미래를 예언할 수 있을까? 역사학자 모리스(I. Morris) 교수(스탠퍼드대)는 "전문 역사가는 형편없는 예언가로 악명 높아 아예 미래를 이야기하는 것 자체를 거부한다"고 하였다. 풍수가 세속의 비난을 받는 것은 늘 미래를 예언하려 들기 때문이다. 가능한 일인가? 예컨대 '중국의 고도 경제성장이 앞으로도 계속될까'에 대해 예언할 수 있을까? 중국인들의 국역(國域) 풍수관을 들여다보면 답을 얻을 수 있다.

'과학적 사회주의'를 주장하는 중국에서 '미신'인 풍수가 발을 디딜

중국 지도책에 나온 닭 모양의 중국

수 있는가? 1988년 당 기관지《인민일보》는 사설에서 풍수를 신흥환경지리학으로 복권한다. 3년 뒤인 1991년 장쩌민 당시 주석은 사오산[韶山]에 있는 마오쩌둥 생가를 방문하여 그 지세의 빼어남을 "풍수보지(風水寶地)"라고 하여 '풍수'를 언급한다. 10여 년 뒤인 2012년 12월 중국 당국은 풍수를 '한문화(漢文化) 지역의 소중한 정신 재산'으로 여겨 세계문화유산(유네스코)에 등재하기 위한 선포식을 성대하게 거행하였다. 그렇지만 풍수를 어떻게 국가 성장 동력으로 활용한다는 말인가?

　"중국의 3대 상징이 있는데, 형상으로는 용, 색깔로는 빨강, 꽃으로는 모란"이라고 조정래 선생은 『정글만리』에서 소개하였다. 이 3대 사물에 대한 중국인들의 신앙은 절대적이다. 그런데 이 모두 풍수와 밀접한 관련을 맺는다. 용은 새로운 지도자의 출현을 알리는 '메시아'이다. 빨간색을 선호하는 것은 그것이 기쁨과 재물을 가져다준다고 믿기 때문이다. 집 뜰에 모란을 심거나 거실에 한 폭의 모란 그림을 걸어두면 부귀뿐만 아니라 '몸이 가벼워지고 수명을 늘린다[輕身益壽]'고 믿는다.

이와 같은 풍수신앙 속에 중국인들은 그들의 땅덩어리를 무슨 형국으로 보았을까? 용으로 보았을까? 아니다! 중국의 지도를 펴놓고 보라. 완연 한 마리 닭이다. 용이 그들이 신성시하는 상상의 동물이라면, 닭은 그들 자신이다. 땅과 인간이 하나라는 지인합일설(地人合一說)에도 부합한다. 중국인들이 닭고기를 유난히 좋아하는 까닭도 이와 무관하지 않다. 이것이 중국의 경제성장과 어떤 관련을 맺을까?

> 지금까지 중국은 동부 해안 도시들을 중심으로 기적적인 경제성장을 이루었다. 상대적으로 서부가 낙후되었다. 이에 2000년 '전국인민대표회의'에서 '서부대개발' 계획을 발표한다. 시안, 청두, 충칭 등이 그 중심지가 된다.
> ─장화수 교수(전 중앙대 경제학과)

이 '서부대개발'의 미래와 희망을 인민들에게 어떻게 확신시킬까? 바로 금계포란(金鷄抱卵) 형국 논리다. 닭 머리 부분이 동북(만주)지방이라면 닭의 배(腹)에 해당하는 곳이 서부지역이다. 알을 품어 부화시키는 부분이다. 닭은 새벽을 알리는 길조이자, 많은 병아리를 까기에 번창의 상징이다. 동부 해안지역이 금융·서비스업이 주가 된다면, 서부지역은 생산업이 주가 될 것이다. 닭이 힘을 쓰는 부분이기 때문이다. 이는 중국인들의 해몽 전통과도 부합한다. 그들은 "알을 품는 꿈을 꾸면 큰 재물과 기쁜 일이 생긴다"(『주공해몽전서(周公解夢全書)』)

고 믿는다.

'서부대개발'은 바로 금계포란의 형국을 실현해가는 과정이다. '앞으로도 20년 동안 7퍼센트 이상의 고도 경제성장을 이룰 것'이라는 굳건한 믿음을 주기에 충분하다. 그렇게 믿으면 그렇게 실현될 수 있다는 것이 풍수설이다.

전설적인 풍수사를 낳은 땅, 랑중

중국에 두 풍수사가 있었다. 조정에서 이들로 하여금 황제를 위한 터를 잡게 하였다. 둘은 전국을 돌아다녔다. 얼마 후 황성으로 돌아온 그들은 잡은 자리를 보고하였다. 첫째 지관은 자기가 잡은 자리에 동전 한 닢을 묻어두었다고 하였다. 둘째 지관은 쇠못 하나를 박아두었다고 하였다. 조정에서는 신하들을 보내어 그 자리를 파보게 하니 쇠못이 동전 구멍에 꽂혀 있었다. 이를 본 사람들은 놀라 넘어졌다.

동전을 묻은 지관은 원천강(袁天綱)이고, 이어 쇠못을 박은 이는 이순풍(李淳風)이었다. 이들이 잡은 명당은 훗날 건릉(乾陵)이라 부르게 되는데, 당나라 고종 황제와 측천무후의 무덤 자리가 됐다.

중국인들의 과장법이 심한 것은 알려진 바이지만, 이 내용은 역사적 사실에 가까운 전설이다. 이순풍과 원천강은 『조선왕조실록』에도 자주 등장할 만큼 우리나라에도 큰 영향을 끼쳤다. 이들의 고향은 모두 쓰촨성 랑중[閬中]이다. 둘 다 죽어서 고향 랑중에 묻혔는데, 이 또한 우연인지 자동차로 10여 분 거리에 두 무덤이 있다. 랑중 사람들은 이들

사천시 랑중에 있는 원천강 묘(위)와 사천시 랑중에 있는 이순풍 묘(아래)

을 위해 사당[天宮院]을 짓고 제사를 지내왔는데 문화혁명 때도 훼손되지 않았다. 그뿐만 아니라 랑중 사람들은 이렇게 큰 인물을 배출한 것이 산세가 좋아서라는 이른바 '인걸지령론(人傑地靈論)'을 내세운다.

실제로 랑중은 중국 4대 고성(古城) 가운데 하나로 중국 정부가 최고급 관광지(5A급)로 지정할 정도로 아름답다. "삼면을 물이 감싸고[三面環水] 사면을 산이 감싸고 있어[四面環山], 물이 산속에 있고[水在山中] 성이 물속에 있는 듯하여[城在水中], 시 한 편과 같고 그림 한 폭과

원천강과 이순풍이 잡은 당 고종과 측천무후의 무덤 건릉

같다[如詩如畵]"는 말이 전해질 정도이다. 안동 하회마을의 확대판이라고나 할까? 낙동강이 삼면으로 감싸고 그 바깥으로 사면이 산으로 둘러싸인 곳이 하회마을이다. 또 몇백 년 된 고택이 온존하며 아직도 사람들이 산다. 전주의 한옥마을과도 같다.

그런데 랑중은 하회마을보다 산은 높고 물은 깊으며, '지붕과 문짝만 한옥'이라는 비판을 받고 있는 전주 한옥마을보다 원형 보존이 더 잘되고 있다. 이처럼 풍수와 인연이 깊은 랑중을 중국이 가만둘 리

강으로 둘러싸인 원천강과 이순풍의 고향 랑중

없다.

2012년 12월 랑중시는 풍수지리를 자국의 '정신 자산'으로 규정하고 유네스코 세계문화유산 등재를 위한 선포식을 거행하였다. 단순히 국내용 행사가 아니라 해외 각국의 풍수술사 및 학자들을 초청하여 자리를 빛내게 하였다. 행사는 일회성이 아니라 격년제로 열리고 있어, 2014년 10월에도 국제풍수세미나를 개최하였다. 풍수 종주국으로서의 중국, 그리고 풍수 발원지로서의 랑중을 세계 각국에 각인시키고자 함이다.

필자는 두 번 모두 그 행사를 참관하였다. 안타까운 것은 한국 풍수학이 이제 점차 중국에 밀리기 시작한 것 아닌가 하는 생각이 든다는 점이다. 비록 풍수가 중국에서 발원하였다 할지라도 중국학자들의 풍수 연구는 1990년대부터 다시 시작한 수준이어서 그동안 학문적 깊이와 연구가 주변국에 못 미쳤다. 이와 달리 우리는 고려와 조선의 국학(國學)으로서 풍수의 유구한 전통을 이어받아, 광복 이후에도 한국 풍수학의 전통은 끊이지 않았다. 고 이병도 박사(역사학), 고 배종호 연세대 교수(철학), 최창조 전 서울대 교수(지리학), 이상해 성균관대 교수(건축학), 정기호 성균관대 교수(조경학), 이창환 상지영서대 교수(조경학) 등은 다양한 분야에서 풍수를 바탕으로 자기 전공에 크게 기여하였다. 그 학문적 수준이 중국보다 지금도 훨씬 높다. 조선왕릉과 안동·양동마을이 세계문화유산에 등재된 것도 이들 덕분이었다. 하지만 우리 생활 깊숙이 배어 있는 풍수의 전통을 소중하게 발전시키지 못하면 조만간 이 분야에서도 중국이 우릴 추월할지 모르겠다.

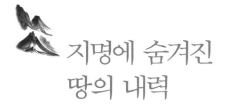

지명에 숨겨진
땅의 내력

　　1477년(성종 8년) 임원준(任元濬)이 성종에게 올린 글 가운데 한 문장이다.

　　땅의 좋고 나쁨을 알려거든 '먼저 3대의 주인을 보라[先看三代主]'고
　　하였습니다.

　　임원준은 간신의 대명사로 알려진 임사홍(任士洪)의 아버지다. 그는 예종 임금의 딸을 손자며느리로 맞이할 만큼 세력가였다. 풍수에도 능하여 연산군이 부왕 성종의 능자리를 구할 때 그에게 자문할 정도였다. 훗날 풍수사들이 터를 볼 때 가장 많이 인용하는 것이 바로 '선간 삼대주(先看三代主)'라는 문장이다. 옛사람만 그러한 것이 아니다. 풍

수에 조예가 깊은 김지하 선생도 "역사가 아무리 바뀌어도 땅의 성격은 바뀌지 않는다"고 종종 말한다. 흔히 사람의 별명이 그 사람의 성격이나 생김새를 바탕으로 만들어지듯, 땅의 성격이나 특징은 땅이름으로 드러나기도 한다.

북한이 미사일 '광명성 3호'를 발사 예고하면서 국제적으로 이목이 쏠렸던 철산군 동창리는 갑자기 불거져 나온 이름이 아니다. 『풍천유향』이란 책이 있다. 영·정조 때의 인물 송규빈(宋奎斌)이 국방강화를 주장한 책인데, 여기서 송규빈은 서북지역 방어의 주요 통로로 '철산극우동창지로(鐵山棘隅東搶之路)'의 중요성을 강조한다. 요즘 식으로 하자면 '철산군 극우면 동창리 길' 정도가 될 것이다.

북한이 미사일 발사지점으로 삼고 있는 곳이 바로 이곳 동창리다. 그런데 동창리가 속한 철산의 옛 지명을 보면 일관된 모습을 보여준다. 오래 편안하다는 뜻의 '장녕(長寧)', 구리가 나온다는 뜻의 '동산(銅山)', 철의 내인 '철천(鐵川)', 철의 고장인 '철주(鐵州)' 등을 거쳐 지금의 철산(鐵山)이 된다. 북한이 미사일 발사 기지를 고를 때 그 땅의 역사나 성격을 파악했을 것으로 짐작되는 대목이다.

진달래꽃과 핵

북한 핵시설의 중심지인 영변을 보면 그런 추측에 대한 확신은 더 분명해진다. '국경[邊]을 편안하게 한다[寧]'는 뜻의 영변(寧邊)은 고구려 때부터 산성이 있어 외적을 방어하던 곳이다. 11세기 초 거란의 공격을, 13세기와 14세기에는 몽골과 홍건적을, 1636년 병자호란 때에는 청나라 군대를 막아낸 곳이다. 그 결과 영변읍성의 이름이 '철옹산성'이란 이름으로 자연스럽게 바뀐다. 철옹성이란 쇠로 만든 독처럼 튼튼하게 둘러쌓은 성을 뜻한다. 백두산에서 시작한 청북정맥의 중심 지맥이 서쪽으로 뻗어가다가 매화령에서 남쪽으로 방향을 튼다. 그런데 이 지맥은 청천강이 3면으로 감싸 막아 세우자 더 이상 나아가지 못하고 멈춘다.

그렇게 해서 생겨난 고을이 영변이다. 아주 옛날부터 사람들은 이곳 형국을 '철옹', '하늘이 만든 성', '뭇 병사가 모이는 곳' 등으로 표현했다. 옛 지도들이 공통으로 보여주는 철옹산성(영변)은 북성(北城), 본성(本城), 신성(新城) 그리고 약산성(藥山城) 등 네 개의 성으로 구성되어 있다.

이 가운데 약산성은 철옹성 중에서도 철옹성이다. 김소월 시인의 '영변에 약산 진달래꽃'으로 더 유명한 바로 그 약산이다. 철옹산성은 전체적으로 산세가 높고 험한데 그 가운데서도 동쪽 약산은 기암절벽으로 이뤄져 있고, 그 남쪽으로는 넓은 들판이 펼쳐져 있다. 핵 재처리 시설물과 원자로가 위치한 곳은 바로 약산을 등지고 그 아래 펼쳐진 들판에 자리한다. 약산이 주산 역할을 하는 셈이다. 지하 시설물은 당연히 웬만한 폭격에도 끄떡없을 약산 땅 밑이 될 것이다.

김소월이 노래한 약산의 진달래가 유명한 것은 이 기암절벽에 피기 때문이라고 한다. 핵폭탄과 진달래꽃이 기묘한 대조를 이룬다. 북한이 옛 소련의 도움을 받아 핵 연구를 시작하던 1960년대 초, 이곳에 터를 잡았던 것도 바로 그러한 땅의 성격을 바탕으로 한 것이리라. 과연 조선민주주의인민공화국이라는 국가는 풍수 차원에서 잘 잡은 것일까? 그 운명은 어떻게 될 것인가? 두고볼 일이다.

전주의 모악산과 김일성

전주에는 지금도 유령처럼 명멸을 거듭하는 '도시전설'이 있다.

한국전쟁 때 전주는 북한군이 폭격을 가하지 않았다. 왜? 김일성의 선조 고향이니까! 또 전쟁이 나도 전주는 안전할 것이다.

전주에서 간첩을 가장 많이 잡는다. 왜? 북한 간첩이 어둠을 틈타 김일성 시조 묘에 잠입하여 새벽녘에 벌초를 한다. 그럼 국정원 요원이 잠복했다가 조용히 잡아들인다.

실제로 전주의 영산 모악산(母岳山) 자락에는 김일성 주석의 시조 묘로 알려진 김태서 공의 무덤이 있다. 북한 김일성 집안에서도 이를 알고 있다(김일성의 회고록 『세기와 더불어』에서는 경주 김씨로 밝혔는데, 김태서 역시 경순왕의 후손이므로 경주 김씨라고 해도 맞는 말이다).

2000년 6월 14일 방북한 김대중 대통령이 김정일 위원장을 만나 막판 회담을 열 때의 일이다(『김대중 자서전』). 주한미군 문제를 다루는 순서였다. 서로 양보할 수 없는 부분으로, 긴장감이 흘렀다. 이때 김정일 위원장이 "대통령(김대중)과 제(김정일)가 본은 다르지만 종씨라서 어쩐지 잘 통한다는 생각이 듭니다"라고 하며 농담으로 분위기를 누그러뜨렸다. 김대중 대통령도 무엇인가 걸맞게 응해야 할 상황이었다. 순간 당황했지만 전주에 김일성 시조 묘가 있다는 것이 떠올라 되물었다.

"김 위원장의 본관은 어디입니까?"

"전주 김씨입니다."

"전주요, 그럼 김 위원장이야말로 진짜 전라도 사람 아닙니까. 나는 김해 김씨요. 원래 경상도 사람인 셈입니다."

갑자기 '경상도 김대중 전라도 김정일'이 되면서 분위기는 부드러워졌고 회담은 순조롭게 마무리가 되었다.

한라산과 김정은

이미 1990년대부터 모악산은 김일성 시조 묘가 있는 곳으로 알려져 전국에서 등산 겸 구경삼아 찾는 이들이 많아 명소가 되었다. 2014년 1월 필자가 이곳을 찾았을 때의 일이다. 그 전에 내린 눈으로 빙판길인데도 사람들의 발길이 끊이지 않았다. 이들이 하는 말을 엿듣는 재미도 쏠쏠하였다. "저기는 장군봉 지맥이 떨어진 곳이라 김정은이 장군이 되었는가벼……." (실제로 모악산 8부 능선에 거대한 암괴로 된 장군봉이 있다) "이곳 모악산에는 천혈(天穴), 인혈(人穴), 지혈(地穴) 3개의 길지가 있는디…… 그중 하나가 이곳이고 나머지 2개는 아직도 못 썼다는디……." "아녀, 장군봉에는 몇 해 전에 전주의 유력 인사가 벌써 써부렀당께. 무덤이 있을 터닝께 가보더라고……." 등등 모악산에 대한 사람들의 호기심은 끊이지 않고 있다. 그날 이들 말고도 전주 김씨 시조 묘에 정성스럽게 참배를 하는 김민순 씨가 있었다. 평택에서 일부러 이곳을 찾았단다. 김씨의 부모 고향은 함경도였다. 한국전쟁 때 부산으로 피란 왔는데 한동안 전주 김씨임을 숨기고 살았다. 김일성과 같은

전주 모악산 김일성 시조 묘

본관이라 '빨갱이'로 몰릴까 두려워서였다. 북에서 온 전주 김씨들이 모두 그랬단다. 김씨에게 굳이 이곳을 찾아온 이유를 물었다. "부모가 북에서 왔던지라 남한에는 성묘할 조상 묘도 없고, 또 이곳 모악산 영산을 찾으면 아픈 몸도 나을 것이란 희망 때문에 왔다"는 답변이다.

김일성 집안은 모악산뿐만 남한의 다른 영산과도 인연이 깊다. 김정은 위원장의 외가 선영은 한라산 자락에 있다. 또 이복형인 김정남의 외가 선영은 창녕 화왕산 지맥에 자리한다.

그렇다면 '백두 혈통'을 주장하는 김 위원장에게 백두산은 무슨 의미가 있을까. 풍수의 '주술성'을 정확하게 꿰뚫고 통치 이데올로기로 활용한 나라가 북한이었다. 백두산은 그 매개체였다.

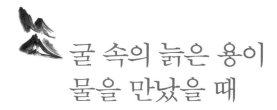

굴 속의 늙은 용이
물을 만났을 때

2013년 5월 27일 이른 아침, 시안에서 옌촨현 량자허[梁家河]라는 두메산골을 향해 출발하였다. 시안에서 400킬로미터가 넘는 거리였다.

량자허는 시진핑 주석이 15세부터 22세까지 7년(1969~1975년) 동안 살던 곳이다. 자의가 아니라 타의였다. 아버지(시중쉰 전 부총리)가 숙청을 당하고 난 뒤 '반동의 자식'으로 소년 관교소(감옥)에 가는 것을 피하기 위하여 '생산대(生産隊)'에 자원한다. 생산대란 지식청년[知靑]들이 농촌에 내려가 재교육을 받는 것을 말한다.

풍수학자가 이곳을 찾은 것은 두 가지 이유에서였다. 첫째, 시진핑 주석은 이곳 량자허를 '제2의 고향'이며, 자신을 그러한 '황토의 아들'이라고 하였을 뿐만 아니라, 이곳에서 '황토의식(黃土意識)'을 갖게 되었

시진핑이 토굴 생활을 했던 량자허 가는 길

다고 말하였다. 그가 말하는 황토의식이 무엇인가를 알고 싶었다.

둘째, 시진핑 가족을 포함해서 그를 아는 사람은 물론이고 시진핑 자신도 관리가 되고, 드디어는 '황제'가 될 것을 아무도 예상치 못했다. '황제'가 된 것은 우연인가 필연인가, 운명인가 터의 덕인가? 이렇게 큰 인물은 그가 살았던 터 가운데 어느 한 곳이 특이할진대, 청소년기를 보냈던 량자허란 땅이 궁금하였다.

운명인가, 터의 덕인가

량자허로 가는 길은 끝없이 이어지는 황토 고원의 협곡이었다. 상수

청년 시진핑이 살았던 토굴임을 알려주는 지청구거 표지석

도 시설이 발달하지 않았던 옛날, 이곳 사람들은 평생 두 번밖에 목욕을 하지 않았다고 한다. 태어나서 한 번 그리고 결혼하기 전날 한 번. 지금도 물 귀하기는 여전하여 "토양 수분을 보존함이 국가와 인민에게 이익[水土保持 利國利民]"이라는 표어가 곳곳에 세워져 있을 정도이다.

량자허도 황토 협곡에 자리하고 있다. 집들은 황토 협곡의 절벽에 굴을 판 동굴 집(야오둥)이다. 척박하고 곽팍한 땅으로 황토에 물이 없어 단단하고 만물을 키울 수 없는 외로운 땅이다. 협곡 바람 또한 만만치 않을 듯하다. 15세 소년이 이곳에 도착하여 절망하였음은 당연한 일이라 함께 입대했던 다른 '지식 청년'들이 여러 방법으로 이곳을 떠났다. 그 땅과 그 위에 사는 농민들을 감당할 수 없었기 때문이다.

흔히 풍수에서 땅이 인간에게 일방적으로 영향을 주는 것으로 설명

시진핑 주석이 청년시절 7년 동안 살았던 토굴

하지만, 이는 오해다. 인간과 대지의 혈연관계를 알아 그것을 자기 것으로 체화하는 것이 바로 동기감응설이다. 동굴에 자신을 숨겨 바람을 피하고 땅이 주는 최소한의 수분으로 연명하며 큰비가 올 때까지 기다려야 한다.

오행상 토(土)는 중앙, 중정(中正), 황색, 후덕함 등의 속성이 있으며, 다른 오행(水·木·火·金)의 변화를 중재하는 역할을 한다. 토굴에 살면서 그는 황토와 그 위에 사는 농민을 체화하여 '황토의식'을 갖는다.

토굴 속의 7년이란 과거와 현재 그리고 미래가 응축된 아주 긴 시간이다. 굴 속에 늙은 용[潛窟老龍]이 숨은 격이다. 이렇게 메마른 황토가 윤습해지려면 물[水]이 필요하다. 사주학은 흙이 물을 이기는 관계[토극수(土剋水: 財星)]로 설정한다. 가족관계에서는 물과 흙이 아버지와 아내, 사회생활에서는 재물과 경제활동을 상징한다. 아버지(시중쉰)와 아내(펑리위안) 그리고 경제 분야 활동이 그를 이롭게 한다. 당연히 그가 다음에 살아야 할 곳은 큰물이 있는 곳이어야 한다.

32세 때 남동해안 샤먼[廈門] 시로 근무지를 옮긴 이후 20년 이상 그는 주로 해안 도시에서 근무한다. 굴 속의 늙은 용이 큰물을 만나 승천하는 결정적 계기다. 이때 이미 하늘은 시진핑을 자신의 아들[天子]로 특정하였다고 확신한다, 적어도 풍수학자의 눈에는.

제주도와 시진핑 주석의 인연

일본에 복(福) 자가 들어간 일곱 개의 성(姓)이 있다. 후쿠오카[福岡]·후쿠시마[福島]·후쿠야마[福山]·후쿠다[福田]·후쿠하타[福畑]·후쿠카이[福海]·후쿠즈미[福住]가 그들인데, 원래 중국 진나라 때의 방사(方士)였던 서복(徐福)의 일곱 아들 이름이었다고 한다. 의약·천문·지리에 능하였던 서복은 천하를 통일한 진시황에게 글을 올린다. '신선이 사는 동해의 섬에 가서 불로초를 구해오겠다'는 내용이었다. 진시황의 허락을 얻은 그는 동남동녀(童男童女) 수백 인을 데리고 출항하였다. 그러나 그는 중국으로 돌아가지 않고 일본에 정착하여 농업·어업·의술 등을 전파하여 일본 문화의 시조가 되었다는 것이다.

이 전설이 '사실'임을 증명이라도 하려는 듯 일본에는 관련 유적이 많다. 서복의 최초 상륙지와 무덤·서복을 모시는 신사·서복학회 등이 수십 개 있다. 이것이 역사적 사실인가에 대해서는 한·중·일 3국 전문가 사이에 의견이 분분하다. 분명한 것은 일본 정사(正史)인 『고사기[古事記]』 『일본서기』 등에 서복에 관한 언급이 없다는 점이다. 일본이 서복 전설을 확산시키는 것은 자기네 문물이 한반도를 거치지 않고 중국에서 직접 전래되었음을 강변하기 위함이다.

그런데 서복의 일본도래설(日本渡來說)을 일축시킨 '역사적 사건'이 발생한다. 다름 아닌 중국의 '천자' 시진핑 주석에 의해서다. 우리나라를 방문한 시 주석은 2014년 7월 4일 서울대에서 특별강연을 한다. 그는 머리말에서 한·중의 역사적 우호관계를 상기시키면서, 그 첫 번째 사건으로 "신선을 찾아 동쪽 제주로 온 서복"을 언급하였다. 서복의 제주도래설(濟州渡來說)을 '공인'한 셈이다.

시 주석은 서복의 제주도래설을 알고 있었을까? 그는 주석이 되기 전부터 서복의 제주도래설에 대해서 잘 알고 있었다. 2005년, 시진핑은 저장성[浙江省]의 당서기였다. 그는 그해 7월 서울을 방문하였는데, 이때 한·중친선협회 이세기(장관 및 국회 문광위 위원장 역임) 회장이 시진핑 일행을 환영하는 모임을 열었다. 환영 모임이 끝날 무렵 이 회장이 시진핑에게 한국에서의 나머지 일정을 묻자 그는 "제주도에서 하루 쉬고 귀국한다"고 대답한다. 이 말을 들은 이 회장이 시진핑과 동행하여 제주에 가서 서복공원으로 그를 안내한다.

시진핑은 서복공원이 있음을 보고 깜짝 놀랐다. 그의 관할지 저장성 닝보[寧波]가 서복이 불로초를 구하기 위해 2차 항해를 시작하던 곳이었기 때문이다. 그런 그가 제주도에서 서복공원을 보게 되니 기쁠 수밖에! 놀람은 또 있었다. 시 당서기는 제주 감귤이 "원래 중국 저장 원저우[溫州]에서 온 밀감"이란 설명문을 공원 벽면에서 우연히 찾아 읽

제주 서복공원 전경

는다. 희한한 인연에 얼마나 기뻤을까. 제주 서복공원은 그에게 잊을 수 없는 곳이었다.

그런데 어떻게 서복공원이 제주에 세워졌을까? 1997년 당시 국회 문광위 위원장을 맡고 있던 이세기 의원에 의해서였다. 정치인이기 이전에 정치학자였던 그는 한·중 수교(1992년) 이후 중국 지도층이 한국을 방문할 때마다 그들의 동선을 유심히 살폈다. 그런데 많은 주요 인사들이 제주도에서 하룻밤을 머무는 것을 발견한다. 장쩌민[江澤民]·후진타오[胡錦濤]·리펑[李鵬]·류윈산[劉云山]·차이우[蔡武] 등 예외 없이 제주도를 방문하였다. 시진핑 당시 저장성 당 서기도 마찬가지였다.

풍수사적(風水史的)으로 제주에 대한 중국인의 관심은 서복뿐만 아니다. 송나라 때의 풍수 호종단도 제주와는 밀접한 인연을 맺는다. 제

원자바오 전 총리가 써준 서복공원 글씨(왼쪽)와 서복 석상(오른쪽)

주사람들에게는 잘 알려진 인물이다. 제주도에 대한 중국인들의 비상한 관심을 확인한 이세기 문광위 위원장은 문광부와 서귀포시를 설득하여 국비로 서복공원을 조성케 한 것이다. 서복공원이 조성된 이후 더 많은 중국인들이 제주와 이곳을 들렀다. "우연의 일치이겠지만 중국의 지도자들이 제주도를 다녀간 이후 승승장구한 일이 아주 많다"고 이세기 전 위원장은 술회한다. 승승장구한 중국 지도자들의 구체적인 이름은 지금도 현직에서 활동 중이기에 밝히지 않는다.

지나침과 부족함을 고쳐서
중(中)을 이뤄야 한다

       1930~40년대 중국 천하를 쟁취하기 위한 마오쩌둥과 장제스의 전쟁은 음양 풍수에서도 치열했다. 마오쩌둥의 조상 묘가 나라를 세울 명당[開國之地]이었는데, 이 소문을 들은 장제스는 마오쩌둥의 선영들을 파괴하라는 명령을 내렸다. 그러나 마오 씨 집성촌 사람들이 그 선영을 제대로 알려주지 않아 선영을 극히 일부만 파괴했다. 그 바람에 마오쩌둥은 훗날 나라를 세웠지만 후손들은 거의 절손되었다. 마오쩌둥도 음양 풍수를 신봉했다. 그의 핵심측근이던 왕둥싱[汪東興]은 본래 별다른 능력이 없었는데도 끝까지 마오쩌둥이 중용한 것은 그 이름이 '東(마오쩌둥)을 興(흥)'하게 하는 뜻을 가졌기 때문이었다.

    이 이야기는 2005년 중국 베이징대학 학술대회에 참가했을 때 그곳

대학원생이 들려준 일화다. 음양 풍수에 관한 한 장제스가 마오쩌둥보다 더 열렬히 신봉했다.

1921년 어머니가 돌아가시자 장제스는 당시 최고의 풍수사로 알려진 샤오시엔[肖萱]을 찾아가 길지를 잡아줄 것을 부탁한다. 샤오시엔은 장제스에게 제왕지지(帝王之地)의 명당을 잡아주었다. 이른바 "용이 서리고 호랑이가 웅크린다"는 용번호거(龍蟠虎踞)의 지세였다. 그 명당 발복 덕분인지 이후 그는 승승장구하여 1930년에 이미 중화민국의 전권을 장악하였다. 그러나 그렇게 제왕지지의 명당을 가졌으나 1930년 겨울부터 시작한 마오쩌둥 군(홍군) 토벌 작전에서 번번이 실패했다. 화가 난 장제스는 다시 샤오시엔을 불러 자문을 구한다.

대담 후, 장제스는 당시 머물던 호북성 청사에 문제가 있다고 판단하고 새로운 곳으로 옮기게 한다. 당시 지식인들은 이를 비웃었지만 그는 개의치 않았다. "청사의 입지와 공간 배치는 음양의 조화를 갖추어 한다. 음양이 조화를 이루지 못하면 흉한 일이 생기며, 길지를 택해 조화를 이루면 관민(官民)이 모두 편안해질 것이다"라고 한 샤오시엔의 자문 내용은 상당히 유혹적이었기 때문이다. 여기서 언급된 '음양'이란 말이 고리타분하게 들릴지 모르겠다. 그러나 프랑스의 건축가 르 코르뷔지에(Le Corbusier)의 언어로 샤오시엔의 주장을 표현한다면, "관청을 짓는 데 건물의 전체 윤곽을 살피되, 양명하고, 생동감 있고, 또 통일성을 살려야 한다" 정도가 될 것이다.

건물의 형상과 건물의 운명

뜬금없이 마오쩌둥, 장제스, 코르뷔지에를 인용하는 것은 공공청사와 관련해 지금의 우리가 옛날의 그들보다 훨씬 못하다는 것을 말하고자 함이다. 지방자치제가 시행되면서 선출된 단체장들이 큰 업적으로 내세우는 것이 '신청사 건축'이다. 기존의 시·군 청사를 헐고 새로 짓거나 아예 터를 바꿔 짓기까지 한다. 이왕 지으려 할 바에는 잘 지을 일이지 그렇지도 못하다는 것이 더 문제다. 세간에 알려진 대표적 사례가 2009년에 지어진 성남시 신청사일 것이다.

3천 억 원이 넘은 공사비로 짓기 시작할 때부터 초호화 청사로 비난을 받았다. 첨단 건축양식을 표방한 이 건물은 외벽을 완전히 유리로 덮어놓았다. 여름철에는 '찜통 청사', 겨울철에는 '냉동 청사'로서 이미 이 건물은 오명을 날리고 있다. 배산임수도, 좌향도, 그리고 건물 모양도 따지지 않았다. 유지 관리하는 데 많은 비용이 들 뿐만 아니라 그곳에서 근무하는 사람들이 몹시 불편해한다. 새로운 기법이라고 하나 하늘 아래 새로운 것은 없다. 이미 독일과 미국에서 실패로 끝난 방식이다. "인간은 역사로부터 아무것도 배우지 않는다"(헤겔)는 말은 이 경우를 두고 한 말이다.

홍콩의 중국은행타워는 1990년대 홍콩의 풍수전쟁을 일으킨 장본인이다. 1985년 공사가 시작된 이 건물은 당시 아시아에서 가장 높은 건물(367.4미터)로서 원래는 1988년 8월 8일 낙성식을 가질 계획이었다('8'이란 숫자는 중국인들에게 행운의 상징이다). 그러나 완공이 늦어져 1989년에 낙성식을 갖는다. 그런데 왜 이 건물이 풍수전쟁을 일으

홍콩인들에게 칼끝이나 창으로 인식된 중국은행타워 꼭대기

컸다는 말인가? 건물의 형태 때문이었다.

　이 건물은 아이 엠 페이(I. M. Pei·貝聿銘)라는 중국계 미국인 건축가가 설계했다. 문제는 이 건물 모양이 조화와 균형을 중시하던 이웃 건물들과 달리 지나치게 공격적이었다는 점이다. 봄비 내린 뒤의 죽순[雨後春筍]처럼 마디마디가 높이 올라가는 것[節節高昇]을 형상화하려던 것이 건축가의 의도였다. 아이 엠 페이는 고전주의 건축 양식을 부정하고 표현주의를 주창한 독일 출신 건축가 루트비히 미스 판 데어 로헤(L. M. van der Rohe)의 '세례파'였다. 균형과 조화를 무시하고 비틀림과 과장, 파괴와 분열 그리고 반역 등이 표현주의 주제어들이었다. 중국은행타워도 그 후예였다.

　그런데 건축가의 의도와는 달리 이 건물을 본 홍콩인들은 그것을 한

중국은행타워의 살기를 피하기 위해 홍콩 총독부 화원에 위해 심은 버드나무

자루 칼 혹은 창으로 이해하였다. 특히 그 칼끝이 홍콩 총독부(당시 홍콩은 중국에 반환되기 전이었다)를 겨눈 것처럼 보였다. 칼(창) 모양의 건물이 한창 하늘 높이 지어지고 있을 즈음인 1986년 12월 당시 홍콩 총독 에드워드 유드(Edward Youde)가 베이징 방문 중 급사한 사건이 발생한다. 뒤숭숭한 총독부에서는 풍수사를 초빙하여 자문을 한다. 풍수사는 총독부 화원(花園)에 버드나무를 심어 살기를 피하게 하였다. '부드러움으로 강함을 제압하려 함[以柔制强]'이었으리라.

홍콩 풍수에서 지혜를 배우다

몇 년 후인 1997년, 홍콩이 중국에 반환된 뒤 초대 행정장관에 임명된 둥젠화[董建華]의 이야기다. 그는 공개적으로 풍수상의 이유를 들어 이곳(총독부 대신 예빈부로 개칭)에 입주하는 것을 거부하였다. 마치 일본 아베 총리가 수상 관저에 귀신이 출몰한다는 소문 때문에 입주하지 않은 것처럼.

칼(창)은 총독부만을 겨냥한 것이 아니었다. 총독부 바로 밑에 있는 홍콩상하이은행(HSBC)도 그 칼이 자신을 찌르고 있다고 믿었다. 대응책으로 건물 옥상에 두 개의 대포 모양의 진압풍수물을 설치하게 한다.

홍콩에서의 이러한 풍수 행위는 한갓 미신일 뿐일까? 홍콩은 산이 많고 땅은 좁은데 인구는 많다. 바위가 많은데 흙은 적고, 고온다습에 바닷바람 또한 만만치 않다. 한마디로 사람들이 거주하기에 척박한 땅이다. 이러한 문제들을 해결해야 한다. '비보진압풍수'가 유일한 해결책이다.

비보진압풍수란 무엇인가? 송나라 유학자이자 풍수에 능했던 채원정(蔡元定)은 「발미론(發微論)」에서 이를 '중(中)'이란 개념으로 설명한다. "산천을 만든 것은 하늘이지만 산천을 재단함은 사람의 일이다. 지나침과 부족함을 고쳐서 중(中)을 이뤄야 한다"고 하였다. 여기서 말하는 '중(中)'이란 무엇인가? "상황의 적중성(適中性)이자 과불급(過不及)이 없는 것"이라고 김기현 교수는 설명한다.

악조건의 땅에서 많은 사람이 조화롭게 공존하려는 노력은 결국 홍콩인들로 하여금 풍수의 지혜에 눈을 돌리게 한 것이다. 그러한 노력에 반기를 든 반(反)풍수적 건축물(중국은행타워)에 홍콩인들은 대포(홍콩상하이은행)로 응징한 것이다.

8장

풍수를 꿰뚫어
세상을 가진 자들

풍수를 틀어쥔 아들,
뱀을 핑계 댄 아버지

2009년 유네스코가 '세계문화유산'으로 등재한 조선왕릉, 그
가운데에서도 경기도 구리시에 위치한 동구릉(東九陵)은 왕릉 중의 왕
릉으로 꼽을 만하다. 수려한 경관과 호젓한 산책로, 그 사이사이에 조
성된 왕릉들의 아름다움에 외국인들도 찬탄을 금치 못한다. 우리가 세
계에 자랑할 만한 '신들의 정원' 중 으뜸이다.

동구릉이란 '한양(서울) 동쪽에 조성된 아홉 개의 능'이란 뜻이다. 이
곳이 세계적인 '신들의 정원'이 될 수 있었던 데에는 몇 가지 이유가 있
다. 첫째, 이곳에는 조선을 개국한 태조 이성계의 무덤인 건원릉이 있다.
둘째, 동구릉은 500년에 걸쳐 조성된 왕릉이기에 다른 왕릉보다 완성
도가 높다. 동구릉은 1408년(태종 8년) 태조 이성계 안장 이후 1890년
(고종 27년) 신정왕후(조대비)가 안장되면서 마무리됐다. 셋째, "조선왕

릉이 세계문화유산에 등재된 요인 가운데 하나가 풍수였다"는 유네스코 심사단의 평에서 알 수 있듯 천하의 명당에 자리했다. 산과 물은 곱고도 맑은 데다 그 사이로 살랑대는 바람 또한 쾌적하여 이곳을 방문했던 유네스코 심사단으로 하여금 '풍수가 바로 이런 것'이란 점을 실감케 했다.

조선조 500년 내내 왕릉 입지 선정에서 풍수지리는 절대 원칙이었다. 동구릉 매표소에서 표를 건네고 조금 걷다 보면 가장 먼저 만나는 수릉(綏陵) 안내판에는, "(수릉은) 처음 의릉(懿陵) 왼쪽 언덕에 장사했다가 풍수 논의가 있어 1855년 철종 때 이곳으로 옮겼다" 하는 문장이 보인다. 그런데 안내판에 한 가지 내용이 빠졌다. 수릉의 주인인 익종이 죽어 처음 묻힌 곳은 풍수상 '구천을 날아오르는 호랑이 형국[九天飛虎]'의 길지로 알려진 곳으로 지금의 의릉(서울 석관동 한국예술종합대학교) 옆이었다. 그러나 얼마 후 "국세가 산만하여 마음이 불안하다"는 이유로 용마산으로 옮겼다(1846년). 다시 이곳으로 옮긴다. 이 모두 풍수적 이유이다.

왕릉과 권력의 관계

건원릉은 풍수상 어떤 땅일까? 태조가 죽어 안장된 직후 이곳을 찾은 명나라 사신 기보(祁保)는 이곳 산세를 보고 "어찌 이와 같이 하늘이 만든 땅이 있을까"라고 찬탄했다. 훗날 영의정 이항복(李恒福)이나 대학자 송시열(宋時烈)도 길지임을 칭찬했다. 모든 물건이 그러하듯 땅

태조 이성계의 무덤인 건원릉

에도 미추(美醜)가 있기 마련이다. 그것을 어떻게 알 수 있는가? 태조 이후 여러 왕이 길지를 찾다가 더 좋은 길지를 찾지 못해 건원릉 부근으로 속속 몰려들어 지금의 동구릉이 이루어졌음이 이를 방증한다.

왕릉에서 풍수를 따진 것은 중국·일본·베트남도 마찬가지였지만, 이들과 다른 조선만의 특징이 있었다. 왕릉은 권력을 쟁탈하거나 권력을 강화하는 도구로 활용되었다. 태조의 건원릉에서 마지막 임금인 순종의 유릉에 이르기까지 일관되게 왕릉 풍수는 정치적이었다. 일종의 권력 풍수였다.

이러한 권력 풍수의 전통은 조선 개국 직후 태조 이성계와 아들 이방원 사이의 풍수싸움에서 시작된다. 그 첫 번째는 계룡산 천도를 둘러싼 이성계·무학대사 측과 이방원·하륜 측과의 권력 쟁탈전이었다.

이것은 건원릉 조성에서 정점에 이른다. 명분은 과연 그곳이 풍수상 길지인가에 대한 논쟁이었다. 이러한 풍수 논쟁으로 인해 조선의 국운이 달라지게 되는데, 이 계룡산에서 건원릉에 이르기까지 이를 둘러싼 풍수싸움이란 무엇일까? 이 과정을 보면 조선이 태조의 나라인지 태종의 나라인지 알 수 있다.

하륜의 풍수 전략과 이방원의 승리

건원릉(구리시), 정릉(서울 성북구 정릉동), 조선일보 사옥(서울 중구 정동), 계룡산(충남 계룡시 계룡대). 이 네 곳은 전혀 서로 관련이 없어 보인다. 그러나 조선건국 직후인 1393년(태조 2년)부터 1409년(태종 9년)까지 17년 동안 이 네 곳을 둘러싼 명당싸움이 치열했다. 이 명당싸움은 권력투쟁의 수단이었다.

1392년 7월 조선을 개국한 태조 이성계는 이듬해인 1393년 2월 계룡산으로 직접 행차한다. 왕사 무학 대사와 측근들을 동행시킨 그는 이곳 현장에서 새로운 도읍지를 직접 설계한다. 계룡산 도읍지 건설공사는 이후 10개월 동안 진행되어 기초공사(주춧돌)가 마무리된다. 그러나 태조는 그해 12월 계룡산 도읍지 공사를 갑자기 중단시킨다. 아들 이방원(훗날 태종)의 측근 하륜이 올린 한 장의 상소 때문이었다. 계룡산 도읍지는 새로 나온 풍수서 『지리신법(地理新法)』에 따르면 망해나갈 터라는 것이 하륜의 주장이었다. 이를 어떻게 검증해볼 수 있단 말인가? 이전 왕조인 고려 왕족의 무덤들을 『지리신법』으로 따져보면

계룡산 도읍지 공사 당시의 주춧돌

그 정확성을 알 수 있다는 것이다. 이에 태조는 고려 왕족 무덤과 그 후손들의 길흉관계를 따져보라고 했다.

곧바로 보고서가 올라왔다. 『지리신법』 내용에 그대로 부합된다는 결론이었다. 이 대목에서 의심이 간다. 너무 신속하게 보고서가 올라온 것도 그렇고, 또 『지리신법』에 완전히 부합된다는 말도 의심스럽다. 풍수서 한 권으로 어느 무덤의 길흉을 100퍼센트 말할 수 없기 때문이다. 의도적으로 조작하지 않았을까? 당시 태조의 측근 정도전은 풍수에 관심이 없었고, 무학 대사는 풍수에 능했으나 다투려 들지 않았다. 하륜이 근거로 든 『지리신법』을 조금만 주의했더라면, 하륜이 주장하는 계룡산 불가론에도 문제가 있었음을 알아차렸을 것이다. 이렇게 이방원과 하륜은 태조의 계룡산 천도론을 풍수서 한 권으로 무력화시킨

하륜에 의해 성북구 정릉동으로 이장된 정릉

다. 이방원과 하륜의 첫 번째이자 결정적 승리였다.

　그로부터 3년 후인 1396년(태조 5년) 태조의 둘째 부인 신덕왕후가 죽었다. 태조는 신덕왕후 무덤을 현재의 영국대사관과 조선일보 사옥 일대를 능역으로 잡았다. 훗날 자신도 죽으면 그곳에 묻힐 요량이었다. 그렇게 해서 생겨난 이름이 정릉이고 그 일대는 정릉동(정동)이란 이름이 붙여졌다. 정릉은 태조의 수릉(壽陵)이기도 한 셈이었다. 이후 왕자의 난을 일으킨 이방원이 임금이 된다. 태종은 계모 신덕왕후가 묻힌 정릉 영역을 능역이 너무 넓다는 이유로 대폭 축소시켜버렸다. 이를 기회로 능역 주변의 좋은 땅들을 세력가들이 다투어 차지하고, 이때 하륜과 그 사위들이 가장 좋은 땅들을 선점한다. 능역 축소를 하륜이 주도했음을 암시하는 대목이다.

태조가 태상왕으로서 아직 살아 있을 때였다(1406년). 그는 살아생전에 자신의 수릉이 침탈당하는 수모를 겪어야 했다. 그로부터 얼마 지나지 않은 1408년 태조는 쓸쓸히 죽었다.

태조는 사랑했던 신덕왕후의 무덤이자 자신의 수릉이기도 한 정릉에 묻히지 못했다. 그렇다고 첫 번째 부인이자 태종의 친모인 신의왕후의 무덤(개경에 위치) 옆에도, 또 고향인 함흥에도 묻히지 못했다. 하륜이 모든 것을 틀어버렸다. 하륜은 태조의 무덤을 구리 건원릉으로 결정했다. 물론 풍수설에 따른 최고의 길지를 잡은 것만은 분명하였다. 조금은 미안하였던지 태조의 무덤 위에 고향 함흥의 억새를 가져다 심어주었다. 그 억새는 지금까지 자라고 있다. 그게 끝이 아니었다.

태조가 죽은 지 1년 후인 1409년, 정릉은 현재의 성북구 정릉동으로 옮겨진다. 서울에 정릉이란 지명이 두 개가 된 연유이다. 처음부터 태종과 하륜의 일관된 작품이었다. 도선과 묘청의 풍수학맥을 이어받았던 무학 대사와 서운관 소속의 풍수(고려 풍수)가 하륜에 의해 단절되면서 새로운 조선 풍수가 규정된다. 개국은 태조가 하였으나 조선을 건국한 것은 태종이며, 이때 활용한 도구가 하륜의 풍수였다.

뱀을 평계댄 영조의 풍수 이용술

풍수는 때로 통치 수단이 되기도 한다. 고려의 국교는 불교, 조선의 국교는 유교였지만 두 왕조의 공통 '국교'는 풍수였다. 이병도 박사의 『고려시대의 연구』는 일종의 고려 통사(通史)이다. 이 책은 고려의 역대 왕들이 어떻게 풍수를 정치에 활용하였는가를 서술하고 있어 '풍수를 뺀 고려사는 성립할 수 없음'을 보여준다. 이 점은 조선도 다르지 않았다.

'사변(蛇變)'이라는 역사적 사건이 있었다. 1731년(영조 7년) 3월 16일 갑자기 파주 운천리에 있는 인조의 무덤인 장릉(長陵)을 옮겨야 한다는 논의가 나온다. 능침에 뱀들이 똬리를 틀고 있다는 이유였다. 며칠후 우의정과 예조판서 등이 현장을 다녀와서 영조에게 "큰 것은 서까래만 하고 작은 것은 낫자루만 한 뱀 아홉 마리가 능침에 있는 것을 직접 보았다"고 보고한다. 또 "풍수에서 꺼려하는 일로 천릉을 하지 않을 수 없다"는 말을 덧붙인다. 이후 일은 일사천리로 진행되어 5개월 후인 8월 말에 능을 교하(경기도 파주시 탄현면 갈현리)로 옮긴다. 인조가 묻힌 지 80년 후의 일이다.

그런데 이 사건에는 무엇인가 석연치 않은 점이 있다. 왕릉뿐만 아니라 명당으로 알려진 터는 햇빛이 잘 드는 곳이다. 뱀들의 겨울나기뿐만 아니라 체온을 높이기 위한 일광욕에 좋은 자리다. 길지로 알려진 묘들을 답사하다가 가끔 보는 것이 뱀이다. 장릉에 출몰하는 뱀을 영조는 '더러운 물건[穢物]'으로 표현했지만 풍수 책에 따라서는 세 가지 상서로운 것[三祥瑞] 가운데 하나로 '구사(龜蛇·거북과 뱀)'를 뽑기도 한다. 또 뱀이 변하여 용이 된다는 뜻의 '사변성룡(蛇變成龍)'이란 사자성어처럼 뱀은 귀하게 될 전조라고 말할 수 있다. 꺼림칙하면 멀리 내다버리면 될 일을, 뱀을 핑계로 갑작스러운 천릉은 이해가 되지 않는다.

영조는 왜 장릉을 옮기려 하였을까? 그것도 아버지(숙종)·할아버지(현종)의 무덤이 아닌 고조부 인조의 무덤을 말이다. 그건 바로 왕위의 정통성 확보 때문이었다.

314

파주 운천리에 있는 인조의 옛 무덤 장릉 터를 앞에서 바라본 것(위)과 위에서 바라본 것(아래)

　영조의 어머니(숙빈 최씨)는 무수리(하녀) 출신이었다. 여기에 영조가 이복형인 경종을 독살하고 임금이 되었다는 소문이 있었고, 영조가 숙종의 아들이 아니라고 주장한 반란(이인좌의 난)도 일어났다. 영조는 왕위 정통성에 관한 심각한 콤플렉스를 가질 수밖에 없었다. 영조는 이런 상황을 헤쳐나갈 방안이 절박했고, 그가 택한 것이 바로 어머니 숙빈 최씨의 지위를 높이는 이른바 사친추숭(私親追崇)이었다.

그럼 어떤 방법으로 사친추숭을 할 것인가. 아무리 왕이라고 막무가내로 밀어붙일 수는 없는 일이다. 그는 고조부를 떠올렸다. 고조부 인조도 삼촌인 광해군을 몰아내고 임금이 되었다. 그 역시 왕위의 정통성에 찜찜한 부분이 있었다. 왕위 정통성을 강화하기 위해 인조는 돌아가신 아버지(정원군)를 왕으로 추숭하고 그 무덤을 김포로 이장하여 왕릉으로 부르게 하였다.

장릉을 옮겨야 한다는 여론을 조성한 영조의 의도는 분명하였다. 사람들로 하여금 인조의 사례를 떠올리게 하는 것이었다. 즉, 조정 대신들뿐만 아니라 온 백성이 인조의 예를 본받아 어머니 숙빈 최씨의 추숭을 알아서 하라는 암시였다. 실제로 장릉 천릉 이후 숙빈 최씨를 모시는 사당은 육상궁(毓祥宮)으로, 묘는 소령원(昭寧園)으로 승격된다. 결국 '사변'은 통치 수단으로 풍수설을 이용한 하나의 사건이었다.

이성계와 정도전의
풍수 논쟁

2014년 KBS TV에서 사극 〈정도전〉이 인기리에 방영되었다. 시청자들은 종종 극중 인물과 실존 인물이 같을 것이라 혼동한다. 그러나 역사 속 인물과 극중 인물은 엄연히 다르다. 사극 작가가 정도전이라는 인물을 통해 자기가 살고 있는 시대를 말할 뿐이다. 기본적으로 허구(픽션)일 수밖에 없는 이유다.

실제 역사 속 정도전은 어떠했을까? 시대의 영웅이었을까, 역사의 하수인이었을까? 결론부터 말하자면, 정도전은 시대의 영웅이자 동시에 하수인이었다. 독일 철학자 헤겔에 따르면 이성(Vernunft)은 자신의 궁극 목적(자유)을 실현시키기 위한 도구로써 욕망과 정열에 사로잡힌 어느 개인을 활용한다. 그 개인은 실천가이자 정치인으로서 시대정신이 무엇인지를 통찰한다. 알렉산더, 카이사르(시저), 나폴레옹 등과 같은 세계적 영웅들이 바로 그들이다. 그러나 이성은 그들의 최후를 결코 행복하게 하지 않는다. 악전고투 만신창이 속에서 자신들의 목적을 성취하는 순간 이성은 그들을 폐기한다. 이들의 활동 무대가 바로 역사(Geschichte)다. 안방극장에서 사극이 인기를 끄는 까닭은 이러한 시대 영웅(동시에 하수인)들이 '이성의 간교한 지혜[List der Vernunft]'에 놀아나는 '광대놀이'가 재미있어서일 것이다.

정도전은 분명 시대의 영웅이자 조선 개국의 일등 공신이었다. 고려 멸망과 새로운 세상의 필연성을 통찰하였고, 이성계를 자신의 목적 실현 도구로 삼았다. 마침내 이성계와 함께 새로운 세상을 열었지만 얼마 후 죽임을 당한다. 흔히 그의 죽음을 이성계의 후계자를 둘러싼 권력 다툼에서 패했기 때문으로 묘사한다. 과연 그게 전부일까.

여기서 눈여겨봐야 할 점은 이성계와 그를 도왔던 개국 공신들의 풍수관이 미묘한 차이를 보여준다는 것이다. 미세한 차이지만 나라를 연 창업자에게는 개국 공신들의 발언 하나하나가 의미심장하게 받아들여질 수 있다. 특히 풍수 관련 발언은 매우 민감하다. 우리나라보다 왕조의 흥망성쇠가 빈번하고 많은 왕조가 있었던 중국의 경우 개국을 전후하여 어김없이 풍수 논쟁이 등장한다. 그 가운데 가장 큰 풍수 주제는 새로운 도읍지 선정이다. 불가피하게 기존 도읍지를 쓸 수밖에 없을 때라도 전 왕조의 궁궐을 쓰지 않았다. 허물고 다른 곳으로 옮겨 지었다. 왜 그러한가?

망한 나라의 땅을 다시 쓸 수는 없다

원나라를 세운 쿠빌라이[忽必烈]의 일등 공신이 유병충(劉秉忠)이었다. 그는 학자 출신 정치가로서 풍수에도 조예가 깊었다. 원나라 수도(현재의 베이징)의 입지 선정과 도성 건설도 그의 작품이었다. 이와 관련하여 유병충은 말한다.

> 옛날부터 나라를 세움에 있어 가장 먼저 지리의 형세를 이용하여 왕기(王氣)를 살리고 이를 바탕으로 대업을 성취한다.

이 말은 나라를 세운 이들에게 금과옥조였다. 조선을 건국한 이성계도 예외가 아니었다. 고려를 멸망시키고 가장 먼저 한 것이 천도였다. 지기가 쇠했다고 여겨지는 개성을 다시 조선의 도읍지로 할 수 없다는 것이 이성계의 입장이다.

이러한 의도를 간파한 조준·김사형 등 개국 공신들은 "옛날부터 임금이 천명을 받고 일어나면 도읍을 정하여 백성을 안주시키지 않음이 없었습니다"라는 말로 동조한다. 무학 역시 이에 대해 반대하지 않고, 다만 어디로 할 것인가에 대해 "여러 사람의 의견을 따라서 결정하십시오"라는 의견을 덧붙였을 뿐이었다. 반면 정도전은 이 문제를 그다지 심각하게 생각하지 않았던지 "나라의 다스려짐과 어지러움은 사람에게 있지 지리의 성쇠에 있는 것이 아닙니다"라고 유학자다운 발언을 한다. 이때가 1394년 8월이었다. 그러나 이성계 입장에서 이것은 일종의 '역린(逆鱗)'을 건드린 불쾌한 사건으로 받아들여질 수 있었을 것이다.

경기도 평택 진위면에 위치한 정도전 사당(위, 아래 왼쪽)
서울 서초구 양재고등학교 정문에 있는 정도전 산소 터(아래 오른쪽)

어쩌면 '정도전 이 친구와 계속 함께 갈 수 있을까?' 하는 의문이 들었을지 모를 일이다. 태조 이성계 입장에서는 나라를 새로 세웠으니 새로운 도읍지를 만들고 싶은 마음이 절실한데 정도전은 이를 대수롭지 않은 것으로 대응하는 것이 속으로 몹시 불쾌하였을 것이다.

그로부터 4년 뒤인 1398년 정도전은 이방원에게 죽임을 당한다. 그때 이성계는 아직 살아 있었다. 우연인지 이성계의 천도론(조선 왕조의 대업을 위한 토대)에 적극 찬성하였던 조준·김사형·무학 등은 천수를 누린다.

천도 논쟁과 조선의 공간 기획자 권중화

흔히 조선 초기 한양 천도 과정에서 정도전이 중심 역할을 했다고 전하지만 전설일 뿐이다.

1392년 7월 고려를 멸망시킨 이성계는 한 달 만인 8월 한양 천도를 선포한다. 그럼에도 다시 이듬해인 1393년 1월 이성계는 권중화(權仲和)가 추천한 계룡산을 살피러 남쪽으로 내려간다. 이렇게 천도는 쉽지 않았다. 천도에 대한 최대 논쟁은 1394년 8월 8일부터 8월 13일 사이에 벌어지는데, 당시 강력한 도읍지 후보로 떠오른 무악(현 연세대 일대)과 한양(현 경복궁 일대) 현장에서 무려 6일 동안 천도를 둘러싼 풍수 논쟁이 벌어진다. 이때 천도론을 둘러싼 논의는 크게 세 파로 나뉜다.

첫째 부류는 천도 적극 찬성론자들이다. 여말선초 지식인 가운데 음양·풍수의 3대 대가로 알려진 권중화·하륜·무학이 중심 세력이다. 권중화는 계룡산을, 하륜은 무악을 추천할 정도로 풍수에 달통하였다. 특히 하륜은 개국공신이었으나 크게 두각을 나타내지 못한 상황에서 자신의 풍수설을 바탕으로 계룡산 도읍지를 철회시킴으로써 일약 스타가 된 정치인이었다.

둘째는 정도전이었다. 성리학에 바탕을 둔 신념(나라의 다스림은 지세가 아니고 사람에게 달렸다)으로 반대하였다. 정도전은 공민왕의 몰락 이유 가운데 하나가 토목공사를 크게 일으켰기 때문이라는 사실을 언급할 정도였다. 천도에 따르는 토목공사가 갓 태어난 조선을 주저앉힐 수 있다고 생각한 것이다. 그는 자신의 행동 영역을 성리학과 실용주의에 한정시킴으로써 결국은 풍수와 도참을 신봉하였던 세력들(이성계 포함)에게 버림을 받는다.

셋째 부류는 개경에 기득권을 갖고 있던 구신(舊臣)들과 이들을 '부업(副業) 고객'으로 삼던 서운관 관리(풍수사)들이었다. 이들은 개경이 최고의 길지라는 이유로 반대한다. 새로운 세상을 거부하였거나 그 당위성을 읽어내지 못한 기능인들이었다.

1394년 8월의 천도 논쟁은 반대론이 우세였다. 이성계는 이런 부정적인 여론에 어떻게 대처하였을까. 갑자기 그는 화를 내며 말했다. "나는 천도를 결정했다. …… 의심스러운 것은 소격전(신·별 등에 지내는 제사를 올리는 도교 사원)에 가서 결정하겠다"라고 선언해버린다. '신탁(神託)에 따르겠다'는데 정도전이나 서운관 관리(풍수사)들이 무슨 말을 하겠는가? 상황이 반전된다.

정도전도 속으로 역린을 건드렸다고 순간 뜨끔했을 것이다. 게다가 그는 술에 취하면 곧잘 "한 고조(漢高祖·이성계를 비유함)가 장자방(張子房·정도전 자신을 비유함)을 쓴 것이 아니라 장자방이 곧 한 고조를 쓴 것이다"라는 말을 하곤 하였다. 이성계 입장에서 불편한 진실이었다.

8월 24일 한양이 조선의 도읍지로 최종 결정된다. 며칠 후 한양의 주요 건물(종묘·사직·궁궐·시장·도로)의 공간 배치가 결정된다. 이때 주도적 역할을 한 이는 권중화였다. 권중화는 정도전보다 나이가 스무 살이나 많은 정치 대선배였다. 만약 정도전이 주도적 역할을 하였다면 풍수설을 무시하고 광화문에서 숭례문(남대문)까지 일직선으로 만들었을 것이다. 그럴 경우 관악산 화기(火氣)가 곧바로 경복궁을 치게 된다. 이를 피하기 위하여 숭례문에서 광화문까지의 도로의 흐름을 틀어 관악산의 화기를 떨쳐낸다. 비보진압풍수이다. 숭례문 현판을 세로로 세워놓은 까닭도 마찬가지이다. 가운데 글자 '예(禮)'가 오행상 불(火)에 해당된다. 이를 세워 놓음은 관악산 화기에 맞불을 놓는 행위이다. 풍수에 능한 권중화의 발상이다.

한양에 궁궐이 완성된 1395년 10월 이성계는 정도전에게 궁궐의 여러 전각 이름을 짓도록 명한다. 경복궁·사정전·근정전 등 지금 우리가 경복궁에 가면 볼 수 있는 전각과 사대문 이름들은 정도전의 작품이다. 정몽주의 죽음 이후 최고의 성리학자로 자부하던 정도전이 이 부분만큼은 적임자였다. 패자에 대한 동정심 때문인지 한양 천도 과정에서 정도전의 역할이 지나치게 많이 부풀려져 있다. 그러나 풍수적 관점에서 보면 그는 일찍이 이성계·이방원의 눈 밖에 난 역사의 하수인이었다.

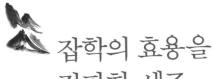

잡학의 효용을
간파한 세조

역사를 해석하는 데에는 방법이 하나만 있을 수 없다. 특히 고려사와 조선사에서 풍수를 배제하면 온전한 파악이 불가능하다. 일찍이 이병도 박사가 『고려시대 연구』에서 이 점을 분명히 했다.

고려시대는 500년간 음양지리 사상과 도참사상이 일관하여 정치·경제·사회·법 속에 큰 교섭을 가지고 있던 만큼, 이 사상은 실로 고려의 흥망성쇠에 큰 관계를 가지고 있다. …… 만일 이를 전연 무시하고 고려를 해명할 수 있다면 그것은 바랄 수 없는 일이다.

조선 개국 과정에서도 풍수는 중요한 역할을 한다. 정도전과 하륜, 둘다 조선 개국 공신이었으나 그 기여도에서 보면 하륜은 정도전에 비해

미미하였다. 그럼에도 정도전은 죽임을 당하여 잊혔으나 하륜은 태종의 묘정(廟庭·사당) 한편에 모셔져 500년 동안 나라의 제삿밥을 먹는다. 하륜은 어떻게 권력의 중심부에 진입했을까? 바로 풍수를 통한 쿠데타를 통해서다. 1393년 12월 경기관찰사 하륜은 상소를 한 장 올린다.

> 신이 일찍이 아버지를 장사 지내면서 여러 풍수 서적을 대략 깨쳤습니다. 지금 듣기로 계룡산 땅은 산은 북서쪽에서 오고 물은 남동쪽으로 빠져나간다 하는데, 이것은 송나라 풍수사 호순신이 말한 '수파장생(水破長生·산과 물의 흐름이 아주 나쁜 방향)'으로 곧바로 망할 땅입니다.

이 상소 한 장으로 1년 넘게 진행돼 주춧돌까지 놓였던 계룡산 도읍지 계획은 취소된다. 더불어 하륜이 정국의 중심인물로 등장한다. 필자는 이를 '풍수 쿠데타'라고 표현한다. 당시 호순신(胡舜臣)의 풍수는 조선에는 거의 알려지지 않은 상태였다. 이전 고려 왕조에서도 지리업(地理業·풍수를 다루는 관직) 시험 과목에 포함되지 않는 풍수였다. 하륜은 이 새로운 풍수를 주무기로 기득권 세력을 물리치고, 조선조의 핵심 권력가로 떠올랐다.

조선 500년의 풍수는 하륜의 것

하륜은 풍수 쿠데타를 일으키기 위한 준비도 철저히 했던 것으로 보인다. 하륜의 상소를 접한 이성계는 고려 왕조의 여러 왕릉이 호순신

하륜이 풍수서를 익혀 경남 진주시 미천면 오방리에 잡은 그 아버지의 묘터(위)
경남 진주의 하륜 무덤(아래)

의 풍수에 부합하는지 조사·보고하도록 하였는데, 단 며칠 만에 그대로 부합한다는 보고서가 올라온다. 개성 부근의 수많은 왕릉을 짧은 시간에 조사하는 것도 어려운 일이지만, 모든 왕릉의 길흉이 호순신 풍수에 부합한다는 것이 실제로 불가능한 일이다. 하륜이 미리 각본과 실행 계획을 짜놓은 뒤 상소를 올린 것이라고 볼 수밖에 없다.

흥미로운 것은 하륜조차도 호순신 풍수의 내용을 정확하게 깨치지 못한 상태였다는 것이다. 하륜은 계룡산 도읍지가 '수파장생'이라고 하였으나, 정확히는 조금 다른 방향인 '수파양(水破養)'에 해당한다. 이성계의 다른 신하들은 그 오류를 눈치 채지 못하였다. 만약 이 사실이 발각됐다면 하륜의 정치적 도전은 산산조각이 날 수도 있었을 것이다. 하륜은 아버지 무덤(경남 진주시 미천면 오방리)도 호순신 풍수에 부합하지 않게 자리를 잡았는데, 이 또한 하륜이 호순신을 어느 정도는 이해했을지는 몰라도 통달까지는 이르지 못했음을 보여주는 대목이다.

어쨌든 상소와 계룡산 도읍지 취소를 계기로 이성계는 하륜더러 서운관에 저장된 비록(秘錄)을 모두 읽게 한 뒤 천도할 땅을 다시 살피도록 한다. 천기누설이 담긴 책들을 열람할 수 있는 것은 최고의 특권이었다. 이후 그가 이방원의 측근으로 영의정까지 지낸 것은 잘 알려진 내용이다. 동구릉에 있는 이성계 무덤(건원릉)도 하륜의 작품이었다. 그는 1416년(태종 16년) 함경도에 있는 왕실 조상 무덤들을 살피러 갔다가 사망한다. 순직한 하륜을 이방원은 자신의 팔과 다리이자 나라의 기둥이었다고 애도한다. 하륜에게 최고의 영광이었다.

한반도 풍수사에서 하륜의 의미는 긍정적이든 부정적이든 지대하다. 고려의 지리업 고시 과목 아홉 개를 모두 폐기하고 새로운 풍수 서적들로 대체하였을 뿐만 아니라, 풍수를 십학(十學·열 가지 교육기관) 가운데 하나로 포함시킨 당사자였다. 조선 500년의 풍수는 하륜의 풍수였다.

사주팔자가 센가, 터가 센가

'점쟁이'들은 인간은 사주팔자로부터 벗어나지 못한다고 하고, '풍수쟁이'들은 인간의 길흉만사가 모두 터에서 비롯한다고 한다. 누구의 말이 맞을까?

> 왕에서 서인에 이르기까지, 성현에서 지극히 어리석은 사람에 이르기까지, 모두 머리와 눈이 있고 혈기를 지닌 동물이라면 운명을 지니지 않을 수 없다. …… 귀하게 될 운명을 지닌 사람은 남들과 함께 배워도 홀로 벼슬을 하고, 함께 관직에 나가도 혼자 승진한다. 빈천의 운명을 지닌 사람은 이와 상황이 다르다. 어렵게 벼슬에 이르고 겨우 승진하며, 어렵게 얻고 일을 성취하지만 잘못을 저질러 죄를 받고, 질병으로 뜻하지 않게 재산을 잃게 되어 지녔던 부귀마저 상실하고 빈천해진다.

중국 최초의 유물론 철학자 혹은 무신론자로 평가받고 있는 후한(後漢)의 지식인 왕충(王充)의 독백이다. 그는 낙양의 책방을 돌며 책이란 책은 모두 읽고, 한 번 읽은 책은 그대로 암기할 정도로 천재였다고 한다. 하지만 배경이 없던 그는 벼슬에 나아가지 못하고 가난에 허덕여야 했다. 그러한 불우한 처지에서 그는 『논형(論衡)』이란 명저를 썼는데 2000년이 지난 지금까지도 지식인들에게 읽히는 고전이다. 그는 우리가 여기서 다루는 사주와 풍수 이론의 기본 범주에 대한 형이상학적 상징 부여를 거부했다. 그러한 왕충조차도 알 수 없는 운명 앞에서 맥없이 굴복한 것이다.

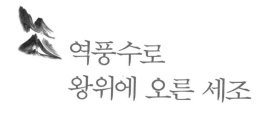

역풍수로
왕위에 오른 세조

역풍수(逆風水). '풍수를 거슬러 뜻을 이룬다'는 의미로서 서유정 PD(SBS)가 수년 전 다큐멘터리를 제작하면서 만들어낸 조어다. 역풍수를 통해 라이벌을 불행하게 해 자신이 원하는 바를 이룬다는 뜻이다. 풍수에 정통하지 않으면 이러한 역풍수 행위를 시도할 수조차 없다. 역풍수를 활용해 목표한 바를 이룬 대표적인 인물로 세조를 꼽을 수 있다. 세조의 역풍수는 무엇인가?

1455년(세조 1년), 조카 단종을 내쫓고 임금이 된 세조는 많은 정적을 죽이는데, 이때 목효지란 사람이 교수형을 당한다. 그런데 그는 특별히 죄를 지은 것이 없었다. 사헌부에서도 그 부당함을 주장하는 상소를 올릴 정도였다. 노비인 데다 애꾸눈인 목효지, 세조 입장에선 하찮은 존재에 지나지 않았을 그가 무엇 때문에 죽임을 당했을까? 세조의 비밀을 알고 있었기 때문이다.

사건은 목효지가 처형되기 15년 전인 1441년(세종 23년)으로 거슬러 올라간다. 목효지가 세종에게 "얼마 전에 돌아가신 세자빈이 묻힐 무덤자리는 장자·장손이 일찍 죽을 자리"라는 풍수 상소를 올린다. 당시 세종의 맏며느리이자 훗날 문종의 부인으로 알려진 권씨가 아들(훗날 단종)을 낳은 지 하루 만에 산후병으로 죽는 사건이 발생했던 것이다. 세종 입장에서는 원손(元孫)을 안겨주고 죽은 며느리가 어찌 애틋하지 않겠는가? 세종은 지관들을 동원하여 길지를 물색하게 하여, 한 달 후 경기도 안산시(현재 목내동 산 47번지)로 장지가 결정된다. 그런데 이 터에 대해 일개 노비가 상소를 올려 '장자·장손이 일찍 죽을 자리'라는 극언을 한 것이다(훗날 그 예언은 현실화된다). 당연히 종친과 대신들은 그러한 망언을 한 자를 벌주어야 한다고 주장한다. 그런데 세종은 상소를 올린 지 3일 만에 목효지를 노비에서 풀어주고 풍수공부에 전념케 하는 파격적 은전을 베푼다. 그러나 이 사건은 훗날 세조가 되는 수양대군에게는 역풍수의 크나큰 걸림돌이 되게 된다.

수양대군의 의도를 꿰뚫은 목효지

도선 국사나 무학 대사와 같이 건국에 기여한 신안(神眼)들은 땅을 보고서 어떻게 그 길흉화복을 예언하였을까? 직관이다. 직관이란 하느님이 인간에게 부여한 초월적 힘이다. 막스 베버가 말한 '카리스마적 지도자' 역시 그러한 직관을 바탕으로 한다. 베버의 카리스마 개념은 중세 독일의 신비주의자 마이스터 에크하르트(M. J. Eckhart)까지 거슬러 올라간다. 에크하르트는 "살아가는 어느 순간 외부 세계로부터 고개를 돌려라. 눈을 감아라. 그리고 내면을 투시하라. 어느 순간 자신의 내면에서 신의 계시와도 같은 영혼의 불꽃이 타오를 것이다"라고 말한다. 그 영혼의 등불로 인간과 사회 그리고 대지를 비추어본다면 누구나 예언자가 될 수 있을 것이다.

세조에게는 분명 '카리스마'가 있었다. 단종을 쫓아내고 왕위에 오른 뒤 왕권 강화, 부국강병, 문화창달 등을 이루었을 뿐만 아니라 개인적으로 모범적 생활을 하였다. 훌륭한 지도자의 덕목을 보여주었다. 그런데 그에게 대군 시절부터 태클을 거는 이가 있었다. 어느 이름 없는 풍수학인, 바로 목효지였다. 세조에 의해 죽임을 당한 그는 대단한 인물이 아니었지만 그에게는 땅에 관한 한 약간의 예지력이 있어 세조의 '역풍수' 의도를 꿰뚫고 있었다. 세조는 서열상 왕이 될 수 없었다. 이미 세자(훗날 문종)가 있었고, 세손(훗날 단종)도 있었다. 그러나 그는 왕위에 올랐다. 역풍수를 통해서였다. 단종의 어머니이자 세자(문종) 빈 권씨가 죽자 '바닷가에 명당 없다'는 금기를 깨고 수양대군(세조)은 안산 바닷가에 무덤 자리를 잡게 하였다. 이에 노비인 목효지가 그 자리가 세종의 맏아들과 맏손자(훗날 문종과 단종)가 죽을 자리라고 공언(1441년)한 것이다.

세월이 흘러 1452년 문종이 죽었다. 이번에도 능 자리 선정에 주도권을 잡은 이는 수양대군이었다. 수양대군 역시 풍수에 능했다. 『조선왕조실록』은 "세조(수양대군)가 손수 장서(葬書·풍수서)를 쥐고 가부(可否)를 독단하였다"고 적고 있다. 그해 5월 수양대군이 형님 문종의 능

자리로 잡은 자리는 현재 국정원이 있는 내곡동 헌인릉 부근이었다. 그런데 며칠 후 목효지는 은밀히 단종에게 그 자리가 흉지여서 결코 쓸 수 없다는 글을 올린다. 핵심은 '주인은 약하고 손님이 강하다[主弱客强]'는 문장이었다. 그런데 단종은 이 글을 강맹경(姜孟卿)에게 보였는데, 강맹경은 당시 수양대군의 측근이었다. 수양대군이 이 글을 보는 순간 어떠했을까? '주인'은 당연히 문종과 단종이고 '손님'은 수양대군으로 이해하기에 충분했다. 수양대군의 속마음이 들킨 것이다. 수양대군은 노비가 임금에게 편지를 올렸다는 죄목으로 곤장 100대를 치게 한다.

그해 7월 수양대군이 잡았던 자리에 광중을 팠다. 광중을 파는데 물이 솟았다. 당황하여 근처에 다시 광중을 파게 하였다. 이번에는 돌이 나왔다. 결국 목효지의 말이 적중한 셈이다. 대신들 사이에 목효지가 추천한 곳(양주 마전)을 가보자는 의견이 나온다. 그러나 수양대군은 묵살하고, 대신 건원릉의 동쪽으로 정한다. 그렇게 해서 문종의 무덤(지금의 현릉)은 지금의 구리시 동구릉 안에 자리하게 된다. 수양대군에게 목효지는 눈엣가시였지만 죽일 수가 없었다. 실권이 없지만 조카인 단종이 왕위에 있으면서 목효지를 나름대로 챙겼기 때문이다. 수양대군의 역풍수는 아직 끝이 나지 않았다. 조선을 자신과 그 후손의 나라로 만들기 위한 역풍수는 계속된다.

낯가죽은 두껍게, 속마음은 검게

면후심흑(面厚心黑). '낯가죽은 두꺼워야 하고 속마음은 검어야 한다는 뜻이다. 이는 중국의 근세 사상가 리쭝우[李宗吾]가 위대한 통치자들의 속성을 정의한 말이다. 통치자들뿐 아니라 수많은 영웅호걸과 성현도 낯가죽은 이루 말할 수 없이 두꺼웠고, 시커먼 속마음은 그 깊이를 헤아릴 수 없었다는 것이다. 리쭝우의 '면후심흑론'은 약칭 '후흑학(厚黑學)'으로 불리며 당시 대단한 호응을 얻었다. 마오쩌둥도 '후흑학'을 접하고 나서 1960년대 문화대혁명을 일으킬 용기를 얻었다는 것이 정설이다. 역풍수의 대가 세조도 다를 바 없었다.

수양대군 시절 세조는 형님인 문종의 능 자리를 소점하는 과정에서 '장난'을 치다가 물이 솟고 돌이 나오자 급하게 건원릉(구리시 동구릉) 쪽으로 바꾸었다. 그때 "무지개가 나타나서 동쪽 건원릉에 닿았다"는 것을 길지의 근거로 삼았다. 무지개는 흔히 상서로운 징조로 해석된다.

그러나 『천문지(天文志)』나 『오행지(五行志)』에서는 무지개를 '임금을 상징하는 태양을 가리는 신하의 흑심'으로 해석한다. 무지개가 닿은 곳에 문종의 무덤자리를 정한 수양대군의 흑심이 분명해진다. 왕위계승법에 따라 왕이 된 단종을 쫓아내고 자신이 왕이 된 것은 그로부터 3년 후의 일이다. 이어서 얼마 후인 1457년(세조 3년) 6월 22일 세조는 조카 단종을 강원도 영월 청령포로 유배 보낸다. 그런데 그 청령포의 풍수 입지가 고약하다. 삼면이 강으로 둘러싸인 것 말고도 그 바깥을 또 험한 산들이 감싸고 있어 하늘밖에 보이지 않는 옹색한 곳이다. 물 감옥[水獄]이자 산 감옥[山獄]으로, 문자 그대로 하늘이 만든 천옥(天獄)이다. 『청오경(靑烏經)』이 말한 '산수수류(山囚水流)'의 땅이다. 산은 가두고 물은 흘러나가는 땅이란 뜻이다. 이러한 땅에서 "왕은 포로가 되고 제후는 망한다"고 『청오경』은 말한다. 세조는 여기에서 그치지 않고 단종을 강원도 영월로 유배 보내고, 나흘 후 단종의 어머니 현덕왕후 권씨 무덤(소릉)을 파헤쳐 바다에 던져버렸다. 역풍수의 절정이다.

이러한 역풍수에 대해 하늘도 노했던지 그해 7월 말 세조의 맏아들인 의경세자가 까닭 없이 앓기 시작하더니 백약과 온갖 굿의 효험도 없이 한 달 후인 9월 2일 죽고 만다. "비바람 무정하여 모란꽃이 떨어지고……"라는 시 한 편을 남긴 채.

⸝ 역풍수에서 순풍수로

세조의 풍수 행위는 왕위를 차지하고도 멈추지 않았다. 다만, 이제는 역풍수가 아니라 순풍수(順風水)다. 의경세자가 죽은 지 사흘 뒤인 9월 5일부터 세조는 한양 부근을 샅샅이 뒤져 길지를 찾게 한다. 이 길지 찾기는 40여 일 동안 계속되는데, 영의정 정인지(鄭麟趾) 이하 조정의 주요 대신과 지관들이 총출동한다. 여기에는 노비 풍수사 목효지와 단종 사이의 비밀을 당시 수양대군(세조)에게 알린 강맹경도 있었다. 이때 강맹경은 우의정이 되어 있었다. 추천된 후보지들의 길지 여부를 판단하기 위하여 세조가 직접 현장으로 간 것만도 여섯 번이었다.

최고의 길지로 결론이 난 곳은 그 당시 지명으로 고양현 봉현 땅이다. 세조는 주요 대신과 지관들을 대동하고 이곳을 답사한 뒤 능 자리로 결정했다. 이곳에 아들 의경세자를 안장하기 며칠 전인 10월 21일 단종을 죽인다. 이후 의경세자가 묻힌 곳은 경릉(敬陵)이라 불렸고, 지금의 서오릉(경기도 고양시 덕양구 소재)은 이로부터 시작한다. 세조가

광 릉(光 陵)

광릉은 조선 제7대 세조(世祖)와 정비 정희왕후(貞熹王后) 윤씨 (尹氏, 1418~1483)
다. 세조는 태종(太宗) 12년(1417) 세조의 세종대왕(世宗大王)의 둘째 아들로 태어나 세조 27
년(1414) 수양대군(首陽大君)으로 책봉되었다. 1453년 단종(端宗)이 어린 나이로 왕위에 오
르자 1455년 병오년(丙午年) 등은 김종서(金宗瑞) 등을 살해하여 실권을 장악하고 마침 인덕대
군동대군(大君)에서 나라를 세워 즉위 한 다음 1456년 단종으로 하여금 왕위를 넘겨주게하나
교시귀신(敎諭)을 거리게 하여 왕위에 올랐다.

세조는 왕권세조(王朝) 숭왕대신(崇王大臣) 등의 제도를세워 세조 편찬하고 반대
경비를 공신의 위에 국세(國稅)에 조사 민정 기강들과 정정政(正)등은 문제(文帝)신 제제(帝制)
에 학자들에 민중을 후리아려이(後)에 방의심의 소득 차원에 대제조 문제(文帝)신 조세에 됨
조건(組織)동(地)의 천성 · 군제(軍制) 개세 · 징법(徵法)호(尹)·장반(尹尹)의 신설 · 의 소재 기운(基運)동
효제성(儒敎)등는 제성시 · 임정정(府樂)보 개조 시법 · 검심(劍心)동 · 성세 · 후장세(弧張世)등
참사 · 영시영군(永侍命大君)의 신범 · 안정치(安正)호(尹)·장반(尹尹)의 소재 기(基) · 주조
동세주 제성을 장비하였다. 그리고 동국동경(東國動經) · 의방유취(醫方類聚)동심한출검(弧心出劍)동
이후(離侯)은 신성제(가)동 국세(國稅)의 선범(尹尹) 동심당반(同心單班) · 형정성(形政性) · 수후대로
(尹尹)동는 군제세조에 따랐다. 공심당반(弧心單班)· 임신의(壬辰)제세제의 무장 무장반 임선조 일제조
있다. 또한 추공 반성은 장반에 · 민주무용 임범하였다. 세조는 재위 14년 등심 원건 절제
에한 · 일정일품의 왕성음원에 신범 공심반에는 차더세 동심당반 조세이범 세조조세·

의경세자의 무덤인 경릉(위)
역풍수의 달인인 세조의 무덤 광릉과 안내
표지(아래)

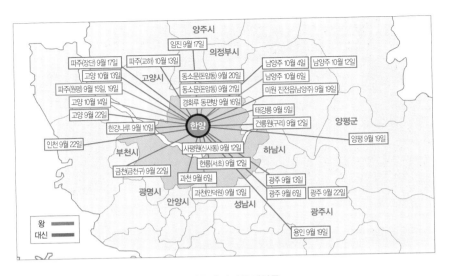

최고의 명당을 찾기 위해 세조와 대신들이 답사한 지역들

이렇게 정성을 들여 쓴 이곳 경릉은 길지였을까? 의경세자의 아들이 훗날 성종 임금이 되고 성종의 후손들이 조선의 마지막 임금까지 이어졌으니, 결국 조선은 세조의 나라가 된 셈이다.

세조의 역풍수는 이렇게 길고 긴 과정 끝에 마무리된다. 세조 역시 면후심흑하였다.

9장

발전과 쇠퇴의
풍수 논쟁

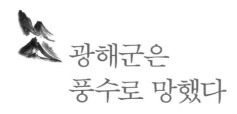

광해군은
풍수로 망했다

　　　　무덤(왕릉)은 그 사람의 인생과 됨됨이의 반영이다. 무덤을
보고 생전의 그 사람을 읽어낼 수 있다는 것이 풍수설이다. 광해군을
다룬 영화가 천이백만 명이 넘는 관객 수를 기록했다. 영화일 뿐이지
만, 관객들은 영화 속의 광해군과 실존 광해군을 동일시할지도 모른다.
광해의 무덤은 어떠할까?

　광해군의 묘를 찾아가기는 쉽지 않다. 다른 왕릉과 같은 격식을 갖
추지 않고 어느 깊은 산속에 유폐되어 있기 때문이다. 내비게이션으로
'남양주시 진건읍 송릉리 산 59번지'를 입력해도 가능하지만, '영락교
회 공원묘원'을 찾아가는 방법이 더 쉽다. '영락교회 공원묘원'이 새겨
진 표석 옆에 옹색하게 '광해군 묘'라는 안내판이 있다.

　좁은 시멘트 포장도로를 따라 진입하다 보면 우측에 철망으로 '유폐'

남양주시 진건읍의 영락교회 공원묘원 표석 옆 광해군 묘 안내판

된 광해군 묘지가 그 등을 조금 보여줄 뿐이다. 광해군의 묘 아래 몇백 미터도 되지 않는 곳에 들어선 여러 축사에서 나오는 악취가 진동하고 축생들의 울음소리가 묘역을 가끔 흔들어놓는다. "바로 이 때문에 광해 임금 묘를 다른 임금 묘들과 달리 세계문화유산에 등재할 때 제외하였다. 물론 '스토리가 있어서 그 자체, 폐위된 왕 자체도 그 가치가 있다'라고 당시 조선왕릉 세계문화유산 등재 신청에 대해 조사차 방한하였던 외국인 학자의 반론이 있었다. 그러나 주변 훼손이 심각한 데다가 규모가 작다는 이유로 우리나라 측이 세계문화유산 등재 대상에서 제외시켰다"(상지영서대 이창환 교수). 게다가 산의 얼굴 쪽에 무덤이나 집터를 잡는 것이 풍수의 기본 상식인데, 산의 등 쪽에 묘가 있어서 풍수상 금기를 범하고 있다. 배신과 배반의 땅이다.

풍수 마니아 광해

광해군은 다른 왕보다 더 많은 업적을 남겼다. 그러나 그의 사주와 풍수 행위를 보면 몰락은 당연했다. 광해군과 대학자 정인홍(鄭仁弘)은 정치 생명을 함께하였다. 정인홍은 광해군의 '킹메이커'였다. 그런데 이 둘 모두 '사주와 풍수 마니아'였다. 광해군은 점보는 것을 아주 좋아해서 대신들이 좌도(左道·잡술)를 삼가라고 간언할 정도였다. 특히 관상감 소속의 술사 정사륜에게 의지하여 나라의 크고 작은 일을 모두 점을 치고 나서 실행에 옮겼다.

광해군에게 정사륜(鄭思倫)이 있었다면, 정인홍에게는 시문용(施文用)이 있었다. 시문용은 명나라 군인으로 임진왜란 때 조선에 파병된 뒤 경상도에 머물렀다. 이때 의병을 일으켜 경상도를 지키던 정인홍과 만나는데 두 사람은 두 가지 사연 때문에 각별해진다. 하나는 정인홍의 선조 고향이 원래 중국 저장성[浙江省]이었는데 시문용 역시 저장성 출신이었다. 정인홍은 시문용을 동향 사람으로 여겨 각별하게 대했다. 다른 하나는 시문용이 풍수와 사주에 능했다는 점이다. 정인홍은 "자신의 일거수일투족을 모두 시문용에게 점을 쳐 그 결과에 따라 행동하였을 정도였다"(『상촌집(象村集)』)고 한다. 정인홍의 추천을 받은 시문용은 광해군의 지관이 되었다.

광해군은 인왕산 아래에 세 개의 궁궐을 짓는 대역사를 일으켰다. 기존의 경복궁과 창덕궁 터가 불길하다고 믿었기 때문이다. 그 가운데 하나는 정원군(인조의 아버지)의 집터인데, "정원군의 집터(지금의 경희궁)에 왕기가 서렸다"는 지관의 말을 듣고 빼앗은 것이다. 세 개의 궁궐

광해군 부부 묘

이 조성된 것도 지관들 사이에 의견이 분분했기 때문에 그 의견들을
모두 수용한 결과였다. 이때 활동한 지관은 시문용, 성지(性智), 김일룡
(金日龍), 박자우(朴子羽) 등이었다. 재정 파탄과 백성의 원성과 민심 이
반은 당연한 일이었다. 오죽하면 사관들이 이를 통탄하는 글을 『조선
왕조실록』 곳곳에 남겼을까. 이는 역사상 새로운 일이 아니다. 만리장
성을 쌓은 진시황과 대운하를 뚫었던 수문제 모두 대규모 토목공사 때
문에 망했다.

1623년 인조반정으로 광해군은 쫓겨나고 정인홍과 그 당파(대북파)
가 죽임을 당한다. 광해군의 지관들은 어떻게 되었을까? "성지·시문용·
김일룡·복동은 모두 도망가 숨어 있었는데, 잡아다가 목을 베었다"고
『조선왕조실록』은 적고 있다. 광해군은 풍수로 망했다. 그렇다면 풍수

설은 없는 것일까? '왕기가 서렸다'는 이유로 집을 빼앗긴 정원군의 아들이 광해군을 이어 왕(인조)이 된 것을 보면 없다고도 할 수 없는 일이다.

인조반정으로 폐위된 광해군은 어찌 되었을까? 그에겐 1남 1녀의 자녀가 있었다. 왕비 유씨가 낳은 세자는 인조반정이 있던 1623년에 죽었고, 왕비, 세자빈 박씨, 그리고 광해군에게 딸(옹주)을 낳아준 숙의 윤씨도 그때 함께 죽었다. 그러나 광해군은 죽지 않고 19년의 기나긴 유배생활 끝에 1641년(인조 19년) 여름 마지막 유배지 제주에서 삶을 마감한다. 광해군은 자신이 죽으면 어머니 공빈 김씨 묘 가까이에 묻어 달라고 유언하였다. 그의 소원대로 그의 유체는 제주에서 수습되어 현재의 자리에 안장된다. 건넛산에 어머니 공빈 묘가 보이는 곳이다. 먼저 죽은 부인 유씨도 광해군 묘 옆으로 이장되었다.

류성룡과 풍수

사극 〈징비록〉이 방영되면서, 『징비록(懲毖錄)』을 쓴 류성룡이 화제가 되었다. 실제로 류성룡은 그가 왕성하게 활동했던 시기엔 '완전한 인간이자 정치가'였다. 1566년(명종 21년)에서 1598년(선조 31년)까지 32년 동안 벼슬 생활을 하면서 탄핵도 유배도 단 한 번 받지 않았다. 늙고 병들자 반대파의 탄핵이 있었고 본인도 벼슬을 버리고 귀향해 말년에 『징비록』과 여러 글을 집필하고 세상을 떠났다.

임진왜란 직후부터 1598년 영의정 자리에서 파직당할 때까지 그는 정무(영의정)와 군무(도체찰사)의 총책임자로서 조선을 구하였다. 당시 세계 최강 군대였던 일본군을 상대로 무기와 군량이 없어 도망만 치는 조선의 군대, 분노하고 절망하는 백성, 압록강을 건너 명나라로 내부(內附)하려는 선조 임금, 명나라에만 의존하려는 의명파(依明派) 대신들, 조선을 일본과 분할하여 직할 통치하려는 명나라 등등을 두루 다 독이며 조선을 지켜낸 이가 류성룡이었다. ―송복(연세대 명예 교수)

그의 훌륭한 인품과 학자다움 앞에서는 무례하기 짝이 없던 명나라 장수들도 함부로 하지 않았다. 종6품의 정읍 현감 이순신을 단번에 7계급 승진시켜 전라좌수사(정3품)로 만들어 훗날 조선을 구하게 한 이도 류성룡이다. 이순신도 류성룡이 있었기에 존재하였다. 그는 진정 국가에 충(忠)을 다한 인물이었다.

그는 조선 풍수사에서도 중요한 인물이다. 낙향하여 『징비록』을 저술하는 한편 그는 『신종록(慎終錄)』을 집필한다. 『신종록』은 평소 사대부들이 풍수설을 언급하는 것을 부끄럽게 여기다가 부모가 돌아가시면 풍수쟁이를 믿다가 사기당하는 것을 경계하고자 작성한 풍수론이다. 이 책에는 당시 조선조 지관 선발 과목인 『청오경』『금낭경』『명산론』『지리신법』 등 현재까지 전해지는 풍수 서적뿐만 아니라 그동안 실전(失傳)된 것으로 알려진 『곤감가(坤鑑歌)』『장중가(掌中歌)』와 같은 풍수서가 요약되어 있다. 임진왜란 전후 세상에 유포되던 풍수 내용이 무엇인지를 알게 해주는 귀중한 자료이다.

그는 돌아가신 부모를 편안한 자리에 모시지 못함은 병든 부모를 돌

서애 류성룡의 무덤

팔이 의사에게 맡기는 불효를 저지르는 것과 같다고 하였다. 풍수를
통한 효의 완성을 추구하였다. 국가에 대한 충성과 부모에 대한 효라
는 두 가지 유가적 실천 덕목을 합일시키고자 한 것이다. 그는 『신종
록』을 집안에 보관케 하여 후손에게 보여주라고 유언한다. 따라서 『신
종록』은 류성룡의 '가문 풍수서'라 할 수 있다. 당시 류성룡이 모시던
선조가 조선의 지관들을 불신하여 명나라 군대를 따라 조선에 입국한

중국 풍수사들을 맹신하던 것과는 대조적이다. 선조는 풍수에 관해서도 철저히 의명파였다. 그 결과 중국인 섭정국(葉靖國)에게 여러 번 속아 사관까지도 다음과 같이 비판할 정도였다.

(길지 선정에) 반드시 외국인의 손을 빌리는 것이 옳은지 알 수 없다. 설사 섭정국 무리가 풍수에 능하여 길지를 얻는다 하더라도 우리나라가 쓰는 격국(格局)과 같지 않다.

이와 달리 류성룡은 조선의 기존 풍수설을 바탕으로 『신종록』을 지었다. 그의 풍수설은 어디에서 확인할 수 있을까? 다름 아닌 그의 묘이다. 1607년(선조 40년) 5월 죽음이 다가옴을 느낀 류성룡은 왕이 보낸 내의원을 돌려보내고 왕이 있는 북쪽을 향해 정좌한 채 조용히 눈을 감는다. 죽을 때까지 왕에게 충(忠)을 다한 것이다. 그해 7월 그는 서면 수동(현재 경북 안동 풍산읍 수리 마을) 뒤에 안장된다.

400년이 지난 지금도 그의 무덤은 의연히 그 자리를 지키면서 풍수를 공부하려는 많은 이에게 묘지 명당의 전형이 무엇인지를 알려주고 있다. 한국 풍수에 관심이 많은 외국인들에게도 조선의 풍수가 무엇인지를 설명할 수 있는 교과서다.

조부모의 묘마저
떼어놓을 수밖에 없는 사정

해방 이후 배출된 10명의 대통령 가운데 6명이 영남 출신이다. 2012년 12월 대선 후보들 가운데 지지율이 높았던 이들이 대부분 영남 출신이다. 이상한 일이다. 교육과 문화, 경제의 중심이라고 하는 서울·경기에서는 왜 대통령이 한 명도 나오지 않는가. 지역과 인물 배출에 어떤 상관성이 있는 것일까.

흥미로운 것은 일찍이 정조 역시 이와 같은 문제에 깊은 관심을 표명했다는 점이다. 우선 그는 함경도에 인물이 나지 않는 것은 고려 공민왕 때 우리나라를 찾아와 쇠말뚝을 박은 명나라 도사 서사호 때문이라고 단정한다. 이어서 한양에 인물이 나지 않는 것은 북한산성 아래에 수십 년 전에 소금을 쌓아 태워 뜸을 뜨고 염산(鹽山)을 만들어놓는 바람에 지맥이 끊긴 것 때문이 아닌가 의심한다. 오죽 답답했으면 한양의 인물난이 주산인 북한산 아래 누군가가 소금불을 지른 탓이라고 생각하였을까? 정조가 심심해서 그냥 해본 말이 아니다.

정조의 선전포고

정조는 이론뿐만 아니라 실무에 대해서도 당대의 그 어떤 지관보다 풍수에 능했다. 당대의 최고 풍수술사들을 모두 만나보았을 뿐 아니라 훗날 그는 풍수에 대한 저술을 한 권의 문집으로 남기기까지 하였다(『홍재전서』 제57권). 그는 왜 한양에서 큰 인물이 나오지 않은지 궁금해했다. 정조는 풍수를 통해 운명을 바꿀 수 있다고 믿었으며(화성의 융릉), 동시에 그는 풍수 때문에 집권 초기부터 국정운영을 힘들게 하고 말았다(동구릉의 원릉). 어떻게 융릉을 통해 정조의 운명을 바꾸었는지를 소개하기로 한다.

서오릉(西五陵)은 경기도 고양에 있지만 서울과 인접하여 쉽게 찾아볼 수 있는 곳이다. 주변으로 산책로가 있어 연인과 가족이 호젓한 시간을 보내기에 참 좋다. 그런데 서오릉을 대표하는 것은 왕이나 왕비의 무덤이 아니라 어느 후궁의 무덤이다. 숙종의 후궁으로 인현왕후와의 암투(실은 남인과 서인 간의 권력싸움) 끝에 사약을 받아 죽은 장희빈의 묘다. 이렇게 장희빈의 묘를 많이 찾는 것은 1960년대부터 최근까지 사극에 자주 등장하여 시청자들에게 '유명인'이 되었기 때문이다. 김지미, 남정임, 윤여정, 이미숙, 전인화, 김혜수 등 당대 최고의 배우들이 장희빈 역을 맡아 그녀를 변명해준 덕이다. 장희빈 때문에 오는지, 당대 최고의 배우들 때문에 오는지 모를 일이다.

영조의
신후지지

영조의 비 정성왕후 무덤(왼쪽)과 원래 영조의 신후지지였으나 손자 정조가 소원을 들어주
지 않아 빈 공간으로 남아 있는 모습(오른쪽)

그러나 풍수에서 중요한 곳은 장희빈 묘가 아니다. 장희빈 묘를 지나
작은 고개를 넘으면 우측에 또 하나의 능이 있다. 홍릉(弘陵)이다. 영
조의 첫째 부인인 정성왕후 무덤이다. 죽고 난 뒤 남편(영조)을 빼앗긴
억울한 여인의 무덤이다. 그것도 다름 아닌 손자 정조에 의해서다. 사
연은 이렇다.

1757년(영조 33년) 정성왕후가 죽자 영조는 이곳에 자리를 잡았다.
왕비 무덤을 왼쪽으로 약간 치우치게 하여 오른쪽을 비워 '십(十)' 자
모형의 조각을 새겨 묻었다. 영조 자신이 죽으면 그곳에 함께 묻힐 생
각이었다. 공식적인 영조의 수릉인 셈이다. 그로부터 20년 후 영조가
죽는다. 이때 '할아버지(영조)는 손자(정조)를 의지하고, 손자는 할아버

지를 의지하고' 살아왔던 관계를 파기하는 사건이 발생한다. 손자 정조가 할아버지 유언을 거부해버린 것이다. 풍수상 길지가 아니라는 이유에서였다. 동시에 '장례집행위원장' 격인 총호사 신회(申晦)를 "맡은 일에 정성을 다하지 못하고, 또 그가 추천한 지관이 풍수에 능하지 못하였다"는 이유로 파직시킨다. 그러나 그것은 핑계였다. 신회는 정조의 아버지 사도세자 죽임에 동조했던 인물일 뿐만 아니라 그가 추천한 지관은 정조의 최대 정적 정후겸(鄭厚謙·정조의 고종 4촌)이 평소 부리던 사람이었기 때문이다. 반대 세력에 대한 선전포고였다. 당시 정조 나이 26살, 혈기가 넘친 탓이었을까. 당장 반박 상소가 올라온다. 상소를 올린 이는 황해도사 이현모(李顯模)였다.

홍릉 오른쪽 자리는 영조 임금께서 유언하신 곳인데 어찌 이를 버리고 다른 곳에서 구하십니까? 풍수설은 공자·맹자가 말하지 않은 바이니, 장사 지내는 것은 공자·맹자를 따르는 것이 옳습니다.

할아버지와 할머니를 '사후 이별'시키다

정조는 이현모를 당일로 관직에서 쫓아내면서 꾸짖는다.

그대는 공자·맹자만 알고 주자·정자는 모르는가? 마땅히 엄하게 혼을 내야겠지만 책을 제대로 읽지 않은 사람 같으니 상소를 돌려준다. 집에 가서 주자의 「산릉의장」을 깊이 공부하길 바란다!

정조가 할아버지 영조의 무덤으로 잡은 동구릉 안의 원릉

    왜 갑자기 공자·맹자와 주자·정자 논쟁인가? 공자·맹자 당시에는 풍수설이 없었다. 그러나 주자·정자가 생존하였던 11세기에는 풍수설이 이미 하나의 완벽한 사상 틀을 갖추고 있었다. 이때 정자는 「장설」을, 주자는 「산릉의장」이란 풍수론을 집필하였는데, 이 두 글은 중국과 조선의 풍수 수용에 지대한 영향을 끼쳤다. 결국은 정조의 의지대로 영조는 부인이 잠든 홍릉에 묻히지 못하고 구리시 동구릉의 원릉(元陵)에 안장된다. 손자에 의해 할아버지와 할머니가 떨어져 '사후 이별'을 한 셈이다. 문제는 정조가 잡은 원릉이 길지가 아니라는 점이다. 효종이 묻혔다가 이장해 나간 파묘 터였다. 왜 정조는 할아버지를 파묘 터에 모셨을까? 정조의 불안한 운명과 정국 운영의 시작이었다.

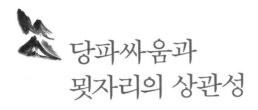

당파싸움과
묏자리의 상관성

도대체 누가 왜 얼마나 사무치는 원한을 가졌기에 이토록 격한 감정을 토로했을까? 다름 아닌 정조다.

아, 불효한 이 아들이 천지에 사무치는 원한을 안고 지금껏 명하고 구차스럽고 모질게 목석처럼 죽지 않고 살았던 것은 소자에게 중요한 일을 맡겼기 때문이었습니다.　—『정조실록』 1789년 10월 7일(정조 13년)

아버지 사도세자가 뒤주에 갇혀 죽은 사건이 가장 큰 원인이다. 그것만이 아니었다.

1776년 왕위에 오른 정조는 많은 것을 이루고자 하였다. 그러나 끊임없는 암살 위협과 역모, 왕대비(정순왕후)의 간섭 등으로 '왕 노릇' 하기가 참으로 힘들었다. 거기다가 정조가 믿었던 최측근 홍국영(洪國榮)까지 자신을 배신하였다. 죄인들을 재판하고 유배 보내고 처형하는 날들의 연속이었다. 그렇게 힘들어하던 정조를 또 한 번의 큰 슬픔이 강타한다. 정조는 자식이 없었다. 왕에게 아들이 없음은 '레임덕'의 시작이다. 정조의 최측근 홍국영이 딴마음을 품었던 것도 바로 이 때문이었다. 그러던 정조가 나이 서른한 살인 1782년(정조 6년) 원자(문효세자)를 본다. 원자가 태어난 날 전·현직 대신들을 불러 "종실의 번창은 지금부터"이며 개인적으로 "아비란 호칭을 듣게 되어 너무 좋다"며 기쁨을 감추지 않았다. 정조에게 자신감과 용기를 심어준 일생일대의 경사였다.

그러나 기쁨은 오래가지 않았다. 1786년 4월 초 전국에 홍역이 돌았다. 정조는 약제 처방 등 다양한 구제책을 발표한다. 하지만 홍역 귀신들은 정조를 비웃기라도 하듯 5월 3일 궁궐을 넘어들어 문효세자를 공격한다. 곧바로 정조는 의약청을 설치하고 손수 약을 달여 먹이는 정성으로 홍역을 퇴치한다. 문효세자가 홍역에서 완치되자 5월 6일 의약청을 철수시키고 대사면령 등을 발표하여 백성과 기쁨을 함께하였다.

그런데 며칠 후 문효세자가 갑자기 의문의 죽음을 맞는다. 정조에게 힘든 시간이었다. 불행은 또 홀로 오지 않았다. 문효세자의 생모인 의빈 성씨가 넉 달 후인 9월 14일 갑자기 죽는다. 성씨는 임신 중이었다. 운명은 희미한 희망의 불씨조차 앗아가버렸다. 또 그해 11월에는 조카인 상계군이 갑자기 죽는다. 왕실의 위기라고 생각하기에 충분한 불행들이었다.

아버지의 묘를 옮기고 자손을 얻다

그 불행의 근원은 어디일까? 그 근원을 찾아 나섰다. 의빈 성씨가 죽은 지 보름이 채 안 된 9월 27일 정조는 믿고 의지하던 고모부 박명원 (朴明源)과 지관 차학모(車學模)를 대동하여 사도세자의 무덤을 찾는다. 지금의 서울 동대문구 휘경동 삼육의료원 터이다. 지금도 삼육의료원 정문에서 보면 의료원을 감싸주는 뒷산이 아름답다. 얼핏 보기에는 주산이 되기에 충분해 보이지만 무덤 터로는 적합하지 않았다. 당시 그 터에 뱀이 꼬이고 중랑천 물소리가 심했다는 기록이 나온다. 그 산 아래에 사도세자 무덤을 쓴 것이다. 정조는 아버지 무덤이 흉지라는 소문을 듣고 있던 터라 직접 확인하고자 하였던 것이다.

현장 답사를 통해 흉지임을 확신한 정조는 천장(遷葬)을 결정한다. 천장 과정은 쉽지 않았으나 우여곡절 끝에 지금의 화성 융릉(隆陵) 자리로 최종 결정된다. 그보다 110여 년 전인 1659년 남인 윤선도가 최고의 길지로 지목한 자리다. 신라 말 도선 국사가 "똬리를 튼 용이 여의주를 갖고 노는 형상[盤龍弄珠形]"의 길지라고 평했던 곳이기도 하다. 1789년(정조 13년) 천장을 마무리한다.

인용문은 정조가 천장을 하면서 아버지 사도세자를 위해 쓴 지문 일부이다. 그동안 가슴에 쌓였던 서러운 한들을 아버지에게 격한 감정으로 아뢴 것이다. 천장을 끝내고 점을 치니 '자손을 볼 조짐이 있어 나라의 큰 경사가 있을 것'이라는 점 풀이가 나왔다. 과연 이듬해에 그토록 바라던 왕자(순조)가 태어난다. 정조가 나라를 다스리는 데 엄청난 자신감을 얻었음은 말할 것도 없었다. 고풍스러운 적송과 산새 소리

융릉(隆陵) · 건릉(健陵)

사적 제

곳에는 사도세자(思悼世子)와 그 비(妃) 홍씨(洪氏)를 모신 융릉과 사도

들인 제22대 정조(正祖)와 왕비 효의왕후(孝懿王后) 김씨(金氏)를 모신

다. 사도세자(1735-1762)는 영조(英祖)의 둘째 아들로 그를 배척하는 일

신하들의 모함으로 왕명에 의하여 창경궁에서 뒤주 속에 갇혀 돌아가

正祖)는 조선 제22대 왕으로 재위 24년(1776-1800) 동안 탕평책을 실시하

바르게 다스리고, 규장각을 두어 학문 연구에 큰 업적을 남겼으며, 수원

기의 대표적인 성을 쌓도록 하였다.

아들 정조가 이장한 사도세자의 무덤인
수원의 융릉

가 아름다운 융릉은 그렇게 조성되었다. 왕릉과 그 뒤로 만들어진 숲
속 길은 외국인들에게 '조선의 풍수와 정원'이 무엇인가를 보여주기에
손색이 없다.

정조가 찾은 새로운 땅

　2007년 17대 대통령 선거에 유력 후보로 출마하였다가 낙선한 모 씨는 얼마 후 조상묘 일부를 선영에서 다른 곳으로 이장하였다. 새로 선택한 곳은 전북 순창이었다. 이장 이유가 대통령 낙선뿐만 아니라 이후에도 일이 잘 풀리지 않았기 때문이란다. 그는 술사들의 자문을 얻어 진좌(辰坐·동쪽에서 서쪽을 바라보는 좌향)로 옮겼다. '진좌'란 12지 가운데 하나인데, 띠로는 용띠를 말한다. 용은 왕을 상징하므로 또다시 대권을 꿈꾸겠다는 의미다(2016년 1월 초 확인한 바에 의하면, 다시 원래의 자리로 이장하였다). 황당하지만 이례적인 일은 아니다. 그 이전에도 대권을 꿈꾸는 이들이 선영을 거듭 이장했기 때문이다. 풍수에서 이장과 이사, 그리고 천도는 새로운 땅을 찾는 것을 전제한다. 새로운 땅으로 옮겨간다는 것은 새로운 세상을 찾는 것이다.

　앞에서 손자(정조)는 할아버지 영조가 유언한 땅(서오릉의 홍릉)을 거부하고 새로운 땅(동구릉의 원릉)으로 할아버지를 모셨음을 이야기하였다. 할아버지의 유훈을 거부하며 자신의 길을 걷겠다는 의미다. 인재를 쓰는 것이나 땅을 고르는 것이나 마찬가지다. 인재를 등용할 때 실력이 좋다고 무조건 쓰는 것은 아니다. 경영자가 필요하다고 생각되는 인재들을 쓰듯, 땅을 고를 때도 마찬가지다.

　영조가 원했던 땅이 홍릉이었다면, 정조는 그 땅이 필요하지 않았다. 여기에 영조의 계비로서 아직 살아 있던 정순왕후와 이해관계가 일치했다. 영조를 첫 번째 왕비인 정성왕후(홍릉) 옆에 안장하지 않고 새로운 땅에 안장하게 되면 자신도 훗날 남편 옆에 묻힐 수 있으리라

효종이 옮겨간 여주의 영릉

계산한 것이다(실제로 정순왕후는 훗날 영조 옆에 묻힌다). 문제는 정조가 새로운 길지로 찾았던 땅이 과거 효종이 잠시 묻혔다가 파여 나간 자리라는 점이다. 대개 파묘 터는 실패한 땅으로 여겨 다시 쓰려 들지 않는다. 왜 효종은 이곳에 묻혔다가 얼마 후 다른 곳(현재 여주의 영릉)으로 옮겨갔을까?

조선 풍수사의 미스터리

정조가 임금 자리에 오르기 110여 년 전의 일이다. 1659년 효종이 죽자 무덤자리 선정을 둘러싸고 남인 윤선도(尹善道)와 서인 송시열

사이에 의견이 갈린다. 윤선도는 효종의 사부였지만 권력에서 배제된 상태였다. 그러나 풍수에 능하다는 이유로 좌의정 심지원의 추천으로 능 선정에 참여한다. 반면 서인 송시열은 사림의 영수이자 정계의 실력자로 군림하던 상황이었다. 효종의 능 선정에서 남인 윤선도는 수원(지금의 융건릉)을 주장하였고, 서인 송시열은 지금의 원릉을 고집했다. 결국 송시열의 의견, 즉 서인의 주장이 채택된 것이다. 이러한 결정을 본 윤선도는 실망한 나머지 죽기 전 주변 사람들에게 "십 년이 지나지 않아 봉분에 큰 변고가 있어 반드시 천장을 할 것이다"라고 단언한다. 실제로 이후 봉분 주변이 자주 함몰하여 10여 년 후에 이장하게 된다. 당연히 그때까지 생존해 있던 송시열은 능 선정과 관련하여 비난을 받아야 했다. 그렇다면 남인 윤선도는 풍수에 능했고 서인 송시열은 풍수에 능하지 않았던가? 송시열 역시 아버지 묘를 두 번, 어머니 묘를 한 번, 먼저 죽은 며느리 묘를 한 번 이장할 정도로 풍수를 신봉하였다. 효종의 능이 동구릉 내(지금의 원릉)로 결정된 것은 남인과 서인의 싸움에서 서인의 승리를 말해주는 대목이다.

　그런데 110여 년 후 정조는 효종의 파묘 터에 할아버지를 모신 것이다. 이는 조선 풍수사에서 하나의 '미스터리'다. 정조가 서인(노론)에게 손을 내밀었다고 해석할 수밖에 없다. 그런데 이후 정조의 생활은 어떠했을까? 정조의 목숨을 노린 자객의 침입, 역변, 나이 서른이 넘어 얻은 유일한 아들 문효세자와 그 생모의 잇따른 죽음 등 개인적으로뿐만 아니라 국가적으로도 불안과 불행의 연속이었다. 이러기를 10여 년, 정조는 다시 한 번 새로운 땅을 찾는다. 이번에는 남인 윤선도가 주장했던 땅으로 눈을 돌린다. 그것이 바로 수원의 융릉이다.

정조의 택일과 '손 없는 날'

1786년 정조가 사도세자의 묘를 천릉할 당시 길일을 잡지 못하여 3년을 기다린 끝에야 1789년 아버지 묘를 수원으로 옮겼다(현재의 융릉). 길일을 잡지 못해 이장이 취소된 사건도 있다. 1901년 고종황제는 청량리에 있던 명성황후의 무덤(홍릉)을 남양주로 옮기려 하였으나 연운(年運)과 산운(山運)이 맞지 않아 천릉이 지연되다가 결국은 포기하고 만다(1919년 고종 승하 뒤 현재 금곡의 홍릉 자리로 합장).

연운과 산운이란 산의 방향, 태어난 해(띠), 성씨(姓氏) 등에 따라 이장을 하기에 좋은 때를 정하는 것이다. 조선조 지관 선발 서적 가운데 택일을 강조하는 책이 적지 않았다. 그런데 문제는 택일 방법이 한두 가지가 아니라는 점이다.

조선 초기 태종도 세속 무당(점쟁이)들의 말에 현혹돼 2년이 지나도 장사를 지내지 않는 자가 있음을 답답히 여겨 『장일통요(葬日通要)』란 책을 펴내게 하였다(세종 1년 반포). 태종은 자신이 "택일을 두 번씩이나 무시했어도 아무 일이 없었다"고 말할 정도였다. 그런데 이 책이 언젠가 사라지고(임진왜란 때로 추정) 다시 무당과 점쟁이들이 택일로 사

서울 동대문구 청량리동에 있던 명성황후의 홍릉 터

1901년에 금곡 군장리 명성황후 천릉 후보지였던 것으로 추정되는 곳(위)
1897년에 조성된 산림과학원 내 명성황후 초장 터(아래)

람들을 혼란하게 했고, 이러한 전통은 조선 말엽까지 지속된다.

1896년(고종 33년)은 조선이 공식적으로 태양력을 채택하여 시행한 해이다. 그런데 같은 해 조선은 시헌력(時憲曆)이라는 태음력을 간행한다. 시헌력은 본래의 기능인 달력 말고도 택일과 윤달을 말미에 붙여 놓았다. 혼인·이사·집수리 등 생활 전반에 걸친 길·흉일을 소개하는 내용이다. 태양력 사용으로 인한 혼란, 특히 택일에 대한 백성들의 불안감을 해소시켜주는 것이 그 목적이었다.

시헌력 말미에 소개된 윤달은 무엇이며 왜 윤달에 집안일을 치르는가? 음력은 한 달이 29일로 1년은 355일이다(양력은 365일). 3년이면 양력과 음력 사이에 30일 정도의 차이가 생긴다. 음력을 고수할 경우 날짜상의 계절과 실제의 계절이 어긋나게 되어 큰 혼란이 생긴다. 이를 막기 위해 3년에 한 번꼴로 한 달을 추가하여 1년을 13달로 만든다. 추가되는 달이 바로 윤달이다. 덤으로 주는 것이라 하여 '덤달', 공짜로 주는 것이라 하여 '공달'이라고도 한다. 그런데 이 윤달을 관장하는 귀신이 없다고 한다. 귀신을 흔히 '손님'이라 부르며 줄여서 '손'이라고 하는데, 윤달은 주관하는 귀신이 없기에 '손이 없는 달'이 된다(손 없는 날도 같은 논리다). 손(귀신)이 없는 달이기에 무엇을 해도 좋다는 관념에서 이 기간에 집안의 큰일을 치르는 것이다. 윤달에 이장과 수의 짓기 풍속이 생긴 것은 바로 이와 같은 까닭에서다.

조선 초 태종이 부정하였던 것이 택일이다. 그럼에도 일반 백성들은 흉일이 두려워 택일을 버리지 못하였고, 조선 말엽의 조정도 시헌력을 통해서 이들의 불안을 덜어주려 한 것이다. 결국 '손 없는 달(윤달)'과 '손 없는 날'은 집안의 대사를 앞두고 알 수 없는 미래의 불안을 해소시켜주기 위한 일종의 사회적 기제였던 셈이다.

현대 풍수에서도 택일의 문제를 가볍게 여길 수 없는 이런 흐름은 계속되고 있다. 하지만 태종의 강단 있는 태도도 우리 후손이 새겨볼 일이다.

그렇다면 왜 그렇게 사람들은 택일에서 자유롭지 못한 것일까? 전통적으로 "하늘이 때를 얻지 못하면 해와 달이 빛을 잃고, 땅이 때를 얻지 못하면 만물이 자라지 못하고, 사람이 때를 만나지 못하면 이로운

1919년에 조성된 고종 황제릉에 명성황후를 합장한 홍릉의 현재 모습

일이 생기지 않는다"라는 격언이 있다. 택일을 그만큼 중시한 말이다. 이와 같은 이유로 풍수 고전에서도 택일을 매우 중시한다. 그러나 이것은 자연과학이 발달하지 않았던 옛날 이야기로 이미 11세기 중국 송나라 때 즈음이면 택일에 관한 회의나 불신이 강하게 대두된다. 그 대표적인 글이 「산릉의장」과 「장설」이다.

아직도 점쟁이들의 말 때문에 택일에 자유롭지 못한 독자들을 위하여 한마디 덧붙인다. 윤달에는 대소사 무엇을 해도 좋다는 민속이 있음은 앞에서 이야기하였다. 그런데 만약 3년마다 오는 윤달을 기다리기 힘들면, '손 없는 날'을 활용하면 된다. 음력으로 매달 9·10·19·20·29·30일은 무슨 일을 하여도 해가 없는 날이다. 이렇듯 윤달이나 '손 없는 날'에 집안의 큰일을 행하게 한 것은 기존 '택일법'의 불안과 혼란으로부터 사람들을 해방시키기 위한 조상들의 지혜의 산물이었다.

참고문헌

가오샤오 지음, 하진이 옮김, 『대륙의 리더 시진핑』, 삼호미디어, 2012.

국토연구원 엮음, 『공간이론의 사상가들』, 한울, 2001.

김창현 지음, 『고려의 남경, 한양』, 신서원, 2006.

도요카와 젠요 지음, 김현경 옮김, 전경일 감수, 『경성천도』, 다빈치북스, 2012.

막스 베버 지음, 김상희 옮김, 『프로테스탄트 윤리와 자본주의 정신』, 풀빛, 2012.

배우성 지음, 강응천 기획, 『지리시간에 역사 공부하기』, 웅진주니어, 2011.

성백효 역주, 『周易傳義』(상·하), 전통문화연구회, 1998.

송규빈 지음, 『風泉遺響』, 국방부전사편찬위원회, 1990.

알도 레오폴드 지음, 윤여창·이상원 공역, 『모래땅의 사계』, 푸른숲, 1999.

우밍 지음, 송삼현 옮김, 『시진핑 평전』, 지식의 숲, 2012.

위에 난·양스 지음, 유소영 옮김, 『황릉의 비밀』(1·2), 일빛, 1999.

윤명철 지음, 『해양사 연구방법론』, 학연문화사, 2012.

토머스 모어 지음, 주경철 옮김, 『유토피아』, 을유문화사, 2010.

한국역사연구회 지음, 『고려의 황도 개경』, 창작과 비평사, 2002.

한영우 외 지음, 『우리 옛 지도와 그 아름다움』, 효형출판사, 1999.

혼마 무네히사 원작, 이형도 편저, 『거래의 신, 혼마』, 이레미디어, 2008.

찾아보기

인명

가쓰라 다로 225
강맹경 334, 336
강증산 32
고종 184, 185, 186, 188, 279, 307, 352,
  361, 362, 364
고토 분지로 29, 30
공민왕 167, 193, 194, 321, 349
곽수경 23
곽박 15
곽희 94, 95
관륵 218
광해군 71, 72, 140, 187, 316, 341, 342,
  343, 344, 345
규에이칸 112, 113
김구 40, 41, 44
김용춘 79
김위제 53
김일룡 344
김일성 37, 47, 83, 241, 242, 243, 244,
  245, 287, 288, 289
김정일 37, 81, 82, 83, 241, 242, 245,
  247, 287, 288
김정호 48, 49, 71
김종직 329, 330
김지하 38, 56, 176, 180, 207, 284
김춘추 78, 79

김함보 23

노무현 110, 140, 161, 162, 167, 169, 201
노자공 218
노자키 미쓰히코 187, 188
니나 왕 150, 151
니체 65

다마가와 17, 22, 24
당 고종 281
당인 101
덕흥군 114, 115
도간 43
도요카와 젠요 50, 51
도요토미 히데요시 16, 18, 22, 86, 226,
  262, 263, 264
도쿠가와 이에야스 16, 17, 18, 19, 21,
  22, 263
동기창 96, 97, 99
둥젠화 303

라첼 72, 183
란트체텔 163
루텐갱어 126
류성룡 345, 346, 347, 348
리쭝우 335
리카싱 152, 154, 155

마에지마 히소카 139
마오쩌둥 157, 277, 298, 299, 300, 335
막스 베버 269, 332
메켈 57

명성황후 185, 186, 225, 361, 362, 364
묘청 167, 243, 313
무라야마 지준 40, 245
문징명 97
문효세자 38, 39, 42, 355, 360
미우인 97
미즈노 남보쿠 210

박근혜 51, 103, 174, 175, 180, 223,
   232, 234, 237, 238, 249
박상의 187, 188
박자우 344
박정희 20, 138, 140, 161, 167, 237,
   238, 239, 240
박태준 18, 20, 21, 81
방응모 42, 46
배종호 188, 252, 283
뷘셸루테 126
브로트라거 131

산조 사네토미 139
샤오시엔 156, 299
서거정 76
서복 294, 295, 296, 297
서사호 193, 194, 349
선덕여왕 77, 78
선우진 46
선조 91, 92, 114, 115, 148, 187, 345,
   346, 347, 348
성지 344
성현 175
송규빈 285

송시열 308, 359, 360
시문용 343, 344
시바 료타로 224
시진핑 204, 223, 230, 231, 232, 234,
   237, 240, 290, 291, 292, 293, 294,
   295, 296
신경준 36, 252
신채호 52, 54, 67, 141, 142, 188
신회 352
심주 97

아베 신조 86, 223, 226, 227, 228, 229,
   230, 231, 232, 240, 257, 258, 259, 260,
   261, 262, 264, 303
아비지 79, 80
아시카가 쇼군 217
안낙생 46
안우생 46
안중근 46, 87, 89
알도 레오폴드 268
앙드레 베르제즈 82
앨런 아이랜드 50
야마가타 이사부로 225
야마지 아이잔 262, 263
양균송 141
에리히 프롬 111
오진 105
와타나베 요시오 218
왕미 97, 98
왕충 328
요시다 쇼인 86, 225, 226, 264
우규승 214

우왕 194

원천강 279, 281, 282

위백규 252

유득공 36

유병충 319

유한우 24, 202

육기 128

윤선도 356, 359, 360

윤신달 165

의빈 성씨 39, 355, 356

이노우에 가오루 225

이명박 65, 109, 161, 178

이병도 55, 237, 283, 313, 324

이병철 113, 114, 212

이성 95, 96

이성계 66, 67, 166, 202, 307, 309, 310,
  317, 318, 319, 320, 321, 322, 323, 325,
  327

이순풍 279, 280, 281, 282

이양달 165

이여송 87, 193, 196, 197, 198

이의신 71, 72, 140

이익 29, 35

이중환 28, 29, 32, 35

이항복 308

이현모 352

임사홍 284

임원준 284

자장 법사 78, 79, 147, 148

장제스 155, 156, 298, 299, 300

장쩌민 277, 296

정도전 66, 67, 163, 311, 317, 318, 319,
  320, 321, 322, 323, 324, 325

정만인 187, 188, 189

정사륜 343

정선 115, 116

정약용 36

정인보 46

정인지 67, 336

정인홍 343, 344

정조 38, 39, 40, 42, 43, 44, 100, 193,
  194, 252, 258, 285, 349, 350, 351,
  352, 353, 354, 355, 356, 357, 358,
  359, 360, 361

정화 275

정후겸 352

젠아미 217

조준 165, 319, 320

주자 117, 141, 216, 241, 242, 352, 353

지관 80, 81

진시황 153, 231, 237, 294, 344

창빈 안씨 38, 39, 114, 115, 116, 117

채백려 154

채성우 94

채원정 303

최남선 28, 29, 30, 31, 50, 51, 59, 60,
  67, 138

최양선 162, 163

최연원 176

최영 54

측천무후 279, 281

쿠빌라이 23, 319

킹스턴 131

토니 챈 150, 151

피히테 119, 269

하륜 165, 167, 187, 309, 310, 311, 312,
    313, 321, 324, 325, 326, 327

하성군 114, 115

하이데거 18

함석헌 64, 65, 74, 75

허균 70

헤겔 17, 300, 317

호순신 325, 326, 327

호종단 87, 296

혼마 무네히사 267

혼마 267, 268, 269

홍국영 354, 355

황공망 97, 101, 103, 105

황묘옹 205

황병서 250, 252, 253, 254

황윤석 249, 251, 252, 253

후설 49

후쿠자와 유키치 30

서명

《소년》 28, 29

《조선일보》 52

《진단학보》 55

《황성신문》 28, 29

「귀거래사」 25

「발미론」 303

「산릉의장」 241, 352, 353, 364

「수선전도」 48, 49

「연오팔경도」 96, 99

「조의제문」 330

「지도의 관념」 28

『감룡경』 141, 171, 230

『경성천도』 50, 51

『고려시대의 연구』 237, 313

『곤감가』 346

『관자』 143

『굳게 닫힌 나라 조선 여행』 188, 189

『금낭경』 15, 45, 49, 76, 128, 247, 346

『금사』 23

『논형』 328

『동국여지승람』 75, 76, 242

『동림조담』 175, 184

『뜻으로 본 한국사』 74

『리빙 인테리어』 134

『마의상서』 41

『명사』 196

『명산론』 65, 94, 186, 346

『박산편』 205, 206

『발해고』 36

『방장기』 226

『사고전서』 216

『삼원경』 165

『삼원지리풍수』 253

『서화』 97

『성호사설』 29

『송하비결』 253

『술의 사상』 187

『시크릿』 131

『신종록』 346, 347, 348

『신지비사』 52, 53, 54, 55

『양택십서』 210

『역사철학』 17

『오행지』 335

『옥룡자유세비록』 252

『의룡경』 101

『인자수지』 141, 142

『일본서기』 16, 218, 295

『임천고치』 25, 94, 96, 100

『작정기』 154, 217, 218, 220, 271

『장일통요』 361

『장중가』 346

『조선경국전』 66

『조선상고사』 52

『조선의 풍수』 40, 245

『주공해몽전서』 278

『주역』 92, 104, 179, 232, 234

『지리신법』 310, 311, 346

『징비록』 345, 346

『착맥부』 43

『천문지』 335

『청오경』 335, 346

『탁옥부』 166, 167

『택리지』 15, 28, 36

『풍수로 잡동사니 치우기』 131

『풍천유향』 244, 285

『해동비록』 53

『홍재전서』 100, 350

『화지』 97

『황제택경』 98, 123, 137, 259

『후한서』 207

지명

간사이 263, 264

간토 263, 264

강화도 71, 75, 76, 140

건원릉 307, 308, 309, 310, 313, 327, 334, 335

경복궁 터 162, 163, 174

고조선 36, 37, 59, 66, 67, 68, 84, 244, 246

교하 71, 72, 73, 75, 140, 314, 338

국회의사당 144, 174, 260

금오산 238, 239, 240

김포 71, 75, 76, 140, 316

난징 155, 157, 231

동구릉 307, 308, 309, 327, 334, 335, 350, 353, 358, 360

랑중 279, 280, 281, 282

량자허 290, 291, 292

뤄양 231

모악산 179, 287, 288, 289

백두산 28, 34, 35, 36, 37, 50, 68, 141, 166, 244, 245, 246, 286, 289

베이징 21, 22, 23, 24, 231, 232, 298, 302, 319

삼각산 42, 43, 71, 76, 179, 239, 271

삼한 79, 141

상하이중심 215

서오릉 336, 350, 358

소령원 316

숭례문 80, 177, 178, 322, 323

시안 230, 231, 232, 233, 278, 290

신선천 23, 24

아스카무라 219

에도 16, 17, 18, 19, 22, 139, 261

여의도 139, 144, 145, 209

영변 244, 245, 285, 286

육상궁 316

융릉 258, 350, 356, 357, 360, 361

의무려산 67, 68

일본 16, 19, 20, 21, 22, 24, 29, 30, 31, 32, 37, 39, 40, 45, 50, 51, 57, 58, 86, 87, 88, 89, 104, 112, 114, 119, 139, 153, 187, 189, 193, 196, 197, 198, 210, 217, 218, 219, 220, 224, 225, 226, 231, 259, 260, 262, 263, 267, 270, 271, 272, 276, 294, 295, 303, 309, 346

임진북예성남정맥 76

장릉 314, 315, 316

조선왕릉 283, 307, 342

중국은행타워 87, 300, 301, 302, 304

진마오빌딩 214, 215

천리장강형제상봉 76

청와대 터 161, 162, 163, 165, 166, 167, 171, 172, 174, 176, 177, 179, 180

청쿵실업 152, 153, 154

하기시 86, 224, 225

한강 42, 43, 47, 49, 71, 75, 76, 115, 139, 140, 147, 200, 201, 209, 271

한양 22, 24, 39, 53, 71, 72, 75, 140, 174, 175, 176, 184, 271, 307, 321, 322, 323, 336, 338, 349, 350

현충원 21, 47, 81, 114, 115, 116, 117, 237

홍릉 186, 351, 352, 353, 358, 361, 364

홍콩 87, 149, 150, 151, 152, 210, 273, 274, 276, 300, 301, 302, 303, 304

홍콩상하이은행(HSBC) 87, 154, 303, 304

황룡사 9층탑 78, 79

효창원 38, 40, 42, 43, 44, 46, 47, 48, 49, 176

용어

1한 70, 71, 72, 73, 74, 75, 140

2하 70, 71, 72, 73, 74, 75, 140

3강 70, 71, 72, 73, 74, 75, 140

4해 70, 71, 72, 73, 74, 75, 140

강발 84

경전하사격 32

공도 59

국토관 16, 29, 43, 56, 245, 246, 270

국풍 188

군신봉조형 246, 248

귀맥 43

근(根) 112, 113, 114

금계포란형 278, 279

금구몰니 60
금수강산(禽獸江山) 64
금수강산(錦繡江山) 64, 148
기(氣) 83, 86, 87, 92, 102, 118, 127,
　　128, 133, 134, 135, 143, 173, 174,
　　176, 177, 251

남종화 97
노인 형국론 32
능 풍수 253

도안 252
도참 202, 204, 322, 324
도참가 206
동기 83, 249
동기감응설 83, 119, 124, 247, 293
동아지중해론 51
둔(鈍) 112, 113, 114
득수법 22, 24

맹호 28, 29, 30, 31, 50, 51
맹호론 28, 30, 31, 138
맹호형국론 51
면후심흑 334, 335, 338
명 풍수 253
명당 40, 80, 83, 84, 109, 110, 111, 115,
　　117, 150, 156, 157, 163, 184, 188, 201,
　　228, 235, 236, 237, 242, 243, 249,
　　250, 251, 279, 298, 299, 308, 310,
　　314, 333, 338, 348
모란만개형 229, 240, 258
묘송 86

묘쇠견왕설 125
물형론 56
미친맥 42, 43

발복론 96
방란임토형 246, 247
배산임수 110, 145, 201, 208, 300
배수면가 208
범안 252
법안 252
봉금정책 37
북룡 141, 142, 143
북종화 97
비결 53, 75, 112, 267
비룡상천형 30, 143, 180, 181, 211, 215
비보 87, 147, 235, 236, 274, 323
비보진압풍수 90, 91, 92, 178, 303
비보풍수 77, 78, 79, 80, 91, 202

사맥 42, 43
사변 314, 316
산수수류 335
산수화 42, 93, 94, 95, 96, 97, 98, 100,
　　101, 105, 106, 115, 121
산운 361
삼견 274, 275
삼경설 53
삼경제 53
삼룡설 141
삼불견 274, 275
삼수부동격 111
삼왕 208

상비음수형 228, 229, 230, 258

상수 17, 22, 24

상지 144, 146

상지관 144, 184, 185

생맥 42, 43

서부대개발 278, 279

속발 84

수구 91, 92, 101, 102, 103, 105, 106

수도 22, 23, 24, 53, 70, 72, 73, 74, 75,
   139, 140, 167, 168, 169, 173, 174, 218,
   219, 271, 319

수도론 75

수목장 83, 84

수파양 327

수파장생 325, 327

순풍수 336

술서 167

신안 252, 332

심상 지리학 50, 56

암석장 83, 84

업 풍수 253

역풍수 331, 332, 333, 334, 335, 336,
   337, 338

연운 361

연화도수 49

연화부수형 201, 203, 229

오선위기 형국론 32, 33

오선위기혈 32, 249, 250, 251

오선위기형 253

오수부동격 31, 33, 34

왕재 208

왕지 208

왕포 208

요동정벌론 54

용번호거 299

운(運) 112, 113, 114

유맥 43

유어농파형 247

육축론 125

음양사 218, 261

인걸지령론 280

인테리어 풍수 120, 121, 123, 125, 134,
   136

인혈 288

장군대좌형 253

장군안검형 240

장풍국 244

정한론 57, 224, 225, 226, 264

제왕지지 299

조선 비수론 57

좌도(잡술) 343

주산 28, 34, 36, 37, 67, 68, 69, 99,
   102, 103, 116, 145, 146, 149, 171, 174,
   186, 201, 208, 214, 228, 229, 235,
   238, 245, 246, 247, 251, 258, 270,
   286, 350, 356

주산론 37, 245

주작 76, 175, 236, 271, 272

지 풍수 253

지관 43, 56, 71, 72, 75, 140, 144, 150,
   166, 184, 185, 187, 218, 270, 279,
   332, 336, 343, 344, 346, 347, 350,

352, 356, 361

지기 43, 71, 87, 91, 106, 145, 162, 172, 202, 208, 240, 259, 260, 271, 272, 319

지리 23, 202, 204, 218, 294, 319, 329

지리가 202, 206

지맥 43, 44, 47, 49, 50, 87, 110, 141, 143, 176, 181, 194, 197, 209, 243, 258, 259, 286, 288, 289, 349

지사 43, 100, 101, 250, 251, 253

지인합일설 278

지혈 288

직관 18, 20, 42, 43, 44, 47, 49, 56, 117, 209, 332

진압 21, 86, 87, 88, 90, 91, 92, 147, 157, 178, 261, 303, 323

진압풍수 86, 87, 88, 90, 91, 92, 147, 178, 261, 303, 323

천도 70, 71, 72, 73, 139, 140, 170, 243, 309, 311, 319, 320, 321, 322, 323, 327, 358

천릉 185, 186, 314, 316, 361, 362

천장 258, 356, 360

천혈 288

칠룡쟁주형 260

타사출초형 203

택소육축다론 125

토끼론 30

통 풍수 253

펑쉐이 131, 273

평장 84

표현주의 199, 201, 212, 301

풍수 15, 313, 329, 331, 336

풍수발복론 96

풍수싸움 86, 309, 310

한반도 방아쇠론 57

해금 59

행주형 50, 51, 229, 243

행주형국론 51, 59

현룡재전 232, 233, 234, 235, 236, 237, 240

혈(穴) 75, 128, 233, 235, 254, 258, 259

혈거식 259

혈토 128, 129, 130

형국 28, 29, 30, 31, 32, 47, 49, 51, 56, 57, 58, 59, 60, 110, 111, 150, 180, 181, 195, 201, 212, 228, 229, 230, 240, 242, 243, 247, 258, 260, 273, 278, 279, 286, 308

형국론 30, 31, 32, 33, 49, 51, 56, 57, 58, 59

형세 49, 50, 51, 52, 110, 231, 233, 240, 241, 319

호승예불형 253

호지무전미 163

화론 94, 97, 98

화상 152, 214

환포 139, 140, 209, 233

회룡고조형 150, 181, 182

횡룡결혈 254

후흑학 335

국운풍수

초판 1쇄 2016년 2월 25일
초판 3쇄 2019년 2월 10일

지은이 | 김두규
펴낸이 | 송영석

주간 | 이혜진 · 이진숙
기획편집 | 박신애 · 정다움 · 김단비 · 심슬기
디자인 | 박윤정 · 김현철
마케팅 | 이종우 · 김유종 · 한승민
관리 | 송우석 · 황규성 · 전지연 · 채경민

펴낸곳 | (株)해냄출판사
등록번호 | 제10-229호
등록일자 | 1988년 5월 11일(설립일자 | 1983년 6월 24일)

04042 서울시 마포구 잔다리로 30 해냄빌딩 5 · 6층
대표전화 | 326-1600 **팩스** | 326-1624
홈페이지 | www.hainaim.com

ISBN 978-89-6574-545-7

파본은 본사나 구입하신 서점에서 교환하여 드립니다.

이 도서의 국립중앙도서관 출판예정도서목록(CIP)은 서지정보유통지원시스템 홈페이지(http://seoji.nl.go.kr)와
국가자료공동목록시스템(http://www.nl.go.kr/kolisnet)에서 이용하실 수 있습니다.(CIP제어번호:CIP2016002063)